广东省林明名教师工作室、嘉应学院卓越指导教师工作室（资助）联合

YANGGUANG JIAOSHI

阳光教师

林　明　罗文欢 ◎ 著

哈尔滨出版社
HARBIN PUBLISHING HOUSE

图书在版编目（CIP）数据

阳光教师 / 林明，罗文欢著 . — 哈尔滨：哈尔滨
出版社，2021.12

ISBN 978-7-5484-6405-1

Ⅰ.①阳… Ⅱ.①林… ②罗… Ⅲ.①教育理论
Ⅳ.① G40

中国版本图书馆 CIP 数据核字（2021）第 264757 号

书　　名：阳光教师
　　　　　YANGGUANG JIAOSHI

作　　者：林　明　罗文欢　著
责任编辑：曹雪娇
封面设计：笔墨书香

出版发行：哈尔滨出版社（Harbin Publishing House）
社　　址：哈尔滨市香坊区泰山路82-9号　　　邮编：150090
经　　销：全国新华书店
印　　刷：武汉颜沫印刷有限公司
网　　址：www.hrbcbs.com　　www.mifengniao.com
E-mail：hrbcbs@yeah.net
编辑版权热线：（0451）87900271　87900272

开　　本：710mm×1000mm　　1/16　印张：16　字数：255千字
版　　次：2021年12月第1版
印　　次：2022年8月第2次印刷
书　　号：ISBN 978-7-5484-6405-1
定　　价：46.00元

凡购本社图书发现印装错误，请与本社印制部联系调换。

服务热线：（0451）87900279

序

30 多年前，我还是一名刚刚入职的青年教师，有一天，听到我们县一中的校长被评为特级教师，全县轰动，他成了全县教师心目中的英雄，也应邀参加了 1989 年央视春节联欢晚会。那时我想，自己什么时候也能成为一名特级教师呢？大学毕业从教 30 年后，当这一天真的到来的时候，我的内心反而平静如止水，虽然知道这是一个很高的荣誉，也是一个教师终生追求的目标。

这时，妻子的一句话引发了我的思考：特级教师要有特级教师的样子。那么，特级教师是什么样子呢？

前年，我被选为广东省名教师工作室主持人之后，我觉得要实现入室学员的专业成长，必须找到一个较有实效的途径和平台，引领学员利用工作室创设的平台实现专业成长的目标。因为之前我曾经担任过学校年级组长，那时一门心思就只研究如何让学生健康成长和发展，我当时认为，一个正在发展成长的学生是需要教师的正确引领的，但我已经多年没有做这方面的工作了，无法精准理清今天面对的学生的思想现状以及要采取的措施。于是我向我们国培班的班主任华南师范大学陈燕博士求助，她介绍我和我的同事们阅读一本书——《正面管教》。阅读后，我感觉自己的教育之路一下宽广起来，眼前似乎总有一束光指引着我往前走。于是，我承诺每个月就出现的学生问题写一篇文章，并印发给全级学生，希望能够引领他们走好自己的人生和学习之路。实践证明，这个做法的成效是比较显著的：不仅我自己积累了 8 万字的素材，而且至今学生还感念我的引领。

因此，我想，不如让入室学员和我一起共同研究一下"高中生如何度过

自己的高中生涯"这个课题。主意已定，就立即行动。我们经过研讨，决定以书信的方式和高中生聊这个话题，那么，用什么名词来称呼学生呢？我认为还是称学生为"阳光的你"为好。因为我觉得，当代中国培养的学生不仅要具备宽广的知识、灵活的思维，而且要有健康而美的灵魂和思想道德。这就是"阳光学生"！这个称呼得到了大家的一致认同。一年后，我们的《如何度过你的高中生涯》一书问世了，这本书不仅受到了高中生的欢迎（一位河南学生还慕名加了我的微信），而且被广州书城放在推荐阅读书目的书架上。

这时，恰逢《中国高考评价体系》及其"说明"出台，之前《普通高中语文课程标准》（2017年版2020年修订）也刚刚公布，这两个纲领性文件，在国家层面都强调"立德树人"。的确，作为教师，我们必须明确培养什么人、为谁培养人这个根本的方向性问题，只有这样，我们才能确保党领导的社会主义江山不变色！那么，培养什么样的人呢？一言以蔽之，就是培养出具备宽广的知识、灵活的思维和健康而美的灵魂（思想道德）的阳光学生，尤其是第三点，这是教育的内核！由此，我开始思考：学生要做阳光学生，那么，教师呢？我认为教师也应当做一个阳光教师，当教师是阳光之人的时候，那么，他所教出来的学生大概率会是一个阳光之人！

阳光教师是什么样子的呢？我觉得有如下六大特质：热爱家人、热爱生活、热爱阅读；身心健康并能自我调适；勤思考又坚忍且学识高；崇尚并求真、求美和自由；悦纳包容、敢于创新；乐观自信、有职业追求。

这样想了，我就开始动笔写了。我构想立足自己的老本行语文教育，从教师、育人、教学、研修四个方面共四章加以阐述，作品由我一个人独立撰写完成。后来发现，育人这一块仍然是我的弱点，我必须找一个合作者，于是我想到我们工作室骨干成员中罗文欢老师。近几年他从事的都是这方面的管理工作，他的育人理念不仅与我的观念类似，而且经验丰富，于是我邀请他撰写"阳光育人"这一章中的"论阳光育人"，他也爽快答应并如期完成了2万字的初稿。

而"阳光教学"这一块，工作室入室学员罗文欢、郭凤君、刘芳子、丘丹老师的语文教学理念正好也体现了"阳光教学"的理念，所以，我想，若能把他们的作品收集在这里，正好丰富了"阳光教师"的内涵，和四位老师一商量，他们很乐意奉献各自的佳作。我的助手饶碧玉老师最初几年不仅跟着我搞了整本书阅读教学研究，而且还自己主持省级课题，最为可贵的是，饶老师从参与到主持课题研究工作的五年中，也渐渐形成了自己的语文课堂教学风格，并且付诸实践检验，取得了不俗的成绩，加上这一风格很符合阳光教学的主张，因此，我专门安排一章谈她的教学风格——"翻转，让深度学习走进语文课堂"。本书作品的作者除上述提及的教师外，均为本人。

在经历了五次修改之后，一部相对成熟的作品终于完成了。今天大家看到的作品，是我们用三年时间精心而辛苦创作出来的。这部作品和广东省林明名教师工作室集体编写的《怎样度过你的高中生涯》是兄弟或姊妹篇。我一直认为教师和学生更像是兄弟姊妹的关系，兄长、阿姊"为人师表"带头往前冲了，老弟、老妹也一定会跟着往前冲，而这种阵势，不正是我们的教育所需要的吗？

最后，我只想说：这只是我们一家之言，其中的错漏更是在所难免。因此，我们真诚地希望读者朋友批评指正，更欢迎大家分享交流各自的教育教学体会。我的邮箱是：lmjyxx@163.com。

是为序。

林明

2021 年 8 月 23 日于梅州陋室

CONTENTS

目　录

◉ 第 1 章　阳光教师 ◉

◉ 第 2 章　阳光育人 ◉

— 1 —

◉ 第3章　阳光教学 ◉

◉ 第 4 章　阳光研修 ◉

阳光教师

· · · · ·

阳光教师不仅仅要有眼前的苟且，还要有远方的诗！

论阳光教师

◉ 我理想中的阳光教师

在《怎样度过你的高中生涯》一书中，我曾寄语我的学生做一个阳光之人。阳光之人，是一个有健康身心的人，是一个崇尚并追求真、美与自由的人，是一个有追求而自信、坚忍的人，是一个能放眼世界、胸怀祖国的人，是一个有敢于创新而求真务实的科学精神的人。如今，谈论"教师"这个话题，我想起了罗曼·罗兰的一句名言："要播撒阳光到别人心里，先得自己心里有阳光。"我觉得，教师要先于学生做一个阳光之人，学生才可能是一个阳光之人。可以这样说：没有阳光教师，就没有阳光学生，没有阳光教师，就没有阳光学校！

阳光教师是爱心的天使，教育的真谛在于爱，可以肯定，没有爱就没有教育！而阳光教师一定是一个爱家人、爱生活、爱阅读——"三热爱"的教师。一个热爱家人的教师，会推己及人热爱他的学生，让学生能够在爱的氛围里成长、发展，成为一个合格的中华人民共和国公民；一个热爱生活的教师，会觉得生活中的一切都是美的，这种美的心境将传递给学生，让学生感知到生活是五彩缤纷的，生命是值得珍视的；一个热爱阅读的教师，必定"腹有诗书气自华"而儒雅大方，必定把普通的职业看成是事业，并将永葆事业的青春，他的视界必定比一般人更广、更远、更高！

教师是太阳底下最光辉的事业，做一个阳光教师，就必须要身心健康，还要学会自我调适，这是教师"为人师表，教书育人"最重要的一部分。"文明其精神，野蛮其体魄"，开国领袖毛泽东很早就告诫过我们。一个阳光教师，不仅要热爱体育锻炼，始终保持对锻炼的兴趣，使自己有一个强健的体魄，而且要在精神世界中不断修为、不断完善，进而塑造健康人格，自我调适不健康的心理；"不以物喜，不以己悲"，无论何时、身处何种境地，都能保持平和的心态，做到不急躁、不失态、不迷茫、不低沉。这样的教师教出来的学生才能明是非、辨善恶、知美丑，才是合格的社会主义事业的建设者和接班人。

一个阳光教师一定是一个勤于思考的人，只有勤于思考，才能让自己的零碎的想法升华为思想。而教师必须是一个思想者，阳光教师普遍保有的是思考。教师之所以能成长为卓有成就的教师或是特级教师，都是善于思考的结果！一个阳光教师是一个能够忍受长期平静甚至孤单、寂寞的工作与生活状态的人。教师这个职业注定不会像影视明星那样妇孺皆知，也不一定如取得看得见摸得着的重大成就的科学家那样，享受国家隆重的礼仪待遇，更难成为一个物质的富翁，他更多的时候，只是需要默默的付出，只是可能成为精神的富翁——当然也将桃李芬芳满天下！一个教师能如此，夫复何求？阳光教师也一定是一个学识渊博的人，我们要努力学做这样的人，因为学生永远佩服一个"问不倒"的教师。

教师是人类灵魂的工程师，做一个阳光教师，就必须崇尚并求真、求美、求自由。没有真就不会有善，就不会有美；没有真，人们就会是非不分，这个世界就会黑白颠倒。而美是每个人意识中最必不可少的东西！一个心中有美的人，他会觉得这个世界上的一切都是值得珍惜和热爱的；一个心中有美的人，他会油然而生出美好的品德和思想；一个求真、求美的人，他的全世界都是自由的。如果这个世界的人们都拥有求真、求美之心，那么这个世界也一定会变得和谐美好！因此，培养健康的审美情趣和能力是阳光教师作为人类灵魂的工程师最必须做的事。

阳光教师永远是一个拓荒者。做一个阳光教师，必须善于将一片荒蛮之地开拓成色彩斑斓的美丽之景！因为你面对的永远是正在成长、不断变化的学生，这种不确定性使得教师的劳动注定是开创性的。守正创新、和而不同是阳光教师必须具备的态度。我推崇黑格尔说的"存在即合理"。很多时候，我们慨叹，学生变得越来越不好教了，其实事实正好相反，是我们的思维和思想没有跟上变化发展了的学生；很多时候，我们几乎情不自禁地抵触

新的要求，那是守旧的思想、懒惰的习惯在作祟。因此，阳光教师更有大局意识，更有大视界，更具敏锐感；阳光教师更能以宽广的胸怀悦纳包容一切学生，悦纳包容学生的一切；阳光教师会承认并敢于面对失败、挫折，会以一个拓荒者的角色守正创新，积极地面对新事物的挑战，迎接新事物的到来——无论它有多丑或有多美！

阳光教师是专门点燃、点亮火炬的点灯人，这种人最本质的特征是有追求且乐观自信。阳光教师不仅仅要有眼前的苟且，还要有远方的诗！他们从一进入"教师"这个角色开始，就胸怀祖国，放眼世界，心中一直有一个远大的理想——教好书，育好人，行动中一直追求"学高为师，身正为范"，此生为人师表，做学生的引路人和唤醒学生心智的点灯人。不仅如此，阳光教师一定永远乐观、自信，他们会将"宠辱不惊，看庭前花开花落；去留无意，望天上云卷云舒"言传身教传导给他们的众多学生，使他们的学生面对人生风浪乃至风暴时能够泰然自若、神清气定！

因此，归纳起来看，阳光教师有如下六大特质：

阳光教师，一定是热爱家人、热爱生活、热爱阅读之人。

阳光教师，一定是身心健康并能自我调适之人。

阳光教师，一定是勤思考又坚忍且学识高之人。

阳光教师，一定是求真、求美和求自由之人。

阳光教师，一定是悦纳包容、敢于创新之人。

阳光教师，一定是乐观自信、有职业追求之人。

亲爱的教师，做一个阳光教师吧，让我们一起感受阳光，聆听生命的律动，在教育的路上收获幸福和快乐！做一个阳光教师吧，就像蒲公英的种子，乘着两个一百年的东风，在祖国大地上播种希望，传递阳光！做一个阳光教师吧，就像爱心天使一样，让一批批学生茁壮成长为参天大树，而我们的生命将永远阳光，永远年轻！

愿我们每个人多年之后，归来依旧是少年！

下面就让我们一起探讨阳光教师的六大特质吧！

◉ 阳光教师特质之一：热爱家人、热爱生活、热爱阅读

"有很多事值得人为它而死，但爱是唯一值得让人为它而活的事。"这是克里斯多福·孟在他的《亲密关系》中告诫我们的一句话。我想，教育的真谛在哪儿？看过这句话我可以肯定地回答：在于爱，教师是爱的天使。而阳光教师，一定是一个"三热爱"的教师：爱家人、爱生活、爱阅读。

很多专家说，现代教育最重要的是教给学生宽广的知识、灵活的思维。我觉得这话说对了一半，因为还有一个更为重要的内涵没有说，那就是符合人类生存和发展的健康的思想、道德和审美观。而无论哪一点，都离不开一个字：爱！可以说，爱是一切美好的源泉和动力。

冰心先生说："爱在左，同情在右，走在生命的两旁，随时撒种，随时开花。"教育专家朱永新先生也说："只有爱，才能感受到生活与学习的乐趣；只有爱，才能创造和谐的人际关系；只有爱，才能享受到人生的真谛；只有爱，才能感受到人类的伟大！"而离开爱，人的身体就会生病，人的思想就会出现问题；离开爱，一个人的心中就只有自己而没有他人和社会；离开爱，一个人就会习惯使用"负面的意念"，即喜欢抱怨、指责、仇恨别人。美国一个叫霍金斯的医生通过大量研究发现：很多人生病（身体的、心理的）是因为没有爱，只有痛苦和沮丧。

如今我们当了教师，把爱传递给自己的学生，这是当教师义不容辞的义务和责任。一个爱学生的阳光教师，就会用心保护、呵护学生，就会尊重、信任学生，就会相信莘莘学子都能健康成长为社会的有用之才，就会相信他的学生都能成长为国家、民族的栋梁！

爱从哪里来？我认为爱从爱自己的父母家人开始。之所以这样说，是因为我比较推崇孔子提出的传统观点。他说"仁者爱人"，我觉得阳光教师必须做一个"仁者"。也就是说，爱人需要从爱自己最亲近的人开始。先爱自己的父母，这叫作孝；然后再爱兄弟姐妹，这叫作悌；然后再把爱给朋友们，给自己的上级和君主，给天下的百姓，这叫作忠、义。个人认为孔子的观点是一个阳光教师应有的特质之一。我肯定，一个爱家的人必定热爱自己的祖

国，热爱这个美丽的星球；一个爱父母家人的人，必定会"老吾老以及人之老，幼吾幼以及人之幼"；一个心中有"家"的人，不仅看重"家"，而且看得到社会、集体和国家，也更能站在全球视野上思考面临的一切问题。所以，一个连自己的父母家人都不爱的人能有健康的家庭观念吗？一个没有健康家庭观念的人能有高尚的家国情怀吗？一个没有孝悌之心的人能教出具有健康思想和道德的学生吗？一个没有忠义之心的人能教出符合党和国家标准的学生吗？

心中有爱的人无论何时、无论何地都会感念生活赐予的一切，感受到生活的美好和幸福。

爱生活首先要想明白两句话：人生苦短；人生无常。我常常对学生说："人生苦短啊，所以我们必须只争朝夕，努力拼搏；人生无常啊，所以我们必须珍惜当下，不负韶华。"这就是我认为的对待生活应有的态度。因此，请记得经常对自己和他人保持微笑（大笑亦可，狂笑亦可）——一笑泯恩仇，笑一笑十年少！请记得经常罗列令你感激不尽的事——阳光教师的内心应对生活常常满怀感激而不应总是抱怨。我们的生活有灿烂阳光，但也会有漫天阴霾；有山穷水尽，却也有柳暗花明——任何人的生活不可能总是完美的。有时候你会觉得自己很倒霉，或者怎么什么事情都和自己过不去，其实你不知道家家都有一本难念的经。面对艰难险阻、诸多不如意，自信的人会把它当成人生的财富和警醒自己的良药；自卑或沮丧的人则往往认为生活怎么总是和自己过不去。如此而已，但结果往往迥然不同。

因此，爱生活，就要有较强的抗挫折和压力的能力。面对挫折和失败，不妨违背常规，倒过来看看。如果以积极的态度看待它，它就会成为你前进的动力，屡败屡勇，屡败屡战；如果以消极的态度看待它，它就会成为你进步的绊脚石，屡勇屡败，屡战屡败。

是的，不要为打翻的牛奶哭泣。因为打翻了的牛奶，你再也无法喝到口了。牛奶打翻了，再买一瓶，下次小心就是了；尝试失败了，还有下次；朋友失去了，还可以再找回来；不小心跌倒了，再爬起来！我特别欣赏一位遭受癌症折磨却快乐生活着的女青年的话：

你改变不了环境，但你可以改变自己；你改变不了事实，但你可以改变态度；你改变不了过去，但你可以改变现在；你不能控制他人，但你可以掌握自己；你不能预知明天，但你可以把握今天；你不能样样顺利，但你可以事事尽心；你不能左右天气，但你可以改变心情；你不能选择容貌，但你可以改变笑容；你不能延伸生命的长度，但你可以决定生命的宽度。

生活中总会有许多不如意，总会有许多问题等你解决。我们中的很多人爱说："好郁闷哪！"这话说多了，就会形成思维定式，次数多了，即使不郁闷，也会变得郁闷起来。因此，建议教师们保持快乐的心境，即使真郁闷，也要从积极的角度看待出现的问题，以积极的姿态想办法解决或改变它。

对于教师而言，爱生活就必须爱学生，没有别的原因，就因为没有爱，就没有教育！做一个教师，就要明确教育生活是教师的主要生活。什么是爱学生？我觉得必须意识到学生是需要和正在精心雕琢美好灵魂、不断掌握本领的未来国家和民族的栋梁与建设者，因此必须把学生看成是独特的人、具有独立意义的人和正在成长发展中的人，而不是一个没有思想的人、一个成年人。从这一点出发，一切教育教学行为才能真正关注学生，真正尊重、关心、牵挂学生，才能真正从"学"而不是从"教"出发。

爱生活，就要在平淡的教育生活中找到自己的定位。生活本身是平淡的，教师也是平凡中的一员，但习近平主席说："平凡铸就伟大，英雄来自人民。每个人都了不起。"面对学生，教师必须找到自己的清晰定位——我将成长为什么样的人民教师？我将怎样成为一名这样的人民教师？下面这首诗或许可以给你一点启示：

如果你不能成为山顶上的一棵松，＼就做一丛小树生长在山谷中，＼但须是溪边最好的一小丛。＼如果你不能成为一棵大树，＼就做灌木一丛。

如果你不能成为一丛灌木，＼就做一片绿草，＼让公路上也有

几分欢娱。\如果你不能成为一只麝香鹿，\就做一条鲈鱼，\但须做湖里最好的一条鱼。

我们不能做船长，\我们得做海员。\世上的事情，\多得做不完，\工作有大的，\也有小的，\我们该做的工作，\就在你的手边。

如果你不能做一条公路，\就做一条小径。\如果你不能做太阳，\就做一颗星星。\不能凭大小来断定你的输赢，\不论你做什么都要做最好的一名。

一个人民教师必须记住罗曼·罗兰说的"要播撒阳光到别人心里，先得自己心里有阳光"。那么，怎样才能"有"？我认为最好的途径就是阅读！我觉得教师除了必须注意通过运动锻炼身体外，还必须多读一点书。苏霍姆林斯基在《给教师的建议》中说："无限相信书籍的教育力量，是我教育信念的一个信条。"他还说："阅读是各学科医治学困之疾共同的灵丹妙药。"这些话精辟地阐述了阅读的意义和巨大作用。

爱阅读是一个教师所应具备的基本素养。但教师有自己的特殊性，他承担的责任和社会人不一样——培养下一代，并使之成长为合格的国家建设者。所以，教师的阅读必须求快，只有更快，才可能更广、更高、更深，只有求快，教师才能走在学生的前头。

教师必须阅读。但有些教师很奇怪，自己不读书却要求学生读书，自己都没有阅读的书，却要求学生去阅读。个人认为，不读书，尤其是不读整本书是一个教师产生职业倦怠最为重要的原因。

教师和学生一样也有必读书目和选读书目。我认为以下四类书应该是必读书目：（1）教育大家的经典作品；（2）从事教育研究的大学教授或专家写的书；（3）要求学生阅读的书；（4）一线优秀教师（包括特级教师、省级以上名教师、全国优秀教师）写的书。而以下书目可以归到选读书目：（1）最新出版的名家或符合时代潮流的书；（2）自己特别感兴趣的某个领域的书；（3）自己不感兴趣但又有必要阅读的书；（4）学生感兴趣或流传的书。

必读书目的阅读需要教师拿出勇气、毅力和信心——因为这些书可能不是教师感兴趣的书。但如果不阅读这些书，教师又很难驾驭学生，甚至跟不上学生成长和发展的脚步。2109 年某省首届教师教学技能大赛高中语文组中有一道题要求选手阐释"古文经学，今文经学"的意思，结果几乎所有选手的答案都不准确，甚至边都沾不上。我就想，这实际也暴露出高中语文青年教师知识视野上的缺陷。虽然题目有点偏，但我觉得对这句话大致意思的理解是应该可以到位的。

选读书目中我希望教师多读一点所列的（3）（4）这两类书，这样更能让教师走近学生，并走进学生的内心，理解他们的喜好，这对于教学是很有帮助的。因为学生会觉得教师原来和他们一样。当然，如果是质量差的图书，教师要对学生加以引导，让学生尽量不看或少看这样的图书。

在信息时代，传统的纸质阅读是教师必须坚持的方向。这里向教师提一个小小的要求：给自己确定一个年度目标：每年阅读 20 本书。坚持三年就是60 本，坚持六年就是 120 本，九年就是接近 200 本书！到那时，不想成为骨干教师都不可能了。

同时，我认为教师要紧跟时代的发展，学会应用信息手段、智能工具进行阅读。这是任何人都无法阻挡的时代潮流！美国有一个研究表明，成年美国人在屏幕前花掉一半醒着的时间，而且这个时间还在延长。互联网的发展极大地促进了信息的传播，但人们是否真的通过信息增长了知识和智慧呢？不一定！因为信息的接收者需要对信息进行选择、甄别、整合和提炼，和纸质阅读一样通过内化才能将信息转化为自己的知识和智慧。大家对互联网上的信息可能更多的是停留在浏览、寻求感官的刺激或满足这一层面上，殊不知可以使信息转化为自己的知识和智慧。比如，阅读各种公众号文章时，我会特别关注对自己的教育、教学有用的公众号，然后把好文章分门别类，如可以分为教育权威部门或机构的，如教育部、国家考试中心、教育厅、省教育考试研究院；知名教育机构的；本学科名教师谈教育教学的，并下载下来继续学习以展开实证研究。

我们可以肯定：一个热爱家人的教师，会推己及人热爱他的学生，让学

生能够在爱的氛围里成长、发展为一个合格的中华人民共和国公民；一个热爱生活的教师，会觉得生活中的一切都是美的，这种美的心境将传递给学生，让学生感知到生活是五彩缤纷的，生命是值得珍视的；一个热爱阅读的教师，他的视界必定比一般人更广、更远、更深，他必定"腹有诗书气自华"且儒雅大方，必定把普通的职业看成是事业，并将永葆事业的青春！

◉ 阳光教师特质之二：身心健康并能自我调适

教师是太阳底下最光辉的事业，做一个阳光教师，就必须要身心健康——身体、心理和精神的健康。"文明其精神，野蛮其体魄"，开国领袖毛泽东很早就这样告诫过我们。有句话说得好："你的身体是'1'，而财富、名誉、地位什么的都是'0'。"是的，在这个世界上，什么才是最宝贵的东西？笼统地说，是人的生命。因为一个人如果连生命都没有了，那还不是一切归零了！身体是革命的本钱啊！而人的生命最宝贵的是身体健康，心理健康，并学会自我调适！教师要想教好书、育好人，在这方面也必须是学生的表率！

但是，我们中很多教师已经习惯超强度工作，工作强度甚至远远超出了很多企业单位的"996"工作制，因而较少、很少甚至没有时间进行体育锻炼，于是，一过30岁，各种各样的健康问题就接踵而至了，轻则颈椎病、腰椎病，重则心脑血管、肝肺功能出问题。实话实说，在对事业的追求上，我主张只争朝夕，不负韶华，但我同时强调必须时刻关注自己的身体健康问题，因为身体是自己的！除了自己心疼，生了病忍受着难以忍受的痛苦之外，他人恐怕不会太在意——顶多当你生病住院的时候有人来慰问你一声，让你保重。这句话是真的：保重并珍爱自己的身体吧！

对于一线教师而言，要保持身体健康，我觉得现在最有效的办法就是坚持运动，锻炼身体，并保持对运动的兴趣，这就是我的健康身体理念。通过运动来保持身体的健康比吃任何药、做任何手术更有效，也更彻底。须知，教育部都要求学生每天运动一小时，我则主张教师每周的有效运动不少于4小时，最好每次连续运动1小时。比如我本人，48岁以前，我喜爱打羽毛球、长跑。48 岁以后，我喜爱快走，一直到今天，已经坚持了 8 年每天快走一小时，体重降下来了，身体各项机能也基本正常。有的教师可能会说："工作太忙了没有时间锻炼。"我这里用鲁迅的话建议这些教师："时间是挤出来的！"因此，如果无法做到完整锻炼 1 个小时，就要尽可能利用能够利用的时间，比如现在很多学校要求学生跑操，教师是不是可以和学生一起跑操？平时开车去学校，是不是也可以考虑骑自行车甚至走路（提倡快走）去学校？同时，建议尽量减少使用电脑的时间，尤其是制作课件的时间。关于这一点，我主张备课组统一备课、统一制作课件，实现资源共享，如果一个教师负责一课（章、节），那将是利己利他的大好事呀。同时，最好尽量本着简洁、实用的原则，一节课尽量少几张 PPT，因为课堂不仅需预设，更需生成！

教师在关心自己的身体健康外，必须关注自己的心理健康与心理的自我调适。

前面我们谈及"爱"的话题，"爱"既是具体可感的行动，也是内心的情感。我以为，心理健康不健康首先还是得看是否有爱心、是否悦纳自己和他人、是否乐观自信和是否坚忍不拔这四点。从全人类的角度看，我想，尤瓦尔·赫拉利在《今日简史》中说得很有道理：人类正面临着三大灭亡的威胁——核爆炸、生态崩溃、网络恐怖主义（信息技术和生物技术融合科技）。上述三个威胁中的任何一个如果被心术不正之人掌握，那么，等待人类命运的唯一结局将是毁灭！从教育的角度而言也是如此，教育首先要考虑的是我们要为谁培养人，培养什么样的人，这是"如何培养人"之前必须认识清楚的严肃问题，而心理健康的阳光老师培养出来的学生也一定会是阳光的！

但是现实总是很能磨砺人，因而会导致一些心理问题的出现。其实也别害怕，一项权威调查研究发现，80% 的人或多或少、或轻或重存在心理问题。那么，一个阳光教师应该怎么做呢？

首先我们要认清自己存在哪些不良的心理——尤其是会导致抑郁情绪的心理，哪些需要调适。一般说来，一线教师的不良情绪主要源自学生、家长、学校和上级部门，最担心的是来自学生的形形色色的问题，最害怕的是来自学校和上级部门的各种检查和考评，最沮丧的是来自家长的不理解和吹

毛求疵。因而教师的不良情绪主要有抑郁、焦虑、愤怒、消沉、冷漠等。这里我仅谈谈我的自我调适方法，供大家参考。

我常采用的方法是对发生的事情不再过多、过分在意，不再"假如"。理由是它已经发生，既然已经发生就基本是不可逆的了。因为这个世界的规则就是没有如果。面对失败，我只能想清楚发生的原因，然后另起炉灶，往前走就是了，正所谓吃一堑，长一智。比如我的学生上一次考试年级倒数第二，看到这个成绩，我首先检讨回顾自己的教学是否存在问题，然后我就想：我的课堂教学应该不会很差，要不然学生就不会希望我上语文课；我的作业也不少，而且只要交上来，我都会批改。我觉得唯一的漏洞是缺少检查反馈，尤其是同学之间的检查反馈，此外，可能就是一些教师说的，我担任的班级的学生是选生物＋地理的，理论上这些学生底子比较差，加上学生人数逼近 60 人。后两种问题是客观存在的，我无法改变，但面对第一个问题和缺陷，我立即采取措施弥补这个短板，结果这个学期期末考这个班平均分连续超了五个班，位居选考物理类第二名！

面对同事之间的摩擦乃至矛盾、他人的误解、学生出现的各种问题以及自身存在的不足等，应该怎么处理呢？不会有一个放之四海而皆准的方法，但我一直坚信：天塌不下来，太阳每天都会从东边升起！因此，"那又怎样！"就成为我对待此类人和事的基本态度。然后我会反思自我，这些问题的出现是不是我的原因，如果不是，我会心安理得——哪怕对方一时不理解我；如果是，我会努力改进，如果改变不了什么，我会安慰自己已经尽力了，是可以问心无愧的。我也曾经遭遇过很多委屈甚至冤屈的事情，比如有人曾经中伤我，有同事替我打抱不平，我对同事说："没有关系，时间和即将发生的事实会证明一切！"事实上，有时候，你还真的要感谢这些人，正因为有他们，你才能使自己保持冷静的头脑，理智地行走在前进的大道上，取得一个又一个丰硕成果！我也曾经为学生测评等级较低而骂学生，感觉自己真的没有对不起学生的地方。一时气愤在所难免，毕竟我们都是普通人，但不可以让这样的负面情绪在自己身上停留超过 12 个小时，因为这样的负面情绪积压多了，时间长了就会形成惯性，当它达到一个临界点的时候就会爆发出来，甚至不可收拾！对教师而言，调整负面情绪的时间可能要短得多。很多教师可能看过人民日报微信公号推送的一段视频，说的是一位男教师临上课前可能遇到什么不顺心的事，但在即将走进教室的时候，站在教室外调整好情绪和面部表情并尝试微笑。我觉得这位教师真的是一位懂教育的老师，他懂得及时调适自我，不将自己的负面情绪带给自己的学生！

在对待荣誉等身外之物上，无论你觉得自己有多么优秀或多么委屈，也请淡定一点，淡然、坦然处之即可。你很优秀，即便评上了各类各级"先进""模范"等荣誉，也不必骄傲，可能只是自己的运气好而已；你很委屈，更不必如此，一定要知道他人可能比你更优秀！当然，我觉得，教师也需要荣誉，争取荣誉也是教师的追求目标之一——毕竟我们评职称等还需要这些东西。在这个方面，我也不例外，但同一级别的荣誉我最多只会争取一次或一个，所以，从教37年来，我取得的荣誉屈指可数。但我引以为傲的是我被称为"特级教师"，我觉得一生能有一个这样的称号，我就已经很满足了。当我成为特级教师的时候，我的妻子跟我说："你是特级教师了，就要像特级教师的样子。"因此，这几年，我一直努力成为特级教师的样子。从这个意义上说，要调适心理，一定要有一点积极的、见好就收的追求。

在教育生涯中，难免遇到不顺心的人和事，甚至挫折、失败等苦难。我想，每当此时，沮丧、失落、难受等负面情绪必然出现。我们这些普通人可能很难做到如苏东坡"谁怕一蓑烟雨任平生"的自信，很难有"宠辱不惊，看庭前花开花落，去留无意，望天上云卷云舒"的豁达胸怀，但至少我们可以大笑三声或大哭三声，至少可以做到不急躁、不失态、不迷茫、不低沉。这样的教师教出来的学生才能明是非、知美丑，才是合格的社会主义事业的建设者和接班人。面对生活中的种种不如意，有时候更需要一点阿Q精神。苏东坡曾说："人有悲欢离合，月有阴晴圆缺，此事古难全。"就把这些东西当成是自己漫长教育生涯中的一次难忘的经历或教训吧，记住决不让自己第二次犯相同的错就是了。一定要相信：太阳每天都是新的！

就"教师"的角色而言，"精神健康"也是必须提到的一个重要的概念。一个教师如果自身的精神都缺乏，甚至都不正、不清爽，那么，他能培养出

什么样的人才？这是要打一个大大的问号的。

精神健康首先表现在有强烈的爱国主义精神，这是教师的最为核心的精神，只有有了爱国主义精神，才能树立为国振兴、为民族复兴贡献自己的一切力量的坚定信念，才会勤勤恳恳爱岗敬业，才能始终充满信心和力量。党的百年历史经历已经雄辩地证明了这一点，从"五四精神""红船精神"到今天的"女排精神""两弹一星精神""航天精神"，中国共产党人、中国人民生生不息，星火相传，敢于拼搏、勇立潮头、坚忍不拔、锐意进取，守正创新，才使得中国形象变得高大、有力量，人民的幸福指数才能达到了一个高度。

在教育界，其实早就有教育救国的主张，严复、黄遵宪、陶行知等都为此积极探索过，他们的爱国精神彪炳史册；新时代里，振兴中华的关键在于人才，而人才的培养在于教育，教育振兴的关键在教师！这早已经是大家的共识了，那么，我们作为教师，就要时时问自己：为谁培养人？培养什么样的人？只有这样，我们才能不忘初心，始终保持定力，为国育人，为党育才！

在具体的教育行为举止中，我们必须牢记，教师的一言一行都在深刻影响着莘莘学子。所以，我们必须谨言慎行。每一个人的成长都是从模仿开始的，教师"为人师表"的价值就在于莘莘学子从教师日常的一言一行中通过模仿、实践、改造、创新，慢慢形成他们自己的人生观和价值观。因此，教师怎样，学生就怎样，教师什么模样，学生就是什么模样！

在具体的教育行为举止上，教师必须追求"教好书，育好人"，并且将此作为自己的最高教育目标，我们的一切行动都必须在这一目标统领下进行，既教给学生知识、能力，又教给学生健康的精神和心灵。当我们教出来的莘莘学子都有强烈的爱国精神的时候，我们的教育才是符合人民和国家利益的！

◉ 阳光教师特质之三：勤思考又坚忍且学识高

我们常常教导学生"勤能补拙""书山有路勤为径"，其实，对教师而言，"勤"是"功成名就"最为重要的路径。2021 年开年最火的其中一个词是"三牛精神"——孺子牛、拓荒牛、老黄牛，勤奋就是要弘扬老黄牛精神。一个勤于思考的老师，他的视界是无比宽广的，也正如此，他的心胸会显得无比开阔，开阔得整个世界都不会设防，为人处世会显得无比坦诚，坦诚得让你一见如故，引为知己；一个勤于思考的教师，会善于发现教育教学中的问题，善于将这些问题转化为课题，开展相应的研究活动，并在研究实践过程中不断获得教育教学经验，形成自己的教育教学理念；一个勤于思考的教师，做事研究总是追求高效而不至囿于重复的劳动，总会不断精益求精，求精到总是力求做出特色，做到极致。

如果说我还算有点成就可言的话，还真的首先要归功于自己的勤奋努力。因为我觉得自己并不是一个聪慧的人，在一定程度上说，应该是有点愚钝的。当年考大学我只考了个专科学校，还不是纯粹意义上的"大学"，我也不喜欢当教师，更不喜欢当语文教师，因为我的普通话并不好，写的字又很丑，看的书就更少了，但今天能和大家分享我的故事，让我深刻体会到了什么叫"勤能补拙"。大家知道，文科类的教师要成名家，离不开两个字：读、写。这 37 年来，我就是靠着这两个字来获得荣誉和名利，形成自己的教育教学理念的。所以，我曾经不止一次说，我和一般教师如果说有什么不同，只在于：你只想未做（或半想半做），我又想又做；你光说不做，我只做不说；你只做不总结，我不仅做还写总结；你做得粗糙、大众化，我做得精致有特色；你做得漫无目的，我做得目标清晰；你中途变得懈怠，我却孜孜以求。

阳光教师往往是坚忍的，甚至是超强的坚忍。因为教师需要忍受长期平静枯燥的、周而复始的工作与生活状态。教师这个职业也注定不会像影视明星那样妇孺皆知，也不一定如取得看得见摸得着的重大成就的科学家那样，享受国家隆重的礼仪待遇，也很难成为一个物质的富翁。更多的时候，教师只是需要默默地付出，只是可能成为精神的富翁——其实，教好书，育好人，当有一天能够桃李满天下，一个教师若能达到如此境界和目标，夫复何求？

在一个荷花池中，第一天开放的荷花只是很少的一部分，第二天开放的数量是第一天的两倍，之后的每一天，荷花都会以前一天两倍的数量开

放……假设到第30天荷花就开满了整个池塘,那么请问:在第几天池塘中的荷花开了一半?是第15天?不是,是第29天!这就是著名的荷花定律,也叫30天定律。我之所以谈这个定律,是想告诉大家一个道理:越到最后,越关键,拼到最后,拼的已经不是运气或聪明,而是坚忍的意志力!比如张桂梅老师,几十年如一日,满腔赤城,攻坚克难,执着奋斗,积极投身深度贫困山区教育扶贫主战场,一直行走在教育的路上,荣获"时代楷模"当之无愧!

而且教师往往需要经常面对繁重的、与教育这个职业几乎无关的工作,以及他人的不理解、不支持甚至冷嘲热讽、无端打压。我们应该怎么办?我觉得一是尽量采取妥协方式,尽量做好自己的本职工作,别人找不出明显的毛病或问题;二是坚持做自己该做而且能做的事以及想做而且能做的事。在这三十多年的教学生涯中,其实我也经常做一点在领导或同事看来是"副业"的事——做课题、写论文甚至著书立说,有人不屑一顾甚至无端攻击我,当他们说"我也会这样写、这样说"时,我的论文已经发表在刊物上了。顺便说一句,有人问我发表一篇论文花了多少钱?我觉得这个问题问得很有意思,因为迄今为止,在发表(含获奖)论文上我还没有花过一分钱——要我花钱可能有点难。如果编辑认为我的论文达到了发表的标准,那还用我花钱吗?当他们说"这是从哪里抄来的"的时候,我的论著已经正式出版了。我已经写了七八本书了,编写的资料书就不计其数了。这些著作同样没有花过一分钱,不仅如此,还有一些稿费呢!当他们喋喋不休的时候,我会常常想起唐代高僧寒山与拾得之间很值得玩味的一段对话:

拾得问:"世间谤我、欺我、辱我、笑我、轻我、贱我、恶我、骗我,如何处之?"

寒山答:"只是忍他、让他、由他、避他、耐他、敬他,再过几年,你再看他。"

我坚信,对他人的讥讽、贬损的言行,不为其忧心,不被其打倒,保持一份平静洒脱的心境,能泰然处之,是不易的,但这却是收获成功的良好品格。总之一句话:我坚持自己的信念和理想,决不放弃自己的追求。我和很多人说过，我其实并不是一个聪慧的人，但我超越了很多人，甚至比我优秀得多的人。这其中的秘密，只有两个字：坚忍！

阳光教师的坚忍还表现在勇于主动克服教师自身极易产生的"高原期"（瓶颈期）。我在被评为特级教师之后也有过短暂的高原期，认为自己的职业生涯已经封顶了。但妻子的"特级教师必须有特级教师的样子"的提醒，让我觉得自己应该有更积极的追求，我之所以不用"更高的追求"，是因为当时我觉得似乎没有更高，只有应该做、能做而且必须做的事，比如"教好书，育好人"，就是我的最高追求，我觉得只要在教师这个岗位一天，就不能懈怠，就必须对学生负责。所以，最近五年来，我出了四本书（其中一本独立撰写），发表了六篇论文，以"优秀"等次完成了一个省级重点课题。

教师们，"中国历史上不乏克服他人无法想象的深重苦难，但最终以文化优势或幅员辽阔而让侵略者功亏一篑的事例"，对这其中的"文化"的理解就是本文所说的"坚忍"。我认为，新时代教师没有理由放弃这个中华优秀传统文化。

勤思考、能坚忍的教师，一定是一个学识渊博的人。古希腊普罗塔尔说："人的大脑不是一只装满水的容器，而是一束需要被点燃的火把。"是的，教师不只是装满知识的容器，但教师首先必须学识渊博，才可能不被学生问倒。我很赞同北京特级教师程前老师"基础教育阶段的教师是不应该被学生问倒的"的观点；学识渊博，表达才可能灿若莲花，亲和力大增；学识渊博，才更能灵活自如地带领学生开疆辟土，积极修为，掌握本领。

一个骨干教师或名教师是具备这种特质的。有的教师可能会说："我先天不足，文凭低学历低，肚子里没有多少干货。"一项调查研究发现，成名的文科类教师最初大多真的文凭低、学历低，如魏书生、于漪等，但他们最终成长为全国知名教师，为什么？就是保持一股韧劲，持续不断地、不服输地在阅读中学习，在教学实践中总结！所以，我认为文科教师要成名成家，一靠海量阅读，涉猎范围尽可能广，二靠积极实践实证，从中提炼教育教学规律和特色，三靠不断写作总结，提升自己的教育教学理念。而理科类教师，我认为仍然离不开这三大途径，尤其是第三点，很多理科教师在教育教学方

面是有两把刷子的，但是不善于总结，更不善于用自己的语言表达出来，这样就影响了传播的范围。这里我讲一个真实的故事，有一个物理老师很会教书，全省状元都培养出来好几个，但说得出来的东西却非常少，人家想向他学习却不知道从何学起。但这位老师自从参加广东省新一轮百千万名教师学习班以来，在短短的四五年时间里，他竟然在核心期刊发表多篇论文，出版了两本本学科专著，明确提出了自己的教学理念。他就是我校广东省名教师工作室主持人刘崎老师！如今，他真的做到了古人所说的"立德、立功、立言"，这可是一位理科老师哦！

阳光教师也必须是一个思想者，是点燃学生火把的那个人。这就是教师被称作"人类灵魂工程师"的根本原因。我认为教育的本质就是把学生培养成有健康而美好的灵魂、能掌握适应社会和时代变化的本领、有建设国家的社会担当之人。所以，思想的引导最为关键，先进的、符合或代表人类进步与发展的思想，是塑造健康而美好灵魂的基础，也是构建人类命运共同体的基石。而学生这样的思想从哪里来？我以为除了他们的父母外，最重要也最日常的渠道就是我们教师的教育！站在历史的高度看，两个一百年的伟大目标越来越清晰可感，立德树人已经化作一个个实际的行动，爱国主义这个核心思想的培育已经深入人心，振兴中华的使命与担当正体现在每一个中国人身上。而作为人民教师，我们有责任和义务帮助学生逐渐形成正确的"三观"，矫正学生存在的思想偏差，让他们回归到正确的轨道上来；我们也有责任和义务告知学生有两样东西是值得我们敬畏的：头上的星空和心中的道德法则。因此，一方面必须努力培育学生自由和独立的思想与人格，这是一切创新和创造的源泉与动力，另一方面必须倾力培育学生健康的道德观和宪法与法律意识。这个特质的要求有点高，让我们共勉，一起努力达成这个目标吧！

◉ 阳光教师特质之四：崇尚并求真、求美、求自由

一个阳光教师是必须崇尚并求真、求美、求自由的。

陶行知先生说："千教万教教人求真，千学万学学做真人。"我觉得这就是教育的根本任务，也是教师毕生追求的目标。一个人的心里没有真，他的

言行不求真，就会分不清是非、善恶、美丑，人生观、价值观、世界观就会出现问题，一个世界或国家如果失去了真，那么，这个世界或国家也不会变得更加美好。因此，崇尚并求真的品格是一个人立身处世也是这个世界或国家美好的基本准则。

毛泽东同志说："世界上怕就怕'认真'两字。"是的，一切虚假、虚伪、丑恶、丑陋在真面前都会立即现出原形，真的假不了，假的真不了！我本人特别推崇这一基本准则。我曾经碰到过一位仁兄，不知道出于什么原因（我姑且猜测是妒忌我）老是在我背后说我的坏话，有同事提醒我注意一下，我说："没有关系，身正不怕影子斜，让他说去吧，时间会证明一切。"如今十多年过去了，我能站在这里和大家分享我的故事，他仍然只能坐在那里做一名听众。曾经，我的搭档因为听信谗言而误解我，当时心里真的很委屈，我勤勤恳恳、认认真真地为他和学校竭尽全力，而且开始有了起色，没有想到落得如此评价。当然，幸运的是，在朋友的提醒下，他很快清醒过来，我当然也不避前嫌，我们的友谊也一直持续到今天。这是我经历的两件"真"和"求真"的故事。从这两个故事看，"真"可能不小心会伤害到你，但最终一定会还你一个真自我！所以，教师不能迁就学生，尤其不能容忍不良风气滋长，哪怕学生会给你差评。要相信，只要你行得正、走得真，终有一天你的学生会对你感激不尽！

李大钊先生说："凡事都要脚踏实地去作，不驰于空想，不骛于虚声，而惟以求真的态度作踏实的工夫。以此态度求学，则真理可明，以此态度作事，则功业可就。"我深以为然。对教师而言，我认为我们必须学做一个"真"人，这不仅是教师的任务，也是做教师的本分。亚里士多德曾说："吾爱吾师，吾更爱真理。"一个"真"人是不会向任何虚假、虚伪妥协的，一个"真"人只遵从规则和良知！因为求真，我们才能充满自信地求解求知；因为求真，我们才能更坚忍地探索科学和未来；因为求真，我们的生活和社会才能更显诚信和幸福。

马克思在《共产党宣言》中说："每个人的自由发展是一切人自由发展的条件。"正如没有自由的空气学生就不会有自主学习一样，教师没有一定

的自由度，也就很难有教育教学的创意，一切变得按部就班，像工厂生产工业产品一样，产出的东西都是一模一样的。当然，必须认识到人是有意识的动物，每个人的自由不是漫无边际的，必须建立在尊重、遵循客观规律——"真"的基础之上。在教学上，我感谢历任校长，因为37年的教育经历，我觉得校长们给了我最大的自由，让我得以在语文教学上自由驰骋，也因此形成了我的"自由、自主感悟语之趣、文之味"的"二自语文"教学观。在这里，我尤其要提到宪中第二任校长李广平，他是一位兼容并包、激励才俊型的校长，他能够容纳不同教师的不同意见甚至骂声，一旦认为自己错了也有勇气承认自己的错误。在我的从教生涯里，他是唯一一位把荣誉首先授予一线教师的校长。

在教育教学管理上我认为应当给予教师和学生最大的自由度。但由于各种学校内外因素的影响，教育教学越来越趋向于看重分数和升学率，甚至以此为衡量教师能力、水平和成效的唯一标准，一般中学如此，重点中学亦如此。个人认为，没有自由的教师，培养不出自由的学生，没有自由的教育氛围，培养不出有创新创造精神和能力的学生！如今，国家层面要求教育必须以学生为主，必须以"情境"为最重要的学习载体和途径，我认为这就必须给学生最多、最大可能的自由学习、自主探究的机会和平台，离开了这一点，我们的教育仍然走不出唯分数、唯升学率的怪圈。

"美术所以能产生科学，全从'真美合一'的观念产生出来。他们觉得真即是美，又觉得真才是美，所以求美，先从求真入手。"梁启超如是说，没有"真"，也一定没有"美"，教育不仅教人求真，更是教人求美的。有人说，中国教育什么都不缺，很多人也认为中国教育什么都缺。但我觉得中国教育最缺的是美育。因为，我觉得教师最缺的是审美意识、审美情趣和能力。如果问一些教师读过几本关于审美的图书，很多教师可能连一本美学书的书名都说不出来。在他们眼里，除了教出分数高的学生外，似乎就没有别的追求了。你问他们李泽厚的《美的历程》如何？不知道！宗白华的《美学散步》如何？不知道！朱光潜的《谈美书简》如何？不知道！总之就是一问三不知。他们不喜欢音乐、不喜欢美术，不喜欢书法，也不喜欢阅读、不喜欢运动，博物馆里不见这些人的身影，图书馆里不见这些人的身影，运动场上不见这些人的身影，但教室里可常见他们的身影，讲台上可常见他们的身影，办公桌前常见他们的身影——他们只喜欢他们承担的学科教学任务。这样的教师是深得某些校长的喜欢的。殊不知，一个缺乏审美意识和能力的教师，他做出来的很多东西都是缺乏美的！

有人说，德育不是更重要吗？没错，全球范围内没有一个国家像中国这样自古以来一以贯之地重视"德"的培育，这个优良传统我们不能丢！因为它关系到教育为谁培养人、培养什么人的问题。但是，怎样培养人却是可以有多种途径的。个人认为，通过美育培养我们党和国家需要的未来人才是最为重要也是最为有效的途径。试想，一个没有健康而美的灵魂和思想的人，他怎么可能是我们需要的人才呢？

美的意识和情趣、能力的培养是可以结合学科教学获得的。今天，我们国家提倡考试、教学要情境化，这启示我们，任何学科都要注意教学的生活化，换句话就是陶行知先生主张的"生活即教育"，而我们的生活中压根不缺乏美，而是缺少发现美的眼睛。文科学科就不用说了，即使是理科学科，尽管更讲究科学，但科学美无处不在！只是很多人将科学和美割裂开来。许多人没有意识到，当一个教师将科学之美呈现给自己的学生的时候，从效率上说，能够提升学科成绩，从情商和毅商上说，能够提升学习的主动性、思维的灵活度。更为重要的是，当学生的学习状态发生如此变化的时候，教师自己的生命状态也变得无限美好起来！因此，对于当下的教师而言，最重要的不是教学知识，也不是能力或技术，而是审美的意识、审美情趣和能力！

若干年前，我的语文教学理念只有一句话：让我们自由、自主地感悟语之趣、文之味，没有更细致的内涵。直到五六年前，我才充实了自己的理念，加了两句话：以发现、品味、探索、感悟语言、文字之美为主线，以读、写、秀为途径和平台。这一理念立即变得形象可感甚至可操作起来。余映潮老师对此评价道："深谙学生心理，深切学生内心。"我觉得可能这个评价过高了，但致力追求学生内心语文美的确是我梦寐以求要达到的目标！在这里展示我的教学理念的变化和完善，其实就是叙述我追求"美"的过程，希望

能够给大家一点启示，在另外的篇幅里将有更详尽的阐述。

崇尚并求真、求美、求自由其实并不艰难，只要我们内心愿意以悦纳的态度接受它们，它们就会荫蔽、滋润你的心田，就会自然而然地在你的心里生根、发芽，引领你走在阳光的教育路上！

● 阳光教师特质之五：悦纳包容、敢于创新

悦纳包容指的是心中既有自我，又有他人和社会。俗话说得好："海纳百川，有容乃大"，阳光教师应怀有一颗宽容之心，以包容、开放的心境去接纳自我，接纳他人，善待自己，也善待他人——无论是家人、朋友，还是学生、家长，甚至是对手、是敌人。

悦纳包容意味着要保持坦荡的胸怀。作家王蒙曾说过这样一段话，值得教师们借鉴：

> 我有一枚闲章，叫作不设防。我特别喜爱"不设防"三个字。不设防是由于胸怀坦荡，不做见不得人的事，没有见不得人的心计，什么都可以拉出来晒晒太阳。不设防还因为不怕暴露自己的弱点。弱点总是要暴露的，正像优点也总会有机会表现出来、表达出来一样。而对待自己的弱点的坦然态度，正是充满自信并从而比较容易令他人相信的表现，只要你确有胜于人处，长于人处，某些弱点的暴露反而更加说明你的弱点不过如此而已，而你的长处，你的可爱可敬之处，正如山阴的风景，美不胜收。那还设什么防呢？

当然，"不设防"有时候看起来是很吃亏的，有时候还可能会被人认为你傻。不过，吃点亏、人家认为你傻其实并不能让你的生活尤其是教育生活产生质的改变，只要你足够积极、坚忍地坚持自己的追求，最终你将是一个胜利者！道理很简单，一个愿意吃亏的人，他的心胸一定宽广无边，心胸开阔的人一定有全局观、大局观，有全局观、大局观的人也一定能运筹帷幄。

悦纳包容意味着每个人都必须得到尊重。所谓"和而不同"，没有别的，

在这个社会里，在这个世界上，每一个人都是独一无二的、独立的个体！我们不可能用全球统一的标准来丈量、强迫每一个个体，很多时候，我们只能求同存异，团队或群体之间如此，个体与个体之间也是如此。否则，注定会失败。如果你尊重每一个个体，那么，大家聚集在一起，就可能产生极强的凝聚力和巨大的力量。

悦纳包容意味着每个人都必须得到关注并充分体现。因为每一个个体都是有价值的。最近观看电视连续剧《觉醒年代》，深为蔡元培先生的"学术自由，兼容并包"折服，在他领导下的北京大学，既有主张新文化运动的陈独秀、李大钊，又有留洋回国的高才生胡适，也有怪脾气的黄侃、保皇党辜鸿铭，这是他"兼容并包"办学思想的具体体现，也是尊重每个人及每个人的价值的具体体现。因此，我很希望中小学的校长们都能有这样的思想和情怀，那样，教师们就会显得更阳光、更幸福，师生就会更具有凝聚力和战斗力。

在教育上，我推崇李白的"天生我材必有用"，因为学生是发展中的人，是一个可塑之才。如何"塑"才能成才？我认为必须关注学生，以学生为中心来开展教育教学活动，引领学生塑造健康而美好的灵魂，掌握建设和发展国家的本领。当然关注学生需要关注每一个个体的差异性，需要因人而异，需要因材施教。在这一点上，我觉得需要应用美国著名心理学家马斯洛的"需要层次理论"，这一理论如下图：

他认为，"归属和爱的需要"是人最为重要的心理需要，只有满足了这一需要，人们才有可能"自我实现"。前面我们说过，每个人的需求是不一样

的，其所要达到的目标也是不一样的。所以，每个人的价值也会不一样。有人形象地拿《西游记》里头的五个人物做比喻，认为猪八戒的需要是生理需要，沙僧的需要是安全需要，白龙马的需要是归属（社会）需要，唐僧的需要是荣誉（尊重）需要，孙悟空的需要是实现自我价值。既然取经目的不同，价值观不同，一路上的行为就很好理解了：猪八戒偷懒，沙僧爱撮合，白龙马默默无闻，唐僧常忧虑，孙悟空拼命。这五个人恰好代表了马斯洛五个层次的需要。他们一旦各自获得满足，便能心气平和，同心协力，战胜取经路上的一个又一个艰难险阻，直到取得真经。我们教师其实也有五个层次的需要，每个人的需要也是各不相同的。南昌市外国语学校校长万瑛说道："教师需要五个感受：安全感、幸福感、获得感、成就感、荣誉感。教师的内心只有自发地产生了对个人人格完善和专业发展的使命感、神圣感和快乐感，才可能拥有满满的教育能量，这也是学校高质量发展的动力和保障。教师们工作顺心开心，学校的发展就会越来越好；学校的发展越来越好，教师们工作就顺心开心，生活也会顺心开心。"正因为每个教师的需求不一样，我主张在教育的道路上，不一定人人都将成为名师、卓越教师作为自己的人生追求。我认为，一个教师能够做到、做好教书育人，为人师表，桃李满天下，就不枉为人师了！

一个有悦纳包容之心的人，往往更有创新意识和能力。一个有悦纳包容氛围的社会，一定是和谐、分享、合作的创新型社会。没有别的理由，就因为人和社会更自由、更开放，而这正是创新意识和能力形成的关键要素。

"我创造，所以我发展"，这是我套用罗曼·罗兰的"我思故我在"的一句激励自我的格言。每个阶段、每个时代都有不同的使命和担当，但守正创新、敢于创造却是任何时代或阶段、任何人的永恒主题，一旦不再创新，那么无论是一个国家、一个民族还是一个个体，都意味着落后，教师和教育也不例外！一个阳光教师必须保持自己的好奇心，相信一切都有可能，必须保持善于思考的习惯，必须善于将创新意识化作自己的行动，坚忍地、奋斗不止地行走在教育的路上，因为教育是开启人类心智、塑造人类灵魂的劳动。

教育教学的创新和创造其实并不是一件简单的事，由于每一届的学生都是不一样的，很多教育教学的经验和有效的做法也必须及时调整原有的策略，否则，就会不适应学生的发展，就会出现一个又一个问题。因此，阳光教师往往把学生的变化和发展看成是自己创新创造的源动力，愿意迎接一个又一个几乎是周期性的教育挑战。

　　阳光教师能很清晰地意识到学生的变化，会尝试采用新的教育教学方法以期获得最大的教育效果。我不止在一个场合说过，很多教师认为现在的学生很不可思议，变得难教了，其实这些教师没有意识到是认知出了问题才出现了偏差：不是学生变得难教了，而是教师的思想、思维没有跟上变化了的学生。这需要在教育教学过程中教师不间断地细致观察学生，俯下身段来倾听学生尤其是"变化了的学生"的声音，进而采取对应的方式方法。这种尊重学生的做法会给教师的教育教学带来全新的面貌！

　　比如，6年前的学生无须教师多说，只要教师把任务布置下去，就可以等着学生问问题，收到他们的作品，现在的学生，教师得将任务一条一条分解清楚，要求一条一条讲解明白，最终也只收到学生勉强"创作"的作品；6年前的学生一般重视默写这项基本功，现在的学生让他们背诵高考以外的东西很难，甚至几乎是不可能完成的任务；6年前的学生课外有更多时间阅读自己喜欢的图书，现在的学生更多的是浏览网络资源或朋友圈的奇闻趣事……这都是我经过比较形成的结论，有时想想很有意思，一个接近退休的教师还要不断反思总结并和学生面对面谈心，尽量让他们谈自己的学习及其感受，然后调整自己的教学方式方法，还好，这样做的成效是显著的。

　　此外，我认为，阳光教师还应当尽量避免出现下列影响创新和创造的思维误区：

　　分割：不是用全面、一分为二的观点看问题；出现问题时，往往"只见树木，不见森林"，头痛医头，脚痛医脚。表现就是目光短浅，顾此失彼，极易满足。

　　静态：看不到事物的发展，不知道世界万物都在不断运动着的。没有发现我们面对的人生、知识和思想是宽广无边的。

　　零和：原指一项游戏中，游戏者有赢有输，一方所赢正是另一方所输，

游戏的总成绩永远为零！教师之间的学习应该是双赢而不是零和的。

阴暗：把前途看得一片漆黑。一旦某一次失败了，就觉得什么都失败了——做人上、学业上、人际上等等。当潜意识里有过多这样的想法时，就将很难走出这个怪圈。

本位：对人对事以自我为中心，甚至以自我为唯一中心。不愿设身处地地为别人着想。

线性：教育教学如人生，其道路往往是曲折的，而不是一帆风顺的。因此，我们不能指望努力一次就一定会有大收获。

请多悦纳、包容一些吧，这样才能开辟并拥有一片阳光灿烂的新天地！

◉ 阳光教师特质之六：乐观自信、有职业追求

先看两幅图，你喜欢哪一幅？

大家当然不会选择第二幅图，因为第一幅图透露的是自信乐观，第二幅图表达的是自卑沮丧。生活中，自信乐观的人往往从细节上就表现出来了：

自信的人往往坐中间，坐前排；

自信的人握手有力，懂得尊重别人；

自信的人往往正眼看人，敢于抢先当众发言；

自信的人走路挺胸收腹昂头，速度往往比常人快 25%；

自信的人往往手头忙碌、积极面对问题；

自信的人常常微笑对人、对事，也常常开怀大笑；

……

之前我讲过一个教师在即将进入教室前调整自己的情绪、露出微笑的故事，从表面看，这位教师很注意不把家庭、社会生活的各种不顺心、不如意等负面情绪带进教室，实质上也可以从这一小小的举动中看出他的确是一个阳光教师。在现实生活中，很多人都意识到事要和靠谱的人一起做才稳妥，

路要和优秀的人一起走才长远，而这个靠谱的、优秀的人，在学校里的角色就是阳光教师！在学校这个特定的环境里，学生最常接触到的人不就是教师吗？如果教师不优秀、不靠谱，那么培养出来的学生会是优秀的、靠谱的接班人或建设者吗？那么，什么是靠谱的、优秀的教师呢？每个人的定义各不相同，但我想，乐观自信和有职业追求是最为基本的标准。这是教师点燃学生"火把"的基本条件，也是教师成长为阳光教师乃至名师的关键要素。

我始终相信李白说的"天生我材必有用"，我更推崇苏东坡那种乐观自信的人生态度，小时候我也很崇拜我的父亲——一个一无所有的人靠自己的乐观自信和坚忍奋斗成为乡镇副书记。现在想想，我的自信乐观的人生态度可能就源自这三个跨越时空却拥有共同特质的男人。

教师的自信乐观体现在认同自己所从事的职业。一个自信乐观的教师一定会从心底认识到教育这个职业是人类最伟大、最崇高、最纯洁的事业。教师是塑造、拯救人类灵魂的人，当学生时时处处体现出心灵美、语言美、行为美的时候，当学生时时处处讲文明、讲礼貌、讲卫生、讲秩序、讲道德的时候，当学生时时处处有家国情怀、有崇高追求、做出贡献的时候，一个人民教师的乐观自信和幸福感就会油然而生。

教师的乐观自信体现在无论何时何境地（尤其面对艰难险阻的时候）都能用积极的语言暗示自己。"一切都会过去！""一切都有可能！""我就是我！""我行！""我能！"这是自信乐观的人的口头禅。这种积极的语言表达，可以强化自己的积极行为并转化为内部的积极因素，激发自己奋发向上。在教育的路上，消极的语言暗示比比皆是，如：

　　"我应该得到所有人的赞许。""喜欢我的人越多越好，不然我就会很没成就感。""一个人应该能力十足，在各方面都有成就。"（力求完美型）

　　"我的问题是独一无二的，别人不可能有那么大的麻烦。""江山易改，本性难移，我天生就这样，改不过来了。""我的童年真是不愉快，家庭不和、父母离异，使我心里一直有阴影，所以现在就

是这个样子了。""我长得那么难看，天生就注定没什么作为。"（自我责怪型）

"今天会有什么不幸或可怕的事情发生？""明天地球会不会毁灭？"（自我烦恼型）

"这些问题我解决不了，还是放弃为好。"（懈怠回避型）

"我现在处境不好，是因为家里不够有钱，父母又没有什么地位，也没有认识什么人。""人应依赖别人，尤其是比自己强的人。"（推卸责任型）

教师的乐观自信体现在面对名利时能保有一份宁静。诸葛亮曾说过一句至理名言："非淡泊无以明志，非宁静无以致远。"尽管我不排斥教师有眼前的苟且，但"人不能只靠吃米活着"，归根到底，名利之外还需要某种崇高的精神和信仰！因此，我想，教师更应当以平静的心态做学问，把自己该做能做的事做出特色，做到极致，总有一天鲜花会盛开，掌声也会响起！

教师的乐观自信体现在面对成功时能预防成功综合征的发生。成功综合征的具体表现是：消极等待下一次飞跃而不采取有效的行动争取更大的进步；觉得自己已经很厉害了而放松了对自己的要求，不再像以前一样努力拼搏；把自己摆在一个较高的位置上，自己给自己制造压力。满脑子想的是如何保持这样的好成绩。其实，成功只不过是一个阶段的胜利结束，正确的做法是：找到一个新的奋斗支点，立即开始下一个行动。具体说来，阳光教师会注意做好以下三件事：

（1）发掘原因。总结自己成功的学习、生活有哪些具体做法。

（2）找出缺陷。任何一次考试或一个生活阶段都不会是完美的，发现哪些地方出了问题，问题的出现涉及了哪些方面，并把这些缺陷当成今后努力的方向和目标。

（3）明确方向。根据自己的优势、劣势和长处、短处的分析制定新的目标，然后积极行动。

教师的乐观自信还体现在对现实生活中发生的事和现象具有较强的敏

锐性，不仅能对国家、民族和人民生活大事保持热情和快速思考，而且能迅速、有效捕捉国家和主管部门出台的教育法规，保持敏锐的反应并精准解读、积极消化，能对教育教学生活中的任何事情和各种问题保持警惕并迅速想办法处理好。尤其是名师，是一定要具备这样的优秀品质的。肖学平校长就是这样的老师，1999 年的一天，我驻南联盟大使馆被炸，早晨五点四十分我刚入校园，校长就告知我这一消息，并且要求我立即收集相关报道，分发给全校班主任，早读改为升旗仪式，由他亲自主讲，一场爱国主义教育活动就此拉开帷幕。事后看，我校是全县第一个举行这样集会和升旗仪式的学校。那时，肖校长已经是特级教师了，若干年后，他成为福建省第一批正高级教师。在他的影响下，一直到今天，我也对国家、国际大事，尤其是对教育教学领域内的生活有了必要的敏锐反应能力了。

阳光教师是有自己的职业追求或理想的，他们不愿意苟且偷生。有人说："教师不就是教书先生吗？我天天都在教书育人，为了评上高级职称而努力，还有什么职业追求？"我觉得每一个教师都必须有"学高为师，身正为范"的追求，如果他能以"教好书，育好人"为教育目标，那必须恭喜他，因为这是阳光教师的最高境界，如果仅仅为了职称，那么我想，他一定走不远就会懈怠下来，因为他太功利了。前面说过，我并不反对教师追求功利，毕竟教师也要养家糊口，但作为人类灵魂的工程师，教师心中也必须有一点"诗与远方"，这也是教师永葆青春的秘诀。

说到这里，我想起了哈佛大学一个非常著名的关于目标对人生影响的跟踪调查。调查对象是一群智力、学历、环境等条件差不多的年轻人。调查结果发现：

27% 的人没有目标。

60% 的人目标模糊。

10% 的人有清晰但比较短期的目标。

3% 的人有清晰且长期的目标。

经过 25 年的跟踪研究，结果发现他们的生活状况及分布现象有一定规律：

3% 有清晰且长期目标的人，他们大都成了社会各界的顶尖成功人士，其中不乏白手创业者、行业领袖、社会精英。

10% 有清晰但目标比较短期的人，大都生活在社会的中上层，成为各行业的不可或缺的专业人士，如律师、医生、工程师、高级主管等。

60% 的目标模糊的人，几乎都生活在社会的中下层，他们能安稳地生活与工作，但都没有什么特别的成绩。

剩下的那 27% 的没有目标的人，几乎都生活在社会的最底层，他们的生活过得都不如意，常常失业，并且抱怨他人，抱怨社会，甚至抱怨世界。

调查者因此得出结论：目标对人生有巨大的导向性作用。个人认为这个结论很有指导意义。就我们教师而言，是不是也可以有一个三年阶段和年度目标？之所以说三年目标，是因为一般我们都是三年一次小循环教学，在这期间教师可以和自己的学生一起成长和发展，并把自己制定的目标告诉学生，让学生监督，也同时激励学生。我认为做一个教师是必须有这样的勇气和信心的。下面，我以我的故事为这一点做一个脚注：

我曾在农村中学待过近 12 年，在城市普通高中待过 9 年，如今在城市重点中学已经 16 年了。30 多年来，我做过两个"梦"，而且都做到了自己认为的极致——一个是做学校里的领导，我奉行"指导、督促、服务"的宗旨做人做事，得到所在学校大多数教师的认可；一个是做教师，我追求"教好书，育好人"的理想，不仅获得了很多荣誉，而且得到了学生的认可。这就是我的职业追求。

我在不同阶段也曾有过不同的追求，只是我善于根据自己的优劣势适时调整人生前进的方向。当我踏上讲台的时候，我们县有了第一位特级教师，从那时起，我就梦想着有一天自己也能获得如此殊荣，在此后的从教生涯中，这个梦想一直伴随着我。只是有一天，领导突然让我担任了一个小小的中层副职之后，我开始做着校长梦——我的老师就是这样做上去的，而且做得很优秀，我真的想成为他那样的校长，我也自信自己有这样的能力。但大约在我做了 4 年副校长的时候，我对自己做了反思，发现自己的个性真的适应不了那个时代的校长的标准。于是我开始寻求做一个纯粹的教师，这种转向对很多教师而言可能不可思议，但我却觉得我的选择是正确的。今天的事实证明的确如此，于是，我把大部分时间用来研究教学并付诸实践，从而产出了两本书，并连续在《中国教育报》上发表文章。在我寻求为家乡教育事业做更大贡献而不得之后，无奈之下，我转而向更高层次的市级重点中学进军，这个愿望在我刚过 40 岁的时候实现了，我来到了现在的学校——梅州市曾宪梓中学，我终于可以做一个纯粹的教师，教好书、育好人了。当有一天李广平校长希望我申报"特级教师"的时候，我觉得自己才疏学浅没有申报，校长很坚定地支持我，说我一定可以评上。其实那时我更想评正高级教师（我内心的真正想法是：要想评正高，就最好不要评特级教师，因为我觉得好处不能一个人都拿走了，学校里优秀的人多的是）。好在我没有辜负校长和全校教师的期待，顺利评上了特级教师，三年后，因为其他教师无过硬的条件参评正高级教师，我也觉得不必浪费了这个名额，于是报名参评，结果顺利评上了。

　　这就是我的职业生涯。我常常觉得能有如此成就，运气占了很大比重，但仔细一想，又觉得运气固然有，而理想和信念能坚定不移并且主动积极投入到行动中却是主因。我始终认为，信念和理想是先导、是旗帜、是目标，方向和目标明确了，就只管往前走！阳光教师不仅仅要有眼前的苟且，更要有远方的诗！美国纽约州史上第一位黑人州长罗杰·罗尔斯说过："信念值多少钱？信念是不值钱的，它有时甚至是一个善意的欺骗。然而，你一旦坚持下去，它就会迅速升值。"我常常觉得这说的就是我！

　　阳光教师永远不说"太迟了"而说"我现在就开始行动"。有人说："我已经 30 多岁，40 多岁了，现在确立理想努力奋斗，还来得及吗？"成功是不问年龄的，且不说苏洵做了父亲之后努力读书的故事，看看当代那些奋斗者的背影——钟南山、南仁东、曾宪梓、何鸿燊，他们在耄耋之年，却不言老，而仍然奋战在第一线！我是 40 岁过了才来梅州的，10 年后我成了特级教师，靠的是什么？坚忍不拔地努力奋斗！我说自己的故事，并不是要和那些大家相提并论，而是从一个教师的角度谈理想和奋斗。所以，我说："你不必想自己 10 年前怎么样，甚至 1 年前、1 个月前、1 天前怎么样，只要你从

今天开始努力奋斗每一天，不畏惧未来的挑战，我敢打赌你终究会迎来高光时刻！"

　　教师们，为了我们国家和民族的复兴，为了全人类的发展和进步，让我们努力做一个乐观自信、有自己的职业追求的人！

阳光教师的样态

◉ 样态之一：人不能只靠吃米活着

——我对教师成长的理解

我特别欣赏巴金老先生的这句话："人不能只靠吃米活着。"这也是我的人生信条。从教 37 年来，我一直践行着这个伟大的理念。

我曾经是一个很讨厌语文的人，也没有认真想过要当一名语文教师，直到踏入大学的校门，我想未来自己就是一名语文教师了，那时莫名地就觉得当教师也很有趣味。有一天，当地的一位受人尊敬、学为人师、行为人范的校长被评为特级教师，享受到了很高的礼遇。我就想，我一定要做一个他那样的教师！那时是 1987 年！

当我从教 28 年的时候，我终于也成长为特级教师，几年之后，成长为正高级教师，现在，我第 2 次被遴选为省名师工作室主持人。这三次成长，实话实说，我没有当初预设的激动和高兴，只是觉得自己所有的荣誉可能是水到渠成，也可能是运气好而已。从一个本不喜欢语文甚至讨厌语文的人要成长为这样的教师，的确需要时间来磨砺！因为我深信这一点：机遇是属于有准备之人！

这个心态可能和我奉行的"人不能只靠吃米活着"的人生观有关。当我明白自己要和教师尤其是语文教师打交道之后，我是认真的，而且开始了穷追不舍，直到今天仍然孜孜以求，不放弃，更不会抛弃！我一向认为教育是一项必须踏踏实实一直行走在路上的事业，所以，我拒绝一切弄虚作假。一个教师必须奉行陶行知的"千教万教教人求真，千学万学学做真人"，在生活中，我最讨厌和不能原谅的事是不讲诚信、不守诺言，教育教学上，我最反对人云亦云、鹦鹉学舌、没有自己的个性思考的人，一看到专家、大咖就

顶礼膜拜。在学术上，比如论文或其他创作作品，务必原创，哪怕很丑，也要积极欣赏自己的劳动成果。所以，我们工作室的第一条理念就是：求真务实。

2015年我被评为特级教师。当时我的妻子意味深长地对我说了一句话："林明，特级教师要像特级教师的样子！"我很听妻子的话的，因此我就积极地思考，什么是特级教师的样子？后来，我又被评为正高级教师。其实想来想去，不就是哲学的三问吗？

我是谁？

我是特级教师！正高级教师！我不能忘记或无视这个角色，更要重新出发！

我将往哪里去？

我从普通教师中一路走来！我已经是"双冠王"了，但我希望自己是个践行者、引领者，力求教好书，育好人。

我怎样往那里去？

我会坚定地一直行走在教育的路上。

但是，我们的人生路从来都不可能一帆风顺。尽管我明白作为教师，我必须这样做，只是现实往往很"骨感"：生活中、工作中不尽如己意的事情实在太多了。我其实也有迷茫、彷徨、纠结、失望的时候。就如2021年1月，我刚递交申报广东省名师工作室主持人就后悔了，以致很长一段时间我都没有任何行动，即使知道了评审结果，也基本还是无动于衷。为什么会后悔？因为我感到了自己的渺小和无能。但是，我又想，苔花如米小，也学牡丹开，一个人的力量的确渺小，要是更多的人一起加油努力，形成冲出蛮荒的磅礴力量，那时谁又能抵挡得住这股力量呢？所以，在迷茫、纠结了大约5个月之后，我想，既然申报成功了，就必须本着"做自己必须做的事情，做自己能做的事情"的基本行动准则，积极投入到工作室的各项前期准备工作中。于是，今天才能和大家有缘相聚在一起，组成一个战斗力和凝聚力都将很强大的团队。

我谈我的这个经历，是要求大家明白两件事：

第一，一切都不会过去！你以往做过什么，今天它会毫无保留地给你抖搂出来；你以往积淀的深度如何，今天它就会还原出你原本的形象。

第二，做自己必须做的事情，做自己能做的事情！无论你身处何时、何种境地，只要本着这样的理念，不忘初心、不忘来时路，认准了一个方向，持续走下去，时间会证明你的选择是正确的！

我理解，大家作为教师，的确需要眼前的苟且。物质生活是一切其他生活的基础，在工作之余，也要有自己的生活，张弛有度是衡量一个人幸福感高低的重要指标。比如可能有的教师是为了评职称而加盟工作室的，在我看来，这不是一件该责备的事情。但我同时认为，加盟工作室也必须要有诗与远方，人活着必须有一点超越物质生活的追求才是！

因为我深信人不能只靠吃米活着，所以，2021年7月16日，当我坐在"省名教师工作室主持人团队专项研修项目"研修现场聆听王红教授接地气的报告《从输入为本到输出为本：课堂教学范式的变革》时，困扰我几个月的工作室集体课题研究主题应该以什么为切入点的问题居然柳暗花明，灵光一闪，主意就出来了：高中语文统编教材教学的核心是要抓住单元主题学习和专题研习这两个"牛鼻子"，注重情境学习，而这两个核心问题必须有学习任务的设计，学习任务的设计应该包括教师和学生的智慧和努力，尤其要突出学生的学习、体验、思考、感悟和创新。因此几乎没有思考，我就写下了两个题目："主题学习背景下学习任务的设计""专题研习背景下学习任务的设计"。我想，这两个课题研究工作是不是可以依据我的"让我们自由、自主地感悟语之趣、文之味"语文教育理念，聚焦统编教材，以建构并开发统编教材"学习任务设计"（包括学习目标、学习问题、学习情境、学习活动、学习评价、阅读拓展等）为核心和着力点，努力践行"读、写、秀"语文教学模式，以此提升大家的专业素养，实现工作室成果"看得见、摸得着、用得上、流得广"的目标。如果能有这两个成果问世，那不仅是课题研究的成功，而且会促使全体成员教学思想（主张）的凝练成熟，进而改变每个人的学科教学的价值取向和努力方向。

也有人说，你都"大满贯"了，还有必要这么拼吗？其实，人的发展的

每一个时期都有瓶颈期或高原期。对此其实我也不断反思：很多人一上五十岁，就再也没有干劲了，人也一下衰老下来。我是这样想的，在生理上，我清楚自己的年龄，但在心理上、精神上我觉得必须保持一颗年轻的心，我的身体臃肿不堪，但我的行动仍然干净利索；我的头发掉得能顶1500瓦的灯泡了，但我的头脑仍然敏捷得像头豹子；我的内脏也许有了这样那样的毛病，但我的自信、勇气、情怀和坚忍依然年轻！所以，尽管做省名师工作室主持人基本是义务劳动，省教育厅是没有一分钱报酬给我的，我仍然很乐意去做这件"善莫大焉"的事情。

我是如何走出每一次高原期的呢？因为我一直拥有两个"宝"。

其一是我身边总有一群热血沸腾、干劲十足的人在鼓励我，我可以列一长串——杜德栎、李文贞、廖锦华、黎红明、古晓君、陈红旗、彭旭、范远波、曾令存、李广平、姚勇文、廖振雄、刘媚、古芹巧、颜振遥、杨鲜亮、贾晓伟、宋文钦、葛成石、罗雪花、饶碧玉，等等。他们是我的同事、朋友，也是我的最可宝贵的"人脉"资源。说句实话，在我37年教育生涯里，我真的基本都是被人推着、鼓励着往前走的！

其二，是我比较喜欢读书和思考最新发生的教育教学事件或现象。尤其是2017年我辞去中层干部职务之后，我和学生约定，教师的阅读目标是每年不少于20本纸质书，外加至少100篇电子版专业文章，原创撰写各类文章总字数每年不少于10万字；我给学生的任务是每年阅读纸质书不少于5本，写作量不少于3.5万字。所以，不知道你信不信，在之后的三年时间里我就发表了2篇论文，正式出版了1部专著、合作2部作品，1个教学成果和教学设计分别获得省级、市级一等奖。我的学生平均分位列7个理科班第二名（当初我接这个班的第一次考试可是倒数第二名的）。

2021年有几个月比较"闲"，但我的头脑并没有闲着，一直在不断观察、思考教育领域中的现实问题。比如，3月偶然听说我们学校周末外出补课的学生超过了三分之一，我觉得，这是一个严重的问题，因为绝大多数学生即使补课，成绩也是提高不了的，不为别的，就因为校外补课并没有和校内教师的教学遥相呼应，更没有遵循学生的成长规律，基本可以这样说：打乱了学生的正常思维发展。我为学生焦虑着，但感到无法解决这个问题。令人高兴的是，教育部成立校外教育培训监管司，从国家层面重拳出击整治校外教育机构乱象。

这几个月我也在想我们工作室的问题，想得最多的还是入室学员在三年有限的时间里如何以尽可能快的速度实现专业成长和发展问题。其中关于信息技术（人工智能）与语文教学如何融合的问题使我感到恐慌！因为我对此几乎没有清晰的认识，尽管我曾经弄过一个有关这方面的课题，尽管我开展了线上教学，给了我很多启示，但认识依然肤浅，也没有太多实际行动，当时最大的收获是：网络教学资源必须系列化或系统化，然后我们就搞了两个系列——文学梅州经典诗文选读微课和高三线上班会课微课，反响很好。现在时间又过了一年，我们该怎么办？比如，现在人工智能（AI 技术）与学科教学融合已经成为社会和教育发展的必然趋势，数据驱动、人机协同、跨界融合、共创分享将会成为教育的新常态，人工智能赋能教育的核心是教育内容的变革，不是教和学方式的变革，它的特点在于，不再是物质匮乏，而是时间匮乏；重要的不再是物质制造，而是精神制造。人工智能时代最需要的是让学生从死记硬背的灌输式教育当中走出来，学生最需要的是基于人工智能去提高责任感、思辨能力、实践能力、合作交流能力。这些我都没有很好去准备，因此我是恐慌的！再比如，各种智能电子笔记本（如科大讯飞）数不胜数，功能越来越强大，它们已经远远不是局限于语音录入、文档转换，而是正在尝试评改作文。各种人工智能软件已经开始实现了即时分享交流，为课堂教学增添色彩，极大地调动起学生语文学习的兴趣。实话实说，工作室主持人团队研修让我最感忧虑的事就是这一个！我很希望自己和各位成员不要落后于这个时代和社会发展，而是勇立潮头，敢为人先！

谈到"忧虑"，我觉得适当忧虑也是好的，因为忧虑往往会产生问题，问题往往也会促生课题，而研究课题一定促使人思考，思考多了，思考方向就会变得精准，思考力就会变得强大起来，很多想法一旦被串联起来，并加以实践佐证，这些零碎的想法就会升华为"思想"！这是任何人的思想成长、成熟的基本规律。

说到这里，我忽然想到：工作室似乎有点像央视的星光大道，工作室是各位成员成长和发展的最佳平台。工作室目前只有 10 名成员，我觉得自己有信心、有勇气、有力量帮助成员们搭建可能多的成长平台，我也相信成员们在这个平台上，经过三年的锤炼、磨砺，一定能做出特色，做到自己认为的极致水平，进而达成自己的梦想。

我的这段经历和林林总总的想法，可以告诉大家两个道理：与高水平和优秀的人为伴不吃亏；机遇属于早做准备之人！

当然，也正因为我一直行走在教育的路上，我也就死心塌地地一直在思考教师的成长问题。我们工作室的各位成员在三年之后必须成为什么样子的教师呢？我觉得，工作室在培养目标上，更应该培养有成员自我印记的有情怀、高素质、专业化的创新型或专业型教师。具体而言，就是：努力提升成员的教学力、学习力、研究力、阅读力、引领力和课程开发力（简称"六力"）等专业素养，使每个学员初步形成自己的教育教学理念，使每个学员都能实现各自"二次成长"的目标。

当然，对于各位成员而言，不管如何，必须确定自己的前进方向、确定自己的发展目标，即明确知道"我是谁""我将往何处去""我怎样往那里去"。当我们发展的方向和目标明确了，那么，剩下的事情就是四个字：规划，行动！

◉ 样态之二：阳光教师的网络教学实践与探索

2020 年的几个月的网络教学实践与探索，让我第一次深刻体会到未来教学一定会发生重大变化，而且很快。我觉得未来教育可能发展的方向，至少有如下 6 个方面：

（一）课程设置、课程内容将更全面、更完善

表现在更加突出以立德树人为首，更加强调健而美的身心修为，更加强调科技创新和创造，更加重视生活、学习、工作卫生习惯的养成等方面。学什么决定了教什么，因此，考虑让学生学什么比教什么更重要。比如，强化书法教育，音乐、美术教育，2020 年 2 月教育部又出台了劳动教育意见，接

下来编程教育可能成为学生的必修课；人与自然、人与人如何和谐相处成为必备素养；批判思维、责任担当意识、全球视野、命运共同体等将深入人心。简言之，培养什么人、为谁培养人、怎样培养人是每位教师必须做出回答的教育的根本问题。

（二）跨学科、跨媒介教学成为必然

任何学科教学都不可能独善其身——只囿于本学科而不牵涉其他学科。STEM 教育、智慧课室、创意设计、创客空间等将给学生提供更多、更优质的学习平台，因此教学将更需要学科协作。比如数学老师日渐意识到了学生阅读和写作能力培养的重要性，这种相互融合的教学将成为必然趋势。同时，各种媒介比如自媒体将会不断快速更新换代而且在学科教学中普及，以满足人们的学习需求。实践证明，谁能推进智能技术与教学的融合，谁就更容易创新教学方式，课堂就更能获得学生的点赞。因此，教师需要熟练运用各种智能技术手段，为自己的教学服务，一个不愿或不会应用智能手段和设备进行跨媒介教学的教师也将被学生嫌弃。此外，与教学相关的设施设备如"智慧课室""智慧图书馆""智慧校园"建设的步伐也将加速进行。

（三）线上与线下教学结合将更紧密

教室不再是唯一的教学阵地，教师也不再是唯一的教育者。未来教学中，学生将不分地域、性别甚至年龄，从网络和网课等多途径获取大量的公共知识以及理解、应用性知识。换句话说，学生获取优质教学资源是一件轻松平常的事情，这也是教育公平性的重要标志。当然，线下教学是必不可少的最为重要的一环，它更考验教师的教学智慧、情感态度和价值观，教什么，不教什么，需要教师更精准、更精致。线下教学将更讲究情境式教学，教学更重视设置真实的情景，提出不同的问题，引导学生进入情境，在自主、合作、探究的氛围中梳理、筛选、整合、分析各种信息和概念，提出解决问题的方式方法。

（四）对教师素养的要求

教师不仅要有宽广的知识、灵活的思维、较高的教学能力，而且要有高尚的人文情怀甚至跨学科知识和能力。现在招聘教师，比拼的是知识和能力

的高低，未来还得加一条：是否有利于学生的身心健康发展和生长，比拼的是情商的高低。可以想见，一个不善于思考、不愿读书或读书很少、对学生没有爱心、对人生和生活没有美好情怀、不具备良好品质的教师将被学生、学校嫌弃甚至摒弃。

（五）学生"学"的时间要远比教师"教"的时间多

这不仅表现在课堂教学上，而且表现在整个教学过程中，学生的自主、自由、探究、分享式学习都将成为教学的正常现象和必然趋势。教师重在如何进行差异化教学，重在如何"传道""解惑"而不再注重"授业"，重在如何启发、引导才能使学生更快、更高质量地发展和成长，这些"学""教"的问题都成为教师必须积极探讨和实践的课题。

（六）教师教学质量评价必定改变

不仅评价标准将会改变，评价内容也必将从评价教师的教转向评价学生的学，即不是重在看你"教"得如何，而是重在看学生"学"得如何。对教师的教学评价方式也会改变，重点将会放在学生对教师的教学评价上，而不再是学校或同行对教师的评价！

可以说，智能技术的应用，"互联网＋"的推进，已经不是"要不要"而是"怎么做"的问题。换句话说，教育已经无法拒绝智能技术，无法拒绝互联网！毫不夸张地说，谁占据了这个制高点，谁就能占据教育的话语权，谁的教育质量就能比他人更胜一筹！

第 2 章

阳光育人

· · · · ·

　　教育首要解决的问题是立德树人，人民教师就是要有为党育人、为国育才的理想信念。因此，教好书，育好人就是教书育人的最高境界。

论阳光育人

教育是一场漫长而又优雅的修行，践行阳光育人，需要我们做一名平凡而阳光的教师：乐观、积极、自信，有激情、有追求、勇于创新，准确定位自己扮演的角色，保持愉悦的心情，拥有健康的心理状态和精神面貌，以尊重、理解、赏识、激励为核心，以睿智的语言，幽默的风格，真诚的交流，坚持以生为本，给予学生理解和信任，实行个性化教育，为他们提供健康的成长环境，引领学生成长为阳光学生。

◉ 阳光育人之一：阳光育人的目标

阳光育人的目标是：培养有追求、有理想信念、有责任担当、身心健康、自信坚忍、懂感恩、敢创新的人。

一、引领学生做有追求、有理想信念的人

时代的灰尘落在每个人肩上，就是一座山。新时代学生具有独立的思维能力，他们追求理想，希望得到支持与肯定，但同时又不愿意让别人过多地教育或者过分地干涉。教师应该积极引导他们树立正确的人生观，做一名有理想信念、有追求的阳光学生。

首先，教师必须让学生意识到师生之间的共同目标。只有当教师能与学生思想感情一致，能把自己心灵的一部分贯注到学生心灵中去的时候，学生才能敞开心扉，才会主动讨教并寻求帮助。

其次，教师要多关注每一个学生的优点，尊重他们的自尊心、自豪感。教师对他们表扬、肯定，不轻易指责他们，他们就会高度重视教师偶尔的表扬。同时必须清楚，正因为中学生具有很强的自尊心，所以在对他们的个性给予肯定的同时，切记不要把一个人的优点与另一个人的缺点做比较。

第三，关注学生的心理、生理变化以及给他们带来的影响。主动了解学

生心中的困惑与矛盾，及时采用具体的方法去化解，并有效引导，努力把他们培养成具有成熟的思想和刚毅顽强的意志的未来公民。

二、引领学生做身心健康、自信坚忍的人

高尔基曾经说过："快乐，是人生中最伟大的事。"人这一生，要经历很多，或者痛苦或者挫折，即使生活有一千个理由让你哭，你也要找到一个理由让自己笑。生活的幸与不幸，从来不受困难阻挡，而在于自己打造。无论如何，每天给自己一个开心的理由。我们人类很容易受情绪影响，相比乌云密布，心情愉悦且平静更适合坚持做长期以来做的事。所以，保持身心健康是最为重要的事情。

我的导师林明老师曾经说过："和身边的人相比，你也许不是那么耀眼，拥有的不是很多，走得没那么快，但这都不要紧。要紧的是，你是不是始终循着自己的脚步？是不是每天都在进步？只要不曾后退，慢一点也无妨，一直往前走，你总能抵达想去的地方。"

坚忍是世界上最伟大的一种品质，是决定成败的力量。只有当你足够努力，你才会足够幸运。给自己树一面信念的旗帜，你的人生就有了奋斗的动力和生命的活力！

三、引领学生做一个有责任担当、懂得感恩的人

幸福是一个过程，生活中总会经历风雨，遇见彩虹。这里，我想和朋友们分享一下我在 2020 年的线上教学故事，希望我们每一个人都能用一种新的角度对待生活，做生活的有心之人。

线上教学期间，我们不但要答疑解惑，还要关注学生的心理发展特点，遵循学生身心发展规律，积极开展心理疏导和励志教育，时刻保证心理健康教育的实践性和实效性。在课堂上，我通过对真实案例的介绍，引导学生树立正确的世界观、人生观和价值观，激发学生的爱国之情；和同学们探讨线上教学期间如何应对高考这个问题，并对他们进行了心理疏导，让学生明白什么是自觉，什么是自律，什么是责任，什么是感恩。

线上学习期间，学生的心是焦虑的，因此，为了让学生能够舒缓压力，我时时提醒自己控制好情绪，注意和学生交流的语气和方式，尽量使他们能

够伴随着老师的关怀，争取在最美的七月笑傲考场。于是，"我们一起努力，加油！""你们是最棒的！""努力必定会有收获！""相信自己，你一定行！""谢谢老师，我会继续努力！"等语言成了班上学习群每天都会出现的高频词。话语虽短，但是每个学生都能感受到老师的那份特别的关爱！ 4月28日那天晚修课，有位学生激动地说："感谢我们班的老师，在高三这一年，遇见你们这么多负责任的老师，我一定会努力的。"

最后，我想把这位同学写给我的信跟大家分享。

尊敬的罗老师：

这段时间您辛苦了！感谢您在事务如此繁重的情况下，还一直坚持指导我们，关心我们，谢谢老师！

这次线上学习对我来说是有利也有弊的，好的地方是选择的权力更广了，可以对薄弱的科目进行补救，也能更自由地制订适合自己的学习计划。但与此同时，自制力的强弱决定着学习效率的高低。因为没有像学校那样浓厚的学习氛围和教师的监督，也许会有同学放纵自己，就连我也不例外。

所幸经过及时的反思，我又重新投入到学习中去。我自认为开学后的调整应当是收起享受安逸的心，快速地适应到校园生活中去。

难忘的是不仅我们在为学习而奋斗，老师们也在攻坚克难，与我们风雨同舟。学校贴心地开设了线上课程和考试，让我们在家也能够获取知识并检测成果。但我个人认为在线上做阅读题，实在是有难度，大量的文字伴随着长时间的手机辐射，令人有些头昏脑涨。

我很清楚高考是人生的大考，它并不只是与全班同学、全级同学竞争，而是与全省同学竞争。所以自觉和自律也就显得尤为重要。每天伴着清晨的铃声苏醒，披着星辰的被子入睡。就这样，不焦虑，不气馁，每天把该写的写完，把该背的背完，怀着勇气和希望迎接未来的挑战。

相信付出汗水的我们，一定会得到相应的回报。

再次感谢您和其他老师的指导，也希望老师能够注意休息，保重身体。

您的学生：王玲

2020 年 4 月 16 日

正如我的导师林明所说："如果你对学生输出了爱，学生也一定会感知到并且化为他学习的动力和信心。"这次线上教学的师生互动，就是最生动的理想教育、感恩教育。作为老师，我们能让学生学到的不仅仅是书本知识，我们还应让学生珍惜拥有，有责任担当。

四、引领学生做善思考、敢创新的人

高中时期是充满创造激情的时期。培养自己的创造思维和创新精神便成为高中生最重要的任务之一了。就当前的学校教育看，过于严谨、思维定式、从众心理和信息饱和是影响创造性思维形成的四种主要障碍。因此，高中生要注意防范这四种障碍的出现。这里我提三点建议：

首先要保持好奇心，它可以使你对学习保持长久兴趣，有了长久兴趣，你离成功就不远了。人一旦没有了好奇心，往往就没有了幻想和想象，也因此没有了问题意识，而没有问题意识，也就谈不上创新与创造。爱因斯坦在总结自己一生的成就时说："我没有特别的天赋，我只有强烈的好奇心。"因此，保持好奇心，你才能产生兴趣、才能产生探究的欲望，这是培养创造力的基础。其次，要勇于尝试。阳光学生是敢于第一个吃螃蟹的人，也是敢于从只有荆棘的荒野开辟道路的人"。第三，要多角度思考。人因思考而富于创造。有一句广告词说得好："山因势而变，水因时而变，人因思而变。"

◉ 阳光育人之二：阳光育人的基本条件

阳光育人的基本条件是：调整角色定位，做有激情、有追求、有个性的阳光教师。

从实践意义上来看，教育就是一场对话，而要实现高效对话，则需要我们转变教育理念，重构教育目标、尊重差异、尊重规律、突出天性，做知识创造的示范者、文化价值的传递者、学生情感的呵护者，使自己成为个性突出的教师。教师既要有埋头拉车的执着，更要有抬头望远的智慧，必须时刻"重置"，准确定位自己扮演的角色——智慧型的管理者、学生学习的指导者、师生平等的对话者、终身学习者、心理工作者、家庭教育指导者。

一、努力做一名乐观幸福的阳光教师

李镇西老师说："要做一个幸福的教师，而不仅是做一个优秀的教师。"做一名阳光的教师，就要做到真诚、善良、健康、快乐，能积极调整自己的工作心态，把做一个幸福、快乐的教师作为自己的奋斗目标。向学生广施仁爱、感恩、善良的人性，使学生具备仁慈善良、互助友爱、节俭朴素、自尊自爱的心灵，向他们撒播真、善、美的种子，做生活的有心人、做学生的引路人。

（一）做一名智慧型的班级管理者

阳光育人不仅是"以尊重、理解、赏识、激励"为核心标志的教育，而且是一个生命和谐交融、个性自由绽放的教育。如果说传统教育的内核是知识，那么未来教育的视野应该是智慧和灵魂。而阳光育人，不仅需要教师睿智的语言、幽默的风格、丰富的实践经验，而且需要一种与学生共情同进的智慧和灵魂。教师只有善于学习、善于思考、善于感悟，才能使自己的智慧不断壮大、灵魂得到不断滋养，才能形成新思路、新方法，才能落实"立德树人"的教育目标，才能做一名智慧型的班级管理者。

1. 在班级日常管理中贯彻爱国主义教育。爱国主义教育是指树立热爱祖国并为之献身的思想理念的教育。纵观中华民族发展的几千年历史，中华民族的爱国主义精神一直就是推动历史前进的一种巨大力量。它是在中华民族悠久历史文化的基础上产生和发展起来的，反过来又给予中华民族的历史发展以重大的影响。所以说，爱国主义教育是德育之根本，其核心地位毋庸置疑。但是，在现代社会网络自媒体快速发展的背景下，青少年学生尤其容易受到各种不良自媒体的负面信息影响，导致三观不正，或叛逆，或厌世，或形成反社会人格。所以，在班级日常管理中，不断地加强爱国主义教育就显得尤其必要了。把爱国主义教育融入班级日常管理中，笔者尝试从以下几方面来展开：

（1）建立班级道德荣誉榜。班级是个小集体，在集体内部形成竞争非常有助于推动个人的进步和成长。建立班级的荣誉榜，让各方面表现突出的同学上榜，并且颁发相应的奖状，能从根本上给学生提供提升的动力。如笔者在所带班级内开展的劳动达人榜、最美值日生榜和暖男榜等活动。通过在参加劳动卫生、学习互助、集体活动等方面的表现对所有同学进行评价，表现突出的学生上榜并发放奖状。此项活动是在美国学者克里斯·比弗尔提出的进步神速者游戏的基础上进行调整实行的，用以鼓励学生在品德方面的进步和提升。进步神速者游戏适用于每一个课堂活动且可以衡量学生的卓越程度。用这种游戏形式，学生有充足的动力，乐于参与，能在短时间内取得较好的效果。

（2）开展以爱国为主题的班会活动。班会课在学校教育中发挥着重要的作用，每周一节的班会课，是班主任进行德育引导、构建班级文化的最主要途径之一。班主任应该有上好每一节班会课的意识，做到合理利用班会课，从不同角度引导学生审视自己，培养学生的爱国精神。从实践来看，及时结合社会热点事件，引导学生思考讨论，树立正确价值观，是爱国主义教育比较有效的方式。

2. 不断完善德育工作的内容。实施德育教学的过程中，不仅仅以成绩作为学生的评价标准，而且应始终把学生思想道德放在首位。在德育教学过程中要与时俱进，不能一味固守传统的教育模式，要以以往的德育模式为基础，并结合实践活动，不断进行德育教育的创新，才能使德育工作得到有效的提高。

3. 培养学生的团队意识和责任意识。亚里士多德说："离群索居者，不是野兽，便是神灵。"人是群居动物，又是社会性动物。每一个人都有社交需求，每一个学生不管是在校内还是走入社会，都需要与别人打交道。那么，

如何在社交中获得别人的认同，从而实现个人的更高价值呢？显然，具备团队意识和责任意识的学生，更能获得大家的认同，更容易成功。所以，培养学生的团队意识和责任意识也是班主任工作中非常有意义的一项内容。日常班级活动中，我们应从认识层面对学生进行教育引导，让学生正确认识何为团队意识和责任意识，并且让学生形成主动融入团队进行思考、主动分担团队责任的意识。同时，可以利用班会课时间，通过各种形式培养学生的团队意识和责任意识，例如组织学法知识竞赛小组抢答赛、飞花令小组赛、团队驿站传输游戏等。在这些活动中，学生随机组合团队参与其中，再随机抽取出小组队长人选，队长负责协调队员。通过一次又一次的磨合，学生之间加深了了解，整个班集体气氛更为融洽，向心力更强。许多平时低调内向的同学，在小组活动中成为队长，尝试承担协调成员的任务。这些活动使得团队意识和责任意识逐渐埋在他们的心中，未来继续浇灌必会开出最美的花来。

4.具备作为一个班主任的职业道德。除了认真上课，对学生的将来和知识的学习负责外，班主任还要具有强烈的责任心和事业心，专注于开展德育工作。班主任要不断学习相关的政治理论、心理健康知识以及德育教学规律，不断充实自己，用丰富的经验和专业知识来开展德育工作，担当起学生人生路上的指路人和照明灯。除了每天要花费大量的时间来进行备课、讲课、批阅作业等日常工作，班主任还要抽出时间处理班级中的琐事，开展德育教育的主题班会，更要时时刻刻关注每个学生的学习生活情况，以及关注学生的思想动态，在学生、家长、学校之间架起了解和沟通的桥梁，以提高德育工作的时效性。

一名智慧型的班级管理者既要着眼于培养优秀的学生，又要注重打造一个优秀的班集体。只有打造一个优秀的班集体，才能让更多的学生在这个集体中增强荣誉感、认同感、归属感，携手共进，争先创优。而要做到这一点，需要我们教师具备与学生共情同进的管理智慧，在班级中树立正气，维护班级形象。

下面是一张测试教师管理能力的量表，可以检验教师的管理能力。

活动探索一：测一测你的管理智慧

请从下面的问题中，选择一个最切合自己教育实践的答案。

1. 在接到新的班级的时候，你有没有及时去了解班上学生的情况。（　　）

　A. 详细了解　　　　B. 简单了解　　　　C. 不了解

2. 你是否重视班干部的选拔。（　　）

　A. 是的　　　　　　B. 不一定　　　　　C. 不是的

3. 在单位里，你是不是常常抱怨班级很难管理。（　　）

　A. 从未如此　　　　B. 偶尔如此　　　　C. 经常如此

4. 你是否重视班干部的培养。（　　）

　A. 是的　　　　　　B. 介于 A、C 之间　C. 不是的

5. 我会不会因领导的批评而生气。（　　）

　A. 不会　　　　　　B. 偶尔会　　　　　C. 经常

6. 有人对你的管理才能表示怀疑时，你（　　）

　A. 以事实展示实力

　B. 不以为然

　C. 大声抗议，以泄己愤

7. 你是否主动做好与其他科任老师的沟通。（　　）

　A. 是的　　　　　　B. 偶尔　　　　　　C. 不是

8. 我常常为一些班级的事情而焦虑。（　　）

　A. 不是　　　　　　B. 介于 A、C 之间　C. 是的

9. 当班级考核经常被扣分的时候，（　　）

　A. 寻找原因，及时跟进

　B. 不以为然

　C. 勃然大怒

10. 你有没有给本班的学生建立成长档案。（　　）

　A. 及时建立　　　　B. 简单应付　　　　C. 从来没有想过

11. 你有没有客观地做好学生的动态评价。（　　）

A. 经常　　　　　　B. 偶尔　　　　　　C. 从来没有

12. 你会不会把生活的情绪带到工作中。（　　　）

A. 从来没有　　　　B. 偶尔　　　　　　C. 经常

13. 你会不会在班上对表现不好的学生进行人身攻击。（　　　）

A. 从来没有　　　　B. 偶尔　　　　　　C. 经常

14. 你有没有注重对学生的个别谈话。（　　　）

A. 经常　　　　　　B. 偶尔　　　　　　C. 从来没有

15. 你有没有精心设计主题班会。（　　　）

A. 每次主题班会都精心准备

B. 偶尔

C. 简单应付

16. 学生犯错误的时候，你会不会马上打电话向家长投诉。（　　　）

A. 不会　　　　　　B. 偶尔　　　　　　C. 经常

A 越多，意味着教师的管理智慧越高，相反，C 越多，教师就要好好检讨一下自己了。

有智慧、有灵魂的阳光教师就是要在生活中不断地去寻求美、发现美、探索美、创造美、欣赏美。做校园优美环境的欣赏者、做学生良好举止的赞赏者、做教师神圣职业的吟诵者、做课堂生命活力的激发者，努力使自己成为一名智慧有灵魂的管理着，走出一条有自身特色的教育之路。

（二）做学生情感的呵护者

教师要热爱自己的工作，热爱自己的学生。唯有热爱能抵御岁月漫长，因为只有热爱自己的工作，才会去热爱自己的学生，只有热爱自己的学生，才可以算得上是真正的有智慧。如果没有立德树人的仁心、没有诲人不倦的耐心、没有有教无类的公心，那么这样的教育是没有温度、缺乏责任心的。

热爱学生，并不是嘴上说，而是需要我们付诸行动。

首先，给予学生爱和鼓励。著名的特级教师霍懋征说过："我的教育方法就是'激励、赏识、参与、期待'，以极大的爱心、耐心、细心、信心、责任心，把孩子教好。"我的导师林明老师也经常强调："教师不要随意、轻易甚至轻率地否定学生的劳动和创造性成果，哪怕再差，也是他的创造；哪怕再糟糕，也有他的亮点。"这个观念必须贯穿于我们每个人的教育教学中，我们应该明确一点：教育的主题永远是爱。有爱的教育才是真正的教育，才是智慧的教育。

其次，不放弃任何一个学生。阳光育人是一种竭尽所能让每个孩子走进阳光的教育，在这个过程当中，我们不仅要做到尊重、理解、赏识、激励学生，同时更需要顺从天性、承认差异、宽容失败，要遵从学生的个性成长，不低估任何一个学生，不放弃任何一个学生。陶行知说过："你的教鞭下有瓦特，在你的冷眼里有牛顿，在你的讥笑中有爱迪生。"作为教学工作者，我们的一言一行、一举一动都会给学生造成很深的影响。所以，永远不要低估、更不能放弃讲台下的任何一个学生。

不放弃教室里的每一个学生，是教师的责任，对教室里的每个学生都抱有希望，是教师的深情。在这个过程中，包含着对每个生命的尊重和善意，它意味着要拥有一颗宽容的心，能够包容无知和缺憾。

几年前，我教过一位单亲学生。他个性很强，学习基础非常差，而且经常不交作业，老师批评他，他也不在乎。我经过了解，原来他的父母在他出生不久就离婚了，他从小就没有得到关爱，甚至有时做了好事也得不到表扬，于是就自暴自弃。有一天早读，我在全班小结作业的上交情况，他照样摆出一副不在乎的表情，结果我却表扬了他："××虽然有时不交作业，但却从来不抄作业，我很欣赏他这种不弄虚作假的行为。"他当场有些傻了，但是，自此以后，他每天都交作业。经过两年的不懈努力，他在高考中取得了优异成绩，被一所大学录取了。

由此可见，教师必须不放弃任何一个学生，哪怕是一些有自暴自弃念头的学生，只要我们在学生学习、生活、活动中捕捉教育契机，艺术地、友善地、朋友般地指出他们的缺点和错误，并且及时赏识他们的优点，一定有机会让他们在教师阳光般的关爱中逐步树立自信心。在阳光育人中，没有"差生"，只有差别；没有冷眼，只有温暖。我们要面向全体学生，既不错过每个优秀的学生，也不放弃任何一个有缺点的学生，做一名阳光的教育者，必须善于发现，细心呵护，耐心等待慢一点的"那个孩子"，给每一个人更多可

能，给每一个人更美丽的期待。

第三，做热爱学习的阳光老师。优秀教师的共同特点就是热爱学习。要指导学生阅读，教师必须自己先阅读、思考，而且必须比学生读得更多、更广，才能应对自如。因此，教师应该善于学习、善于思考、善于感悟，才能形成新思路、新方法。教师要摆脱传统禁锢，转变教育观念，鼓励学生在学习书本知识的同时，善于获得信息，不断地学习——利用网络学习、向书本学习、向身边的优秀教师学习。

二、做善于控制情绪的阳光教师

教师能不能有效控制自己的情绪，直接影响教育教学成效的好坏。做一名阳光教师，必须要积极调整工作心态，以豁达开朗、积极乐观的健康心态对待教学工作，对待学生。吴非在《不跪着教书》中提道："教师就是教师，一个普普通通的人。教师和学生是一对相互依赖的生命，是一对相互影响的伙伴，是一对共同成长的朋友；教师就是人，有自己的油盐酱醋，有自己的喜怒哀乐，有自己的生活理想；教师就是一个'站直了'的人，一个大写的人，一个能够影响学生健康发展的人，一个永远让学生铭记在心并学习的人。"对于成长期的学生来说，教师的一个冷漠的眼神、一句刻薄的话语、一次不公平的对待，都有可能会影响学生的一生。

在教育实践中，我们经常会遇到这些情况：

当你尽心尽力管理班级，并且取得很好的管理成效，却在期末即将进入评优考核的时候，因为一个学生的违纪，你与"优秀"无缘；

当你精心准备一节课，满怀激情走进教室的时候，学生却死气沉沉、一动不动，甚至睡觉、嬉笑打闹、偷玩手机；

当你对犯错的学生进行苦口婆心的教育之后，他却从不改变，一错再错；

当你悉心培养一名班干部，他却因为失恋而自暴自弃……

这个时候，我们是以理性的态度、宽容的胸怀去迅速了解情况，及时寻找解决问题的办法，还是以强硬的态度、粗暴的方式去处理呢？我认为，当我们遇到这些情况的时候，一定要调整自己的心态，迅速控制自己的情绪。如果我们任由自己的情绪发泄，那将会是糟糕至极的。因为每个人在气头上往往会情绪失控，出言不当，这样一来，不但破坏了我们教师的形象，同时也破坏了师生之间的情感，这对于我们开展课堂教学和班级管理都是非常不利的。教师的言行、底蕴和心灵只有都像阳光一样纯洁、公正、热情，我们的学生才能时时处处感受到阳光般的温暖。

下面是一张情绪控制评价（反馈）表，供大家参考：

三不	三要	三敢	三思
不翻旧账	要真诚待人	敢于承认错误	思师生关系是否融洽
不人身攻击	要保持微笑	敢于坚持原则	思同事关系是否和谐
不抱怨	要幽默风趣	敢于面对困难	思教育艺术是否科学

微笑真的很重要。美国密苏里州独立城高级中学英语教师蒂莉·布朗说过："我们对学生微笑，生活就会对学生微笑，学生也会微笑着面对生活。"

对于教师来说，微笑就是一种欣赏、一种简单、一种坦荡、一种宽容、一种幸福的体验、一种诗意的享受……也许有些老师会觉得，教师应该维护师道尊严，严格要求学生，与学生保持一定距离，其实这是一种典型的认识偏见。对于阳光教师来说，微笑并不意味着软弱，反而更能表现出教师的亲和力。从心理学的角度看，教师的微笑就是一种激励、鼓励和关爱。微笑真的很重要，它具有独特的感染力，能使我们教师传递个人的教育魅力，达到最佳的教育效果。

多一点幽默。幽默是一种魅力。一个教师能娴熟地运用幽默的语言，可以使叙事更加具体、生动，说理更加深刻、透明，抒情更加真切、动人；可以随机应变地解决课堂教学过程中出现的各种情况，既加深了学生的印象，又达到寓教于乐的境界。

学会真诚地赞美。赞美永远都不是多余的，尤其是对于那些从未有人赞美过的学生来说，一次真诚的赞美，可以胜过一万次严厉的责备。有时，教

师的鼓励与赞美虽然只是短短几个字，正是那几个字却能够给学生带来足够的信心和勇气。

活动探索二：测一测你的情绪控制能力

请从下面的问题中，选择一个最切合自己情绪的答案。

1. 我能很好地控制自己的情绪。（　　　）

A. 是的　　　　　　B. 不一定　　　　　　C. 不是的

2. 我对有些人总是回避或不愿理睬。（　　　）

A. 不是的　　　　　B. 不一定　　　　　　C. 是的

3. 在单位里，我常常避开我不喜欢的人。（　　　　）

A. 从未如此　　　　B. 偶尔如此　　　　　C. 经常如此

4. 环境的变化不会影响我的情绪。（　　　）

A. 是的　　　　　　B. 介于 A、C 之间　　C. 不是的

5. 我从不因流言蜚语而生气。（　　　）

A. 是的　　　　　　B. 介于 A、C 之间　　C. 不是的

6. 有人背后议论我时，我（　　　　）

A. 不露声色

B. 介于 A、C 之间

C. 大声抗议，以泄己愤

7. 在和人争辩或工作出现失误后，我常常感到激动、精疲力竭，而不能继续安心工作。（　　　）

A. 不是的　　　　　B. 介于 A、C 之间　　C. 是的

8. 我常常为一些烦琐的事情而焦虑。（　　　）

A. 不是的　　　　　B. 介于 A、C 之间　　C. 是的

9. 当我被朋友或同事误会的时候，（　　　）

A. 不以为然　　　　B. 勃然大怒　　　　　C. 寻找机会解释

10. 我会时常想到工作上的烦心事。（　　　）

A. 从来没有想过　　B. 偶尔想到过　　　　C. 经常想到

11. 我会在别人面前发泄工作上的不满。（ ）

A. 从来没有　　　B. 偶尔　　　　　C. 经常

12. 我会把工作情绪带回家。（ ）

A. 从来没有　　　B. 偶尔　　　　　C. 经常

13. 当一件事需要我做出决定时，我常觉得拿不定主意。（ ）

A. 不会　　　　　B. 偶尔会　　　　C. 会

A 越多，说明你的情绪控制能力越好，相反，C 越多，说明你的情绪控制能力越差。

我认为，教师情绪的控制非常重要，面对当前学生心理比较脆弱、抗压能力较低的现象，教师要时刻懂得调整心态，控制情绪，努力营造积极乐观、轻松和谐的教育氛围，用幽默风趣的语言、富有感染力的肢体语言、亲切的眼神和真诚的态度去感染学生，让不同的温度刺激学生的大脑与内心，有助于学生情感的发展，让他们懂得感知世界，怀着积极、热情和期待参与教育教学的情感体验，在教师阳光育人的引领下健康成长。

三、做生活的有心人

认真做事只是把事情做完，用心做事才能把事情做好。在平时的教育过程中，我们要时时留心、处处留意，善于从小处去了解学生：学生的一个表情、一篇周记、一篇作文、一次发言或者一次师生的一次谈话，都有可能给我们提供信息，这些信息积累多了，我们就可以针对不同层次的学生，为他们设立在他们的最近发展区内的目标；根据不同个性、不同风格学生的需要，有选择性、有针对性地的开展个性教育。

◉ 阳光育人之三：阳光育人模式的探索

我们试图通过实践而构建的育人模式是：顺从天性、承认差异、追求阳光。

一、专心做一名阳光育人的践行者

教师作为育人的践行者，是学生道德规范的引导者，是学生的"心灵

导师"，是学生健康成长过程中的引路人，更是学生的模范。在教育实践中，阳光教师首先要以身作则，使自身具备良好的个人修养和道德品质，提升自身的综合素质、提升自身的知识水平和人格魅力，靠言传身教和潜移默化达到"于无声处胜有声"的境界。应坚持榜样的力量，做好阳光育人的引路人，在德育中以德育人，在日常生活中以礼待人，才能做好德育工作，促使德育工作更有效地开展和实行。

（一）做学生阳光成长的引路人

特级教师李镇西提出以人格引领人格，以心灵赢得心灵，以思想点燃思想，以自己呼唤自由，以平等造就平等，以宽容培养宽容。其核心就是把教育视作心灵培育的艺术，向学生广施仁爱、感恩、善良的人性，使学生具备仁慈善良、互助友爱、节俭朴素、自尊自爱的心灵。是的，通过爱的力量，来发挥情感的作用；通过心的呼唤，来发挥感召力。只有给学生留下真、善、美的种子，他们才能在将来不管身处何等恶劣的环境，都能在心中盛开一朵永不凋谢的玫瑰。要通过各种渠道让学生懂得自尊、自律、自强。自尊、自律、自强是一种积极的人生态度，也是青年学生进行自我防范和赢得社会保护的途径。青少年如果自甘堕落，外界再怎样帮助也是无济于事的。

1. 培养学生的公民意识。对学生进行公民意识教育可以通过加强学生自我管理的方式，比如：让学生参加班干部竞选、班级管理等活动，加深学生对民主运行规则的理解，培养学生的民主素养，同时培养学生正确的权利、义务意识。

2. 把德育教育与职业生涯规划结合起来。引导学生明确自己的需要、特长、价值观和兴趣，了解自己是什么、适合做什么、擅长做什么，来确定努力的方向。

3. 通过社会实践活动引导学生树立积极健康的人生观、价值观。"纸上得来终觉浅，绝知此事要躬行。"鼓励学生参加公益活动、志愿者服务等。当代的青少年在刻苦学习理论知识的同时，要树立正确的价值观、人生观和世界观。参加公益活动可以在锻炼自己能力的同时，更多地了解社会，通过体验去懂得珍惜现在的幸福生活，同时可以不断丰富自我，创造一个更有价值的人生。

4.引导学生学会欣赏别人的优点。让学生明白应当自然地欣赏他人，并由衷地为他人感到高兴，而不是拿自己缺失的东西与他人拥有的东西做攀比。同时，懂得珍惜自己现有的东西，心怀感恩。当我们开始去欣赏和真诚地赞美别人时，我们就会变得更加有亲和力，就会有机会认识到更多优秀的人，一扇新世界的大门就会因此敞开。在这个全新的生活中，没有嫉妒之心，只有欣赏与感恩。

5.引导学生树立主人翁意识，担负起各自的责任。如主动做好学习、卫生轮值等工作；约束自己的行为；对同学的不良习惯或者违纪行为，予以提醒，及时制止，等等。共同维护班级这个"家"的利益，保持这个"家"的温馨。

6.引导学生学会与他人相处。要懂得珍惜缘分，要处理好各种关系，和同学和睦相处；要有包容之心，这样大家才能相处得更轻松、更和谐。

7.积极建设校园文化。校园文化对学生的公民意识的培养既有显性的约束力，又具有隐性的感染力。可以开展丰富多彩的文化艺术活动，利用广播站、校报、宣传窗、学术讲座和人文讲座等，使学生从中受到教育。

总之，在开展德育工作中，需要我们做阳光的引路人，做一个爱读书、爱学习、爱思考、爱写作的教育者，实现从"勤奋型"教育者向"科研型"教育者的转轨。要改变自己的心智模式，学会系统思考；在学习别人的经验时，要学思想，用思想去学，最终学出自己的思想来。通过形式多样的活动，培养青少年的家国情怀，树立学生的公民意识。通过这些活动，学生既展示自信，发挥特长，又感受到生命的意义，激发他们直面人生的动力，进而提升他们的是非辨别能力，树立坚持真理的信念，增强感知生活的价值与快乐的能力。

（二）做学生心身健康的辅导者

善于利用学科特点和教学，做好学生的心理辅导工作，给学生的心身健康成长插上翅膀。这是每一个阳光教师应有的特长。我的一个学生个子矮小，长相一般，皮肤黝黑，双腿一长一短，走路总是一拐一拐的。他性格内

向，特别敏感，因为过度自卑，与同学关系不好，经常独来独往，非常不愿参加班集体活动。但酷爱写作，富有想象力。我就利用作文评语，经常与他进行情感交流：努力抓住他在作文中亮点，给予及时肯定及鼓励，如"你是一个很有个性的男生，大胆地把你的热情化为大家可以看得见的行动吧""你有着丰富的想象力，这是你比其他同学更优秀的地方""你要学会把自己的特长发挥出来，帮助其他同学，和同学分享你的写作方法"等等，这样的话语不断，既发掘了他闪光点，帮其树立了自信心，又引导他主动发挥特长，融入班集体这个和谐的大家庭。我还多次提供机会，让他在班上朗读作文中的精彩段落，或让他在班上介绍写作经验，帮助他在同学面前树立全新的形象，缩小了与同学间心理上的距离。半个学期以后，这名学生在一次次获得认可中感受到了成功的喜悦，从而增强了自信心，逐渐尝试参加班集体活动，并且在参加集体活动中和班上好几个同学建立了深厚的友谊。

（三）做家校共育的联络人

在阳光育人的系统工程中，如果教师的教育视野仅仅局限于学生引导和班级的管理，显然不能达到高效的德育目标。一名有较高视界的德育工作者会把家校共育作为整个德育工作中的重要一环，用心去经营家校的联动，积极整合教育资源，打造学校、家庭、社会三位一体的教育网络。在这个过程中，很多教师会简单地认为，家校共育不外乎就是班级管理系列中的家访、电访、约谈家长、召开家长座谈会等等，而对这个环节中的方式、方法、细节却往往不够重视，使家校的联动不尽如人意，甚至出现一定程度的家校矛盾，导致德育管理的效果大打折扣。

在我 20 多年的教育生涯中，我先后担任过班主任、年级组长、学校团委书记、德育处主任。我深知，成功的德育离不开家长的积极配合与理解支持。但是如何有效地争取家长的配合与理解支持，则需要教师的真诚付出与用心沟通。

比如，召开学生家长会目前在大多数学校已经成为开展德育工作的常规环节。但是，很多学校的家长会内容缺乏新意、活动流程比较固化，久而久之，就会导致家长参加的积极性不高，家长会的到位人数越来越少。

经常听到有些家长吐槽："难得抽出时间参加家长会，却要花一个多小时听校长介绍学校历史、办学理念、分享校长治理学校的政绩；到班上又要花一个小时观看班主任制作的PPT，好不容易看完PPT，准备跟老师交流一下，却已经到了吃饭时间，老师们都急着要回家了，根本没有机会了解孩子的具体情况，白白浪费了一个上午的时间……"

因此，对于家长会内容的设计、活动流程的安排显得非常重要。结合多年的德育工作经验，我认为，在开展阳光育人的过程中，应该具有创新意识，紧扣家长的需求，精心设计家长会的内容，科学安排家长会的活动流程，注重活动的实际效果。

首先，内容的设计必须具有实效性、针对性。要明确学生家长参会的目的，大多数家长参加家长会，最关心的是孩子的成绩，其次是了解孩子在学校的表现。当然，他们更愿意听到老师当众表扬自己的孩子，看到自己的孩子在校运会上的风采、在文艺汇演的出色表现、在各种比赛中的荣誉……因此，我们对家长会内容的设计就必须力求少一些共性的分享，多一些个性的展示，这样家长的关注度就能得到尊重，获得感就能得到满足，他们参加家长会的积极性就会大大提高，家长会的实效性就能得到保障。

其次，活动流程的安排必须具有时效性、科学性。这里必须明白一点，学生家长来自四面八方，来自各行各业，他们抽出时间参加家长会是出于对孩子的关心、是履行对自己孩子的责任、是对学校和班级管理工作的支持，因此活动流程的安排既要考虑活动时间的安排，又要考虑活动环节的处理，确保整个过程不拖泥带水、不浪费时间，这样家长的积极性才不会受到打击，学校召开家长会的目的才能得以实现。

这里想和大家分享《一位母亲与三次家长会》的故事：（这是一个"熊孩子"在家长帮助下转变并成才的故事）

一位妈妈第一次参加家长会，幼儿园的老师对她说："你的儿子有多动症，在板凳上连3分钟都坐不了，你最好带他去医院看一看。"回家的路上，儿子问妈妈，老师都说了些什么，妈妈鼻子一

酸，差点流下眼泪。因为全班 30 位小朋友，只有她的儿子表现最差。然而她告诉儿子："老师表扬你了，说宝宝原来在板凳上坐不了 1 分钟，现在能坐 3 分钟了。其他的妈妈都非常羡慕你，因为全班只有宝宝进步了。"那天晚上，她的儿子破天荒吃了两碗米饭，并且没让她喂。

第二次是儿子上小学了。家长会上，老师对妈妈说："全班 50 名同学，这次考试你儿子排在第 40 名，我们怀疑他没有办法跟上其他的同学，你要有心理准备，他估计坚持不下去。"走出教室，她流下了眼泪。然而，她回到家里，却对坐在桌前的儿子说："老师对你充满了信心。他说了，你并不是个笨孩子，只要细心些，就会超过你的同桌，这次你的同桌排在第 21 名。"说这话时，她发现，儿子黯淡的眼神一下子充满了光亮，沮丧的脸也一下子舒展开来。第二天上学时，儿子去得比平时都要早。她甚至发现，从这以后，儿子温顺得让她吃惊，好像长大了许多。

孩子上了初中。又一次家长会，她坐在儿子的座位上，等着老师点她儿子的名字。因为每次家长会，她儿子的名字总是在差生的行列中被点到。然而，这次却出乎她的意料，直到家长会结束都没听到儿子的名字。她有些不习惯，临别去问老师，老师告诉她："按你儿子现在的成绩，考重点高中有点危险。"听到这句话后，妈妈独自走出了校门。此时，她发现儿子在等她。走在路上，她扶着儿子的肩膀，告诉儿子："班主任对你非常满意，他说了，只要你努力，很有希望考上重点高中。"

高中毕业了。第一批大学录取通知书下达时，学校打电话让她儿子到学校去一趟。她有一种预感，她儿子被第一批重点大学录取了。因为在报考时，她对儿子说过，相信他能考取重点大学。儿子从学校回来，把一封印有复旦大学招生办公室的特快专递交到她的手里，突然就转身跑到自己的房间里大哭起来。儿子边哭边说："妈妈，我知道我不是个聪明的孩子，可是，这个世界上只有你能欣赏我……"听了这话，妈妈悲喜交加，再也按捺不住十几年来凝聚在心中的泪水，任它流下，打在手中的信封上……

这是一篇很老的文章，但我每读一回都很感动。这位母亲懂得：哪怕天下所有人都看不起自己的孩子，做父母的也要眼含热泪地欣赏他、拥抱他、赞美他，为自己创造的生命而自豪。正是这位母亲的赏识，孩子树立了自信，爱上了上学，爱上了学习；正是这位母亲的赏识，孩子得以觉醒，以一种排山倒海、势不可挡之势走向了成功。

当然，家长也不能溺爱孩子，更不能过度维护甚至包庇孩子，如果孩子确实做得不好，家长要及时指出来，该批评时要批评，该鼓励时要鼓励。每位家长都要做到既担负责任，又坚持原则，这样才能在孩子面前树立起威信，得到孩子的信任和尊敬。

（四）做青年教师专业成长的引领者

一个有一定经验的教师应发挥自己的力量，引领青年教师实现专业成长。这是一个阳光教师的责任和义务。我的同事梁就莲老师在2020年教师节给我的一封信上是这样写的：

尊敬的罗主任：

教师节快乐！

虽然您不是我的老师，但是，这几年，您总是无微不至地关心我，指导我，在我的心里，您就是我的导师。您就像是阳光，照亮并温暖了我，让我不断成长，充满自信。

以前经常能够在学生的习作或学生送给老师的节日卡片中看到，学生把老师比作阳光。记得有一次我特地去问了一个学生，为什么要把老师比作阳光。他说："我觉得老师特别能温暖人心，激励人向前，让人充满希望。"的确，阳光象征着光明、温暖，给人以积极向上的动力，而阳光的教师具备这样的魅力！我很庆幸，在我身边就有这样一位阳光的教师，那就是您。您不仅是学生心中的好

老师，也是一直以来我崇拜的偶像。

作为学校的行政领导，您从不会凌驾于教师之上，而是尊重教师，丝毫没有领导的架子，极具亲和力。每当我们完成任务后，您都会跟我们说"谢谢""辛苦啦"之类的话，让人觉得很舒服，随之而来的美好心情总能消除工作所带来的疲劳。当我们工作遇到问题时，您总是能及时地帮我们找出原因，跟我们一起解决。很荣幸有好几年都是跟您在同一级组，平时如果有什么解决不了的教学问题，或者工作上的不顺心，我都喜欢找您倾诉，您都会乐于解答，还时常教导和鼓励我。

您用自己的躬身践行，让我看到了什么是教研的热情和对教育的执着。作为学校政教处主任、语文高级教师，您不仅没有止步于自己已有的成就，还主动申请省级、市级教学科研立项，加入广东省林明名师工作室不断磨砺自己。除了要完成学校繁杂的工作外，还要时常写作到深夜，整天像一个陀螺一样，不知疲倦地运转。您就像一缕阳光，引领着一批年轻教师加入到教育教学改革的浪潮中，积极创新，敢于探索，用自己的追求、激情不断地感染着我，让我渐渐找到了前行的方向。

作为普通的语文教师，您有刻苦钻研、不断超越自我、积极向上的阳光心态。或许有人会质疑，您一天工作那么辛苦，压力那么大，哪还能阳光起来，哪还有什么闲情逸致搞教研呀？而您却恰好相反。一方面，您教学热情高涨，深受学生的欢迎。课堂上总能用丰富的学识和轻松、幽默的方式，带领学生领略语文的魅力，在激励、鼓舞中将火一样的热情传递给每个学生，点燃他们求知的欲望；课外常与学生交流谈心，打成一片。学生因您阳光般的笑容和温和的语言而更喜欢亲切地叫您"欢哥"。另一方面，您教研积极，深受老师们的敬仰。您总是能积极参与教学研究，主动上研讨课。我还有幸成为您市级课题"在语文教学中渗透高中生职业生涯规划教育的探索"中的一员。在两年的课题研究过程中，您积极创设多样化的活动情境，如演讲比赛、辩论赛、经典诗文朗读比赛等，实现了在活动体验中把职业生涯素养教育融合到语文教学中，不仅让学生展示了自信，发挥了各自的特长，很好地培养了学生的各种素养，包括应对未来职业生涯的各种挑战，还在学生心中种上了一颗美的种子，让学生形成积极的人格和价值观，让他们对未来充满希望。

作为市级名师工作室的主持人，您有不畏艰难险阻，热情奔放，真诚交流的阳光心态。您会用心地去了解每位学员，抓住每位学员的优缺点，精心栽培，不断激发学员的潜能，点燃我们学习探索、要求进步的欲望，使工作室成为充满生命活力、洋溢着阳光的地方。人们常说，有怎样的老师就会教出怎样的学生。同样地，有怎样的主持人就会带出怎样的学员。

犹记得，工作室成立之初，您在致学员的一封信《奋楫扬帆，逐梦前行》中写道："希望每个学员能够点燃教学激情，以积极的心态加入工作室的团队中来，做一名阳光教师，以真诚的态度把工作室当成'共同学习的平台、提升自我的平台、结交朋友的平台'，秉承工作室提出的"尊重、认同、互助、共进"的发展理念，立足名教师工作室的平台优势，把'一个人'聚在一起变成'一群人'。"犹记得，您在"引领学生走进有温度的语文课堂的实践与思考"的专题讲座中用您的实践经验教导我们要"践行合一"，追求有温度的语文课堂，做有仁爱之心的老师，尊重学生，让学生成为课堂活动的主体。

我始终坚信，只有充满阳光的主持人，才能给学员带来阳光心态！作为工作室的助手之一，我为能加入这样的团队中而感到无比骄傲，感谢您为我们每个人的专业成长搭桥铺路，努力创造条件，为我们提供了许多"走出去"的机会，让我们可以尽情地吸收养分，朝着阳光明媚的地方肆意向上。

海子说："面朝大海，春暖花开。"而我想说："面朝阳光，春

暖花开。"您就是我们心目中的阳光教师，如夏日骄阳，激情四射，是我们学习的榜样！在您温暖的照耀下，我们迅速成长，相信不久的将来，也能像您一样，收获一片绿草如茵，繁花似锦！

您的学生：梁就莲

2020 年 9 月 9 日

实话说，能带出这样懂思考、有情怀、懂感恩的老师，我的内心是满足的。

二、顺从天性、承认差异，探索阳光育人新模式

（一）尊重学生个性，把精彩还给学生

尊重学生的个体差异，一是要满足学生的基本需要，让他们明白每个人的想法都是重要的。我们知道所有人都有被喜欢和被接纳的需要，因此课堂必须处处形成被接纳的氛围。学生之间以及学生与教师之间建立关系，形成积极的学习共同体很有必要。学生对自己的了解越多，就越会成为更好的学习者。二是要通过分享让学生树立信心。如果每个学生在接触任务时感到有成功的机会，就会更加投入学习，尝试挑战，拥有自信。之前我们工作室的罗丹老师提到的在整本书阅读指导中的"人物辩论分享会""制作读书笔记卡"等做法就是关注了资源共享，培养了学生的阅读责任感和成就感，让学生在分享中感受成功的喜悦，从而增强了信心。三是要带给学生欢笑与喝彩。为学习喝彩对于所有年龄段的学生来说都是重要的。祝贺课堂成功的一个简单方法就是让人欢呼雀跃。当个人或者小组有耀眼的瞬间或展示出所学到的东西时，就要给予喝彩。除了鼓舞士气外，这些庆祝活动对于大脑会有生理上的促进作用。笑声是课堂中可以利用的另外一个工具。在课堂中加入幽默、笑声和喝彩是很有意义的。教师可以鼓励学生相互赞许，为彼此的成功欢呼，使学生活跃起来。

（二）完善阳光育人评价体系

在教育教学中，除了要了解学生的个性差异，还要能够结合学生的具体表现，对学生进行动态评价。因为，每个人都是独特的，同时，每个人又都

是出色的。我们的教育应多方面、多角度、以多种方式去发现人、培养人。了解一个学生，如果只看看他的分数、与他的几次谈话或者只凭写作水平，就对他做出评价，那只能说是武断，而不是理性的判断。因此，评价一个学生不能仅靠经验来目测，更不能只看分数，应该根据学生的具体表现做科学的测查与评估。测查和评估的不仅是学生学业方面的准备情况（包括学习成绩），更重要的是要全面了解学生在心理上的量的差异和质的差异，发现学生的优势和不足。不仅只在教学之前做这些差异测查和评估，而且要将这一工作贯穿于整个教学过程的始终。

一是可以应用一些调查表，结合"对成功的评价""学习风格"，或者数据分析表为班里的学生建立成长档案。一方面对学生的基本情况有更多的了解，另一方面可以结合数据分析表掌握学生的成长变化，从而做出综合评价。数据分析表的内容可以包括：缴交作业次数及完成情况、上课考勤、检查背诵情况、课前三分钟演讲或者阅读分享完成情况、阶段考试情况、学习计划完成情况、参与课堂实践情况等等。

二是在教师指导下学生自己制定个人成长规划。帮助学生了解自己的个人兴趣、特长、学科优势、薄弱科目（薄弱知识点）、性格特征、自我定位、学习计划或者发展目标（包括学科和整体的短期目标、阶段目标、长期目标）、学习时间的安排等，在制定成长规划中看到自己的成长路径。

学生是有差异的，这种差异无时无刻都存在。世界上没有两片相同的树叶，人与人之间的差异是客观存在的，这种差异也是社会多样化的需要。教师必须从学生的实际情况、个性差异出发，有针对性地运用启发的方法激发学生的兴趣，充分发挥学生的主动性，引导他们积极地参与课堂实践、情感体验和个性解读。只有在承认个性差异的前提下，考虑学生的接受能力，不断地寻找差异教育的实施策略，才有可能使不同的学生在各项学习中得到不同的发展。

（三）开发阳光育人课程资源

《普通高中语文课程标准》（2020 年修改版）的指导思想中提出，全面贯彻党的教育方针，落实立德树人根本任务，发展素质教育，推动人才培养模

式的改革创新，培养德智体美全面发展的社会主义建设者和接班人。为了进一步开发阳光育人课程资源，从2014年开始，我提倡并开始进行"打造德育语文之美"的教学实践，引领学校语文教师结合现阶段高中语文选用的人教版和粤教版教材中包含的爱国主义、合作精神、敬畏生命、责任担当、感恩亲情、自强独立、乐观豁达等多种德育因素，充分利用语文学科的形象性、具体性和生动性，关注学生个性化差异，结合素质教育和创新教育的需要，注重提高德育渗透的自觉性，利用中学语文课本中的德育材料，在语文教学中进行德育教育，引导学生在潜移默化中受到感染，接受德育渗透，树立信心，发挥语文学科在培养学生树立良好品德、合理规划职业生涯的重要作用，达到德育、智育的双重教育目的。

在高中语文教学中渗透德育熏陶，一方面，体现了教师充分尊重学生的个性发展；另一方面，体现了语文学科的实用性，可以拓宽学生视野，增强职业生涯规划意识，也将会让学生在学习其他科目时，思考所学科目与职业生涯规划的联系，逐步实现了教学内容的呈现方式、学生的学习方式、教师的教学方式和师生互动方式的变革，充分发挥了学科渗透德育教育的优势。

阳光育人是我们提出的育人理念，虽然有一定的实践探索，但离系统育人模式的构建目标相距甚远，希望本节能带给读者一些思考，并积极探索出更适合当代学校德育的新路径，如能这样，就达到了我们的目的。

教育随想

◉ 也谈思政教育

——由高考送考说起

近段时间，因为亲历某些事，很想谈谈思想政治教育问题，苦于难以找到切入口，一直没有动笔。今天看到网上发布的某高中学校教师送考莘莘学子的照片，我觉得必须得说一点什么了。

教师送考自己的学生本无可非议，但是，如果出格，那就有问题了。照片上，几位男教师站成一排，个个身穿女士穿的各色旗袍，手拿蒲扇，千姿百态，说是祝福学子们旗开得胜。我的第一反应是媚俗，进而察觉是低俗、庸俗，再深思，这是变种的信仰缺失：都迷信这些东西了，还有崇高的信仰吗？我不知道这是老师的个人行为，还是学校的统一要求，但无论哪一种情形，我都坚决反对，反对打着为了高考考出好成绩的旗号，而不择手段、不讲方式、不讲底线甚至不守信仰的各式送考"奇招"。

其实，细细梳理一下，当下很多学校里类似的招数还真的不少，比如，高三教师全天候、全程（从早上五点多到晚上十一点）陪同学生，甚至同吃同住，周周如此，日日如此；科任教师轮流给学生"送温暖"——买水果、买营养品；对着即将或已经成年的学生满脸堆笑地称呼"孩子们"……我不想再多举实例，表面看，教师或学校的行为真的"一切为了学生"，可是，教师却失去了自尊、失去了自我，这种失去自尊和自我的讨好式的教育会带给学生什么样的影响呢？我觉得最直接的影响就是他们学会了自私、唯我独尊，就是他们失去或即将失去自尊和自我！

高考的最后一天，我看到人民日报微信公众号上的一篇文章，说的是河南周口一位名叫田月艳的女教师凭借一段赤脚奔跑的视频打动了全国无数网

友的心。这个真实的事例和上述种种现象不同的是，这个举动完全是出于教师的下意识的真爱。穿着老师的鞋子赶赴考场的学子一定暖到心底，所以在考完后情不自禁地写下一段话表达了自己的感恩之情！我想，这才是教师和学校应该有的"送考"态度和行动！

之前我也曾经参加过某高校的本科生论文答辩。答辩场合里，一位年轻的博士教师批评一位资深教授对答辩学生说的"你不要多问，因为答辩老师永远是正确的"，接着花了20分钟时间大谈自由、开放、个性，甚至认为女性不要结婚生孩子，那样人生会更好。说实话，听到这里我觉得这位老师的言论超出了作为答辩评委的思想界限了。我终于彻彻底底地明白为什么要把"立德树人"放在教育的首位了——因为它关系到培养什么人的问题。

事实上，个人认为，无论是高校还是基础教育学校，思政课建设都是非常重要也是非常迫切的事。但我觉得教师队伍的思政教育和师德师风建设更重要。关于队伍建设，个人认为，首先是校长的思想政治和师德师风建设，如果校长都没有认识到师德师风建设关系到培养什么样的人的问题，如果校长都没有身体力行，那么，他拿什么来引领全校教师树立正确的政治观点、崇高的道德风尚？其次，必须在全体教师中，尤其是在海归教师中加强思想政治和师德师风的再学习、再教育。而且，必须让再学习、再教育永远走在路上！第三，要充分认识到教师的一言一行都可能深刻影响学生，给学生带来深远的影响，因此，必须加强教师的言行举止教育和监管，建立约谈机制，矫正教师不当言行，积极消除不良影响。

真的期待有一天，所有的送考都是暖到学生心底的送考！所有的关爱是触动学生灵魂的关爱！

◉ 不准看小说

某校某教师对学生说："看小说、玩手机、作弊等，害了自己，也害了父母。"将"看小说"和作弊并列着实吓到了我。教了三十几年书，愣是没有看到哪一条国法校规将看小说视为祸害学生的行为，更没有哪一条国法校规明文禁止学生"看小说"！不仅如此，2006年中宣部等11个部门倡议"全民阅读",4月23日为全民阅读日——全民都倡导阅读,我们却还有这样的禁令!很难想象,在依法治校的今天,还会有如此随意的不准"看小说"的禁令!

可怕的是,这种观点在很多学校还很有市场。从直接意义上说,他们不知道小说阅读在语文学科的高考中举足轻重——15分,占比10%!

很多教师更没有意识到阅读小说是提升学生的人文素养(如革命传统文化小说)甚至科学素养(如科幻小说)的最佳途径之一!推究其缘由,我几乎可以断定,这样的教师几乎是不阅读小说或他自己曾经因为阅读小说而受到过某些不堪的刺激,以致简单粗暴地不准学生阅读小说! 试问:教师的指导和引导哪里去了?

推而广之,我曾说:"很多教师自己不阅读却要求学生阅读,自己不喜欢阅读某类书籍,却要求学生阅读这类书籍;或者自己不喜欢阅读,也不准学生喜欢阅读;自己不阅读,也不准学生阅读。"现在看来,被我不幸言中!现如今,很多教师是不阅读纸质图书的,无论是专业的,还是非专业的,问其缘由,答曰:"没有时间,让学生读的书也仅限于教科书或练习册。"还要强调是"为学生好"。我想这样的"为学生好"还是不要给学生为好,因为不仅会不利于学生水平的提升,更会造成"不读书"的恶劣风气!

有人说,二十一世纪最重要的是宽广的知识、灵活的思维(我加一句:健与美的灵魂)!但无论哪一点,没有阅读的支撑,都会使一个人具有严重的短板。因为无论哪个世纪,阅读和身体锻炼永远是人类最需要的社会活动,教师也不例外。但问题是现在有些教师恰恰无视自己已经具有的短板,反过来还要培养出和自己一样的学生!

前些年和学生座谈交流时,学生曾经说到某位教师其实很好,但是又说:"我们似乎没有感觉到。"这句话让我思考了很久,在很长的时间里,我也在反思自己的教学言行是否也如这位教师一样让学生毫无感觉。现在,不准学生阅读小说可能会让学生大吃一惊。我觉得关于阅读(当然不仅是阅读小说),一要靠学校的制度保障,学校也必须有阅读时间、阅读书目、阅读任务等方面的保障制度;二要有实实在在的课程安排,非如此不能改变一些教师的阅读观;三是教师必须带头阅读。在对待阅读这个事上,窃以为教师是

个最必须阅读的职业，只有教师以身作则带头阅读，并引导学生阅读，师生才会更有素养和教养。相反，教师如果不阅读，那么，知识和思维将停滞不前，灵魂和思想将逐渐老化、僵化、固化，最后将落后于这个不断迅速变化的时代，并被这个时代淘汰！

◉ 不要把孩子仅仅看成孩子

这是个真实的故事。

一个一年级的孩子因为没有按照妈妈的要求先完成作业再看动漫玩游戏，孩子的妈妈严词训斥孩子并说孩子必须受到惩处。这个孩子一边哭着，一边做作业，妈妈不理他，做自己的事去了。邻居甲看了，问孩子缘由，孩子哭着照实说给她听，这个邻居就顾左右而言他，不厌其烦地想转移孩子的注意力，可是孩子依旧在哭着做自己的作业；邻居乙见孩子哭得很委屈，于是一个劲地劝孩子不要哭；邻居丙刚好也来了，了解了孩子哭的原委，便说："你妈妈说的是对的，你做错了，就得付出代价。"

面对妈妈和三个邻居对孩子的不同做法和态度，你会认同哪一个呢？理智的人应该不会选择邻居甲和乙而会选择妈妈和邻居丙的态度和做法。事后，我曾问邻居丙为什么这样做，她说："孩子毕竟是孩子啊，他必须有是非、对错的观念。"这让我想起了前不久发生在安徽亳州的群殴教师事件中那些学生的表现，事件中的教师固然有不足之处，但是一个学生居然对教师没有半点尊重之心！有人说这样的观念是父母的教育缺位导致的，还有人说是学校教育缺失导致的，等等。也许这些说法都有道理。但是，我想说的是为什么孩子们处在同一个社会、同一所学校甚至同一种类型的父母的教育之下，有的人成为合格、优秀甚至卓越的人才，有的人却一无所能甚至成为罪犯？在我看来，这样的结果还在于父母的教育理念的不同——你把它仅仅看成一个孩子，他永远都只会是一个孩子，一个一直被宠溺的孩子！

因此，请把孩子看成一个孩子，一个正在成长的有许许多多不足需要父母多加矫正而不是纵容的孩子，也请把孩子看成一个正在发展的、有太多良好生活习惯和品德需要父母以身作则的人！

◉ 孩子们·教书与育人

近几年，教育界常常可以听到两句话：

"孩子们。"

"教书的是老师，但育人的一定是父母。"

"孩子们"原是父母表达对自己儿女们的爱和呵护的称谓，不知从何时起，对幼儿园的孩子、小学生如此称呼，对初中生、高中生甚至二十多岁的青年人也如此称呼，甚至直呼"宝贝"。本来，在中学，教育者是"老师"，受教育者是"学生"，"学生"尊教育者为"老师"（从前叫"先生"），"老师"称呼受教育者为"同学"，教育者和受教育者的关系很纯粹，就是师生关系。可是，有些人就是要把师生关系生拉硬扯定义为父（母）子（女）关系，似乎只有这样才是真爱学生。很多人（包括家长和老师）并没有意识到"孩子"的本质是"儿童"，而"儿童"是"较幼小的未成年人"。对于初中生、高中生甚至是成年人，还称呼其"孩子""宝贝"！这种称呼对人的成长很不利而且还很有害。被称呼者会觉得自己还没有长大，无须承担任何责任。因此，他们永远长不成一个负责任、有主见、有思想的顶天立地之人！不是吗？很多父母即使自己的孩子已经是初中生了，孩子做错了事，他们仅仅用一句"他还是孩子"而让子女逃脱任何惩戒，甚至将责任不加分辨地强加到老师头上，这其实并不利于孩子的成长。

"教书的是老师，但育人的一定是父母"。学校教育的根本问题是"培养什么人、怎样培养人、为谁培养人"，因此，学校教育第一重要的就是立德树人！所以，教师不仅要"教书"，更必须将"育人"放在教育的首位！而一个只会教书的教师不是一个合格的教师。合格的教师自古至今都尊崇"修身、齐家、治国、平天下"，都首先循循善诱地"传道"——安身立命之道、为人处世之道，然后才是兢兢业业地"授业、解惑"。改革开放百名先锋之一的于漪老师说："教育是给孩子的心灵滴灌知性与德性的。知性是孩子生存

和发展的本领，德性是其做人的底线。二者在课堂上是一而二、二而一的，不是外加的、分离的。"换句话说，只"教书"不"育人"的教师是不合格的，只"育人"不"教书"的老师也是不合格的！甚至都不能称其为"教师"！将"教书"与"育人"割裂开来的说辞或做法不应该成为教育界的流行语！现实中，我也不止一次发现，多年前的学生今天往往已经记不清教师在课堂上讲了哪些知识，却能清楚回忆起时教师曾经给他的迷津指点，尤其是他做错事时教师批评、教育他的话。

今天的教育界，这个论、那个理多得很，多到鱼龙混杂，鉴于此，真的需要我们如鲁迅先生所说的："运用脑髓，放出眼光，自己来拿。"如此，我们的教育目标才不至于变得迷茫，前进的方向才不会迷失！

◉ 对面的女孩哭了

"你的封面怎么跟人家长得不一样？"

"这段文句你认为通顺吗？"

"好了，下去准备三辩吧，好吗？"

三板斧一落，坐在对面答辩席上的女孩的眼泪无声地掉下来，一边答应着"好"，一边无奈地离开了答辩席。

这是某大学本科毕业论文答辩的一个场景。看到这里，也许有人为这个女孩愤愤不平，我也觉得很同情，但是，评委老师的做法并无不妥。如若按我的意见，如果三辩问题还不少，至少要让她延迟毕业。现在算是给了她一个机会。

为什么这样说呢？首先作为汉语言文学专业的学生，格式上没留意就罢了，连一开始的"中文摘要"都有语句不通之处，如果不是能力问题，就一定是态度问题——不认真，更别说严谨了。可是，要知道，这是毕业论文答辩，是关系到是否能够顺利拿到大学本科毕业文凭的大事！这都如此马虎、敷衍，不上心，那么，我就有理由推测，这个同学对学习、对工作一定也是敷衍塞责的。

这让我想起了某市高三模拟考试的语文试卷，抄袭网上资料不说，连网上特有符号都没有去掉，把宋词说成是唐诗，尤其是作文材料的设计，根本就是 N 年前的模样。要知道，这是给全市几万考生使用的考卷，如此漫不经心，不感到自己的行为实在不负责任吗？

这两件事的发生，可能有很多客观原因，也可能表现为能力不足。但在我看来，这首先是态度问题，即是否本着一个认真负责的态度去做。我曾在一篇文章中主张"认真做事，高兴生活"，我认为，一个人活在世上，首先得让自己的生活丰富多彩，心情愉快比什么都重要，但我更不能忘了生活中还有"诗与远方"。人与动物的最大区别就在于一个会思想，一个只知吃和睡。更何况，上述两件事情均应该算得上是大事，大事都敢如此不负责任，还有什么小事不敢如此呢？

真的希望不再看到为这样的事而流泪的事例了。

◉ 纠错难吗

某日，一位学生说："老师，您还记得当年关于我的一件囧事吗？"我问："是什么事？"他细细道来："当年在一节语文课前，我得意忘形地在教室里吹笛子，全班同学都聚精会神地欣赏。上课了，您站在教室门口，想让我自己停下来，没想到我居然没有感觉到，全然忘记已经上课了。五分钟过去了，您当时勃然大怒，让我把笛子交上来，不由分说就把我的笛子摔碎了。老师，您可能不知道，那时我很心痛，因为这把笛子花了我两块钱，而那时的猪肉也不过三块钱一斤。让我意外的是，那天晚上您又找我，我以为白天的事没有过去，但您却向我道歉说摔碎笛子是您的不对，但作为学生，也要做到动静分明。"

他这样一说，我当然记起了往事。他是我的第一届学生，还是班干部。那时，我的严格管理是全校有名的，也正因为如此，学生的学习成绩也远超其他班级。但是，现在反思看，那时刚刚入职的我的确严而过格了。这件事情过后，似乎并没有引发我在班主任工作方式方法上的改进，直到有一天，又发生了一件让我至今还记忆犹新的事情：有一个学生不是很爱读书，平时

也比较调皮。某一天，因为某件事情，我非常严厉地批评了他，结果，他受不了，离家出走了！尽管不是在校园里而是在家出走的，但也着实让我吓出一身冷汗。虽然很快就把他找回了家，但当时我想，这件事情和我是有直接关系的。我开始反思自己的班级管理方法是否存在缺陷。我记得，当时我问自己是不是太希望学生能如自己一样，走出农村，"剥掉谷壳"，成为国家干部？抑或是因为刚出来工作，成功的欲望过强？无论何种理由，严格过头是肯定的，许多规定也不适合学生。我想，我得顺应学生，满足他们的合理要求。

此后，我的班级管理开始比较关注学生的需求，学生开始变得不怕我。于是，我的宿舍经常是一屋的学生，热闹非凡。我也带他们爬梁野山、看西山，也请他们去我家，看看老师的家是什么样子的，也嘻嘻哈哈地为他们照相。至今他们中有很多人还保存着照片。今天再看这些老照片，只感觉放在时光里、放在宇宙中，我们是多么渺小！

今天想来，我觉得那时的我还是一个敢于向学生承认自己的错误、比较善于改变自己的管理策略的人，也正因如此，三十多年来，我才能成为一个不断进步的合格的老师。

◉ 没有什么事情是理所应当的

最近有两件事情引发了我的思考。

这天，几位同事又说起让我请大家吃饭，说某某都请大家了，我就说："我不是也常请大家吃饭吗？"有一位老师似乎记不起来，愣在那。我就说："你真的很能遗忘，在过去的日子里，我几乎每年都请大家一次。"我这样一说，场面突然就有些安静下来了。然后我就想，生活中，这是一个普遍的现象，很多人对陌生人的一次帮助感激不尽，却往往对身边的人的支持视而不见，对他人给以自己的好处千恩万谢，却认为父母家人的默默付出理所应当。

对此，我觉得这里有两点值得说一说。第一，他人对自己的帮助和支持不可忘记，并且应当用自己的实际行动回馈；第二，必须知道没有什么事情是理所应当的，任何事情都是双向互动的，有左就有右，有上就有下，有一就有二，这样想，这样做，家庭、社会才能不断进步、不断发展。比如，尽管父母抚养子女是父母应尽的责任和义务，但是相应地，子女在学校就有尽职尽责完成学习的责任和义务，等到能自食其力了就有报答父母养育之恩的责任和义务。但是在学校里，有些学生却往往不这样想，更不会努力去做。拿着父母给的一切便利，不是认认真真学习知识、掌握本领，而是用来做许许多多浪费青春、虚度光阴的事情，一旦父母多问几句、多说几句，就显得很不耐烦，甚至对父母不理不睬。

第二件事情则要简单得多：有些学生不管什么时候，不知为什么总爱趴在桌子上。我曾问过其中一个学生，他回答说晚上睡得太迟。但我觉得还是不对劲，学生趴桌子，一方面应该是太晚睡觉，另一方面我觉得是学生的学习目标不够明确，或学习欲望不够强烈，而且后者的可能性更大一些。之所以这样说，是因为我在几个"典型学生"身上，根据自己的推测尝试了一些独特的教育方式方法，结果效果还算可以。其中一个男生，我利用一切可能的机会鼓励他，让他觉得学有价值，学有成就，比如将他写的优秀作品推荐发表在《中学生报》上；上课时有一次全班没有一个学生能够准确回答的问题，他很标准地说出了答案，我就及时向他竖起大拇指，结果再也不见他在课堂上"梦周公"了。

两件事情告诉我同一个道理：没有什么事情是理所应当的，对学生的教育，需要教师的言传身教，要用大量事实"说服"学生。

第3章

阳光教学

· · · · ·

让我们自由、自主地感悟语之趣（情趣、理趣、乐趣）、文之味（文字、语言运用之道），这是"二自语文"的精髓。由此生发出来的"温度语文""诵、思、创、情""激动语文""漫、慢语文"等都是一朵朵美丽的百合花！

阳光教学思想之一："二自"语文

◉ "二自"语文：让我们自由、自主地感悟语之趣、文之味

一、背景

我们国家的教育教学和教师专业素养提升工程是有一个中长期规划的。这个规划要求教育教学必须坚持为国育人，为党育才，也即立德树人这个大方向。如今，这个规划正在迅速走上实施的快车道。比如，2021年颁布的一份顶层设计文件——《中学教育专业师范生教师职业能力标准（试行）》。这份文件对教师职业能力提出了非常具体的标准，单是教学实践能力方面，就包含如下三个方面：

1. 掌握专业知识【教育基础、学科素养、信息素养、知识整合】

2. 学会教学设计【熟悉课标、掌握技能、分析学情、设计教案】

3. 实施课程教学【情境创设、教学组织、学习指导、教学评价】

看看这么多标准，我们都会觉得现在做一名优秀的骨干教师还真的有点难了，要想成长为名师或教育家型的教师那更是难上难的事情！那么，问题来了：为什么国家对教师要提那么的要求呢？其实很简单，就是我们国家希望提升国民的素养，按照崔允漷教授的话说："中国要从富起来转向强起来，亟须解决的就是国民素养。"换句话说，只有教师的素养高了，我们培养出来的学生的素养才可能高起来！

因此，无论是高中语文教学，还是初中语文教学，国家和人民都非常渴望有一支高素养的教师队伍，尤其是师德修养、教学素养、综合育人能力等方面都很高的教师队伍。

最近十多年来，我目标明确地致力于语文教学的研究，慢慢形成了自己的"二自语文"的教学理念。现在回过头来看看，我发现自己的教学理念还是比较符合国家和人民的要求的、符合时代和社会发展的潮流的。也因此有点底气和大家分享一下我的教学体会。

二、"二自语文"的由来

至今还记得三十年前参与特级教师颜振遥主持的"语文自学辅导"课题研究。这一课题的思想在那时无疑是超前的,第一,他主张学习是学生自己的事情,即学生能够调动起视觉、听觉、触觉甚至味觉、嗅觉等感觉,调动起手脚和头脑,自主去学习。第二,关于教师的"辅导",他认为教师必须挖空心思培养学生对阅读和写作的兴趣,让学生愿意学,最佳状态是喜欢学。

这一理念一直影响着我。6年前,广东省实验中学特级教师、正高级教师罗易赠送颜老师一本亲题墨宝的大作《墨谈》,当颜老师读到罗老师主张的"教育是我的宗教,课堂是我的教堂"时,他感受到了强烈的震撼,因为罗老师传递给他的是对教育、对学生如对宗教般的虔敬和执着。由此,他想,一个优秀的教师对待课堂教学,必然更看重"唤醒"和"点燃",以让学生脑洞大开,思维由混沌变得灵活,知识和视野由狭隘变得宽广,精神由粗俗变得高雅。

所以,我觉得在语文教育中,教师和学生应当同为主体,但我也认为,学生是必须有教师的引导的,无论是学习还是做人,这样才能使人更快、更好地塑造自我、完善自我。

从2012年开始,我连续八年开展了"专题读写活动教学"这一尝试,倡导并验证"读·写·秀"活动教学模式。八年的实践研究和论证让我逐渐发现,学生需要教师引导进行自主阅读和自由表达。因为没有自主阅读,想要提升语文素养是不可能的;而没有自由表达,也不会有思想的温度、厚度和广度。实践多了,思考多了,也逐渐形成了我的语文教育思想和理念:"二自语文"。

三、"二自语文"的基本概念

"二自语文"指的是:以读、写、秀为平台和方法,以引导学生发现、品味、探究、感悟语文(语言、文字)之美为主线,让学生自由、自主地感悟语之趣(情趣、理趣、乐趣)、文之味(文字、语言运用之道)。

（一）什么是"读·写·秀"

"读"，提倡以读经典、名作（篇）为主。经典、名作是全人类最为丰厚的财富，教材中的文本是经典的"例子"，因此，它们应当成为教学内容的第一选择。此外，教师应当根据课程标准的要求、学情实际和"经典阅读"要求开展、开发群文（单篇）阅读、专题研习、整本书阅读等阅读课程，以最大限度地拓展学生的阅读视野、知识视野和思维视野，这也是符合新课程标准要求的。

"写"，包括创作和口语交流。从创作的角度看，应当以写作短评、研究论文（报告）、读后感等这些逻辑、思辨色彩比较浓厚的文章为主，倡导有感而发、触景而作。而演讲、辩论会以及课堂教学中的即时口头辩论或发表看法是高中生极好的口语交流训练方式，也是让学生学会与他人分享自己的思想和情感的重要途径。

"秀"，是"展示、炫耀"。语文教学就是要引导学生能够大大方方、自自然然、清清楚楚、明明白白地展示自己的语文学习成果，并通过展示学会与他人分享、交流，让学生通过自己的努力在不同的时间和平台获得成就感，主动地、自觉自愿地养成阅读和写作的习惯，始终保持对语文的兴趣，并将此化为继续学习的动力。

（二）"读""写""秀"是方法、平台和目标

"读"即为阅读，"写"即为创作，"秀"即为展示、分享。读、写、秀，既是教学活动的环节、方法，也是教学的手段和平台，还是教学的途径、目标。阅读是基础，没有读，就做不到有感而发，就不能触景而作；写作是吐纳，是独立的自我情感的抒发和自我思考的呈现；"秀"即是分享，是阅读、写作成果和经验的展示、交流。阅读和写作是"秀"的先决条件。它的行动规则是：先读后写，先写后秀，秀后读写，先读后秀，边读边秀。

在"读·写·秀"教学实践中，如何引导学生"悟"出读写之道，是语文教学必须追求的目标。如果"读""写""秀"重在引导学生自己感受到"语之趣"，强调外在、显性，重在吸收和吐纳，那么，"悟"就强调内在、隐性，重在帮助学生自己通过体验实践而内化、裂变，从中悟出"文之道"——语

言文字表达之道、"世"道——为人处事之道、"人"道——身心修养之道。"读""写""秀"是前提，没有"读""写""秀"，"悟"就失去了发生的条件；同时，"悟"贯穿于"读·写·秀"三个教学环节全过程，必须尽力做到读后能悟、写后能悟、秀后能悟，读中有悟、写中有悟、秀中有悟。举个例子来说，现在新课标和新教材特别强调读写结合，对此观点我很认同并且一以贯之。我每带一届学生都要求学生必须做一件事：每个学年（学期）都自编一本作文自选集，要求做到"四个一"——设计一个封面、拟写一个作文集的名称、编写一个目录、写一篇序言。这个活动是比较全面地反映了"读·写·秀·悟"的全过程的。

（三）"发现、品味、探究、感悟语文（语言、文字）之美"是主线

这是就语文教学的内容和目标而言的。有人说，21世纪最重要的是培养学生宽广的知识、灵活的思维，也有人主张最重要的是培养学生健康而美的灵魂。权衡之下，我觉得终极目标应该是培养学生健康的审美情趣和创造美的能力，当学生有了健康的审美情趣和创造美的能力时，他们就能按照健康而美的理念和思路设计人类的生活。这也是语文教学的核心——当学生发现、感悟到语言、文字和形象之美时，当学生探寻、品味到语言文字之道时，那种语之趣、文之味不是就可以自然而然生发出来吗？可以肯定，学生会不会用欣赏的眼光发现、品味、探究、感悟作品的语言和形象之美，是学生能否创造美的基础，也是读写能力有没有形成的标准和标志，更是心灵和思维是否都得到自由发展的标志。

（四）"二自"（自由、自主）是根本

"二自"即"自由""自主"，是我的教学理念的基本元素。提出这一理念，是基于三点认识和理解：

其一，汉语言（包括语言和文字）是世界上最灵动、最自由、最美的语言，它不仅有丰富的内涵美，而且有音韵美、音乐美。世界上的文字只有汉字有各种形态的书法，以优美的线条展示自己独有的构造。因此，语文学习也必须是自由的，教师必须尽可能创设一个能让学生可以安静、安全、放松地阅读、创作和表达的空间。凡是教师喜欢阅读、校长提倡阅读的学校，学

生阅读的空间就会大一些。一次，我的一个当年语文成绩并不突出的学生兴冲冲地打电话说："老师，我是第一时间就打电话给您，太冒昧了，但我还是打了这个电话，告诉您一个好消息，我被客家文化中心录用了！非常感谢您高中三年的整本书阅读，当时其实我阅读的时候几乎都是似懂非懂的，但却给我积累了非常丰富的财富，培养了我阅读而习惯，我今天才能这么顺利地就被录用了！"相反地，如果教师尤其是语文教师都不爱阅读，那么学生也就不会热爱阅读。

不仅要给阅读创造"空间"，还要尽量多地让学生根据自己的爱好、需求和水平自主决定阅读、创作和表达的内容、进程和时间——没有保障时间的阅读一定是虚的，甚至是假的。关于这一点，我一方面通过要求学生做读书笔记的方法迫使学生去阅读，一方面积极向学校争取专门设置一节课用于自主阅读、创作课和开展语文活动。这对于我们梅州这些欠发达地区的学生而言，我觉得是非常必要的。我接任的这届高二的学生，第一次考试平均分是同类班级倒数第二名，当时我就和我的学生说："你们听老师的话，让你们干什么你们就跟着干什么，你们的语文成绩一定能够提升。"我主要抓了整本书阅读和写作这两块，一年下来，他们统一阅读的图书有 3 本，平均阅读量是 6.37 本，这意味着不少学生课外还阅读了不少图书。我就想，保证阅读的时间和空间，使得学生的心灵充盈、灵动起来了，思维也就灵活、开阔起来了，审美情趣自然高尚起来了。

其二，提升语文知识和能力水平，关键还是学生自身有兴趣去阅读、写作、表达，并在阅读、创作和表达中感受到其中的乐趣、情趣和理趣，体会到其中的应用之道，进而促进学生更积极地去阅读、创作和表达，达到提升学生语文素养的目标。这个观点从蒲公英智库最新的一份调查也得到了印证：在学生喜欢阅读的诸多因素中，"有趣"位居第一！从这个意义出发，窃以为唯有给学生以可能多的自由时空来阅读、创作和表达，学生才能不由自主地喜欢上语文，至少不至于讨厌，并能够在教师的"压迫"下心平气和地阅读、创作和表达。前一个目标可能难度有点大，但后一个目标我觉得是比较容易达成的。比如，先了解学生的喜好方向和程度，从最低限度提供一个必读书目书单，让学生自由选择自己喜欢的书目。我们高二年级的做法是在高二一年的时间里，给学生列了一个书单：《边城》《欧也妮·葛朗台》《红旗谱》《苏东坡传》《谈美书简》《平凡的世界》《〈论语〉译注》《美的历程》《呼兰河传》《家》《子夜》。对于这个书单，我建议学生尝试阅读前三本书。对每一本书我都注意抓住学生的兴奋点和好奇心理进行简单介绍，引导学生去阅读。实践证明，这种自由阅读给学生更多的是愉悦感和获得感，学生阅读的内驱力得到较大增强。因此，绝大多数学生都可以甚至超额完成这个阅读任务。根据我班学生阅读状况的调查统计，人均阅读量达到 7 本书（纸质书）。这对于高二学生而言已经不简单了——尽管量还不是很高！所以，培养学生的阅读兴趣是关键要素之一！

其三，基于上述两点理解，教师的功能大概只有以身作则地去引导、指导学生如何阅读、写作和表达了。阅读与鉴赏、表达与交流、梳理与探究这些语文实践是学生自己的事，学生必须自主地去完成。自主的学生内驱力必然强大。有人曾归纳了一个公式：内驱力 = 好奇心 + 热情 + 意义 + 自主性 + 明确的较高难度目标，我认为这个公式是成立的。

关于自主学习，新课标中其实已经非常明确地告诉我们了。"学习任务群"的三大主要学习方式或根本途径的第一条就是"自主"（还有两条：合作、探究）。学科素养、关键能力的提升，必备知识的掌握以及核心价值体系的形成都需要学生自主学习、实践、体验和感悟，否则接收到的信息就无法不断内化为学生自己的知识、本领和思想。

"自主"这个境界的达成，我认为前提是学生的学习必须有一定的自由度，没有自由就很难让学生的学习行为实现"自主"。自由从哪里来？自由从平等中来！一个老是不认为学生自己能行的教师，在教学中一定是自以为是的表演者，根本没有将学生看成是平等的学习者，更不知道其实自己也是一个"学习者"！当然，事实上，我即使是一名五十多岁的教师了，有时也免不了担忧学生的学习力。举个例子吧，我曾尝试把课前演讲改为每半个月举行一次的班级辩论赛。活动一布置，我就担心学生不积极主动参与，一个班 58 个学生，要举行 7 场辩论赛，估计会很难进行下去。但是实践证明我

的这个想法是错误的，除了第一次辩论赛中正反方是我要求课代表做一辩之外，之后的辩论赛赛程、辩手的组织全部都是学生自己操作完成的，教师的主要任务就是拍照、纪录、点评、指导！

"自主"同时要求学生掌握并能够灵活应用必要的学习方式和方法，我认为学生的学习方式和方法也是学生自己在实践、体验、梳理和反思中逐渐悟出来的，而不是教师教出来的！今天我们可能更重视学生是否完成了作业，教师更注重不厌其烦地批改学生的作文，而忽视了学生自我评改，忽视了学生自我反思，更忽视了学习往往需要反复！

"自主"学习也是符合"金字塔"学习理论的。"金字塔"学习理论认为，不同的学习方法达到的学习效果是不同的。有调查显示，在学习两周之后，学生对知识的保持率是不同的：

用耳朵听讲可以保留 5%；

用眼睛阅读可以保留 10%；

视听结合可以保留 20%；

用演示的办法可以保留 30%；

分组讨论则可以保留 50%；

练习操作可以达到 75%；

向别人讲授则可以保留 90%。

如图：

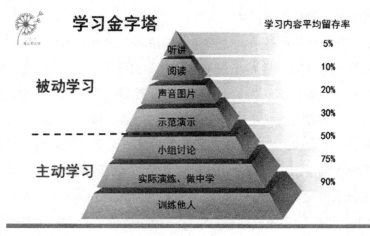

这个理论隐含的教学智慧不言而喻。就是希望教师能够把课堂的时间和空间还给学生，课堂是学生的"学堂"而不是教师的"教堂"。换句话说，应当尽可能地让学生先做后学或在做中学，这样才能适应新高考，才能培养出党和国家需要的人才来！

四、"二自语文"教学的实施原则

对于教学，我主张必须关注"教"，更应当注重"学"，教学不是教师或学生哪一方的任务，而是教师和学生共同的任务，但归根到底必须以学生为中心，一切教学行为必须有助于提升学生的素养。为此，我总结了实施"二自语文"理念的五项教学原则，阐述如下：

（一）阅读为先，着力创作

阅读比创作更重要，这是我的基本观点。阅读是有方法的，语文教师指导学生掌握基本的阅读方法是义务更是责任。因此，课堂教学要引导学生学会根据自己的兴趣爱好和实际需要，加强速读、朗读、诵读、精读训练，特别要加强速度能力的训练，这也是实施"二自语文"的关键。

阅读重在追求"读懂"，"读懂"的标志是会做读书笔记，会写作研究性作品；标准是能自己提出问题、分析问题和解决问题。这里，我特别阐述一下我的读书笔记观，我认为，必须要求学生完成下面的学习任务（以一本书的阅读为例）：（1）记忆积累——摘抄（包括优美、精彩文句、段），不少于1000字。（2）理解分析——问答的形式（提倡自问自答。重点探究"是什么"。包括认为有哲理或隐含义、有启发或感悟的事例和句子、写作艺术），设置至少三个问答，每个问答不少于60个字，其中一个问答不少于100个字。（3）鉴赏探究——问答的形式（提倡自问自答。重点探究"为什么"。可以赏析形象甚至形象中的某一方面或主题，也可以赏析艺术手法中突出的一个或几个，还可以赏析语言特色中的一个或几个，甚至可以综合赏析有特色的某一点），选取自己觉得值得探究的五个问题做简要论述，每个问题论述字数不少于150字。

创作是高中生的必备技能，能力的提高没有别的路径可走，只有不停地写！人们在科学实践研究中发现了一个基本规律：10000小时定律。也就是

说，你要想成为"工匠"，或者成为某个领域内的领军人物，必须经过至少10000个小时的不断实践和努力才行！因此，高中生的创作能力也必须经过科学的、不间断的训练才能获得提高。而"读·写·秀"中的"写"必须是"创作"。因此，首先要求学生树立"创作"的理念。"创作"与传统理念的"作文""写作"虽是一字之差，但"创作"强调"创造"，重在从无到有，自己创作的文章就可以叫"伟大的作品"，无论写得多么烂，都必须将之视若自己的亲生儿女，去珍视它、爱抚它、保护它。其次，教给学生必要的"创作"的基本要求和方法，让学生一开始创作就符合规范要求。第三，"创作"包括下列两方面的内容（以一本书的阅读为例）：赏析评价——写一篇论文（评论）或研究报告等，原则上不少于1500字；应用——尝试创作符合本专题文体或其他形式的作品。

总之一句话，要"让阅读和创作成为基本的生活习惯"。

（二）让学生获得尽可能多的"秀"的平台和机会

这是最为重要的教学手段和方法。"秀"就是展示、分享。展示、分享不仅是对学生自己进行的一次次实践成果的验证和经验总结的肯定，更是让学生获得并保持成就感的最为重要的路径，而成就感和获得感将进一步让学生更有兴趣、更主动地去阅读和创作，如此形成循环后，学生的读写兴趣就会形成习惯，而这正是我希望达到的理想目标。展示、分享首先要坚持"亮点"原则，无论何种形式的作品，只要有亮点就值得展示，目的是让学生获得成就感，这是激发、保持语文学习兴趣的最大动力，也是学生生成内驱力最强的推手。其次，展示亮点要及时。在教学上，有温度的东西永远比没温度的东西好！趁热打铁的鼓励可以让学生有成就感，这个成就感有利于学生及时而积极地投入到新的阅读创作活动中去。比如，评改和讲评学生作品的时间不要超过一周，评改后，就要及时选择合适的活动形式进行作品展示。再次，尽量考虑不同个性学生的接受程度和喜好，在实践中，尤其要关照思维特征上表现为踏实而不敏捷型和不踏实不敏捷型这两类学生，因为前者往往不喜欢展示、分享，而后者往往随意性大且不讲逻辑。最后，以多样化的形式来吸引学生。多样化平台能让学生感到新鲜、新颖，以下几种面对面的探究形式是很受学生欢迎的：作品展示、主题讨论、朗读会、辩论会。在智能时代，利用"互联网+"技术手段和平台，以更快捷、更方便、更自由的方式展示、分享，让学生"秀"出自己的劳动成果，往往更能调动学生读写的积极性。总之，通过"秀"学生能够不断感受成功的乐趣，通过不同的平台学生能够不断感受到付出努力后的无穷乐趣，以此不断激发学生阅读、创作的兴趣。

（三）因"本"制宜，适度延展

"本"包括"文本"（含课程标准和高考评价体系及其说明、教材课文、编者意图、我的理解和感悟等）和"生本"（以学生为本）。要强调的是，"生本"既是静态的，但更是动态的，既要注意在活动的开展前充分了解学生的知识储备、兴趣、爱好等因素（静态的），更要注意课堂教学中学生动态生成的各种问题并根据学生的问题适时调整教学，学生才更有兴趣学习语文。因此，因本制宜需关注"所需"，即关注学生在语文素养上的"所需"（所缺）。举个例子，一篇文质兼美的散文，按北京特级教师程前的说法，只能反复地朗读它，不可以解读它，通过反复朗读，感受作品的语言美、内容美、结构美。散文教学，朗读是第一重要的，通过朗读感知文本之美，这是教学文本的基本途径，也是学生的"所需"。因此，教师要重点引导学生从朗读中感受美——看看朗读是否符合作者的心境、看看为了表达这种心境作者会采用什么样的表达方式和方法，进而感受形象之美、品味语言之美。

福建师范大学孙绍振教授说："语文教师要善于发现文本中的'矛盾''裂痕'，教学不但要告诉学生写了什么，还要告诉学生没有写什么。"我对此的理解是：学生通过阅读就能理解的显性知识，是无须教师来讲解、分析的，只有那些学生凭借自己的能力无法解决的问题或无法理解的隐性知识才是课堂必须讲解、分析、探讨的。所以，在不影响教学目标的情况下，讲述一些文本中没有的却又与文本相关的故事或背景，既可以增强趣味性，又可以让学生增长见识、训练联想和想象力，这就是适度延展。这样的适度延展，还能让学生觉得教师知识渊博、思维敏捷。虽然教学目标并不要求这样，但学生的这种感觉多了，就会拥有学好语文的欲望和兴趣。

　　除了适度延展文本内容外，有时也需要适度延展教学内容。我认为，语文教学的结构应该是树状的而不是线性的，也需常常就某一点发散开来，这样才能最大限度地训练学生的语文思维。

　　（四）在教学中与学生分享自己的读写体悟

　　我始终认为，在阅读和写作上，教师的阅读必须比学生广、深、多，教师的创作必须比学生多得多，否则就不会是优秀的语文教师。教学于教师而言，应该包含教师的"教"和"学"。既然都是"学"，教师就必须放下"教师"的架子，和学生一起分享自己的阅读体悟。这样，拉近了教师和学生之间的距离，一旦学生"亲其师"，就会"信其道"，就会愿意积极主动思考问题并提出问题，愿意发表自己的观点或看法，从而达到教学相长的目的。

　　当然，分享自己的读写体悟，需要点到为止，尤其是在课堂，要防止出现挤占学生"学"的时间的情况，不可以将课堂变成教师的表演主场。

　　（五）发掘并适度放大学生的优秀表现

　　我认为善于回应学生提出的问题和对问题的回答是发掘学生优秀表现的最佳途径。而发掘学生的优秀表现，重点在于发掘学生的亮点。要宽容学生发表不全面、不成熟、逻辑性不强的观点或看法，不为别的，因为我们面对的是还在成长中的学生，因此，不要拿成年人的标准来衡量学生，更不要认为只有教师的观点才是正确的，要允许学生保留自己的个性和好奇心。（注：本文原载《少男少女·教育管理》2020·03C 期）

阳光教学思想之二："有温度的语文课堂"与 "诵、思、创、情"学语文

◉ 引领学生走进有温度的语文课堂

一、背景

厦门大学附属实验中学姚跃林校长在《让教育带着温度落地》一书说："让教育带着温度落地，就是要办有温度的教育，就是要让有温度的教育走进校园，走进每一位师生及家长的心灵，而不是停留在纸上。"的确，教育的本质其实就是心灵的对话，而心灵是在意温度的。

《普通高中语文课程标准》（2017 版 2020 年修订）中关于高中语文课程标准的基本理念有如下阐述："坚持加强语文课程内容与学生成长的联系，引导学生积极参与实践活动，学习认识自然、认识社会、认识自我、规划人生，在促进人的全面发展方面发挥应有的功能""既要关注知识技能的外显功能，更要重视课程的隐性价值，还要关注语文课程在社会信息化过程中新的内涵变化；通过改革，让学生多经历、体验各类启示性、陶冶性的语文学习活动""语文课程还应当适应当代社会的发展需要，为培养创新人才发挥重要作用。要引导学生在语言文字运用的过程中发现问题，培养探究意识和发现问题的敏感性，探求解决问题和语言表达的创新路径。"

由此可见，在促进学生的发展与自我实现，构建学习与评价、展示与分享的共同体方面，我们必须通过课堂模式的创新，积极调动学生在课堂教学中的参与度、灵活度、思维度、自由度（尊重学生的独特体验）、融合度（生生自主合作探究，师生互动交流）；以学生为学习的主体，捕抓学生在课堂教学中的"创新的火花"，加深对文本的理解，培养人文情怀；结合生活实践，

在语文教学中渗透高中生职业生涯规划；在培养美感的教育中，激发学生追求真善美的积极人生态度；发现语文味，发挥学生个性，带给学生更远的视野，更灵动的课堂，积极做一名阳光教师，打造有温度的语文课堂。

二、引领学生走进有温度的语文课堂的实践

如何使课堂教学成为有温度有情怀，具有独创性、灵动性的高效教学实践活动呢？我始终坚信：真正的教育是一个潜移默化的浸润过程，要直指人心；教师要多给学生自由发挥的时间，以自由平等的态度与学生探讨；以乐观的心态、高昂的激情、幽默的语言；传递教育的温暖；注重教学的深度、广度，引导学生交流探讨，营造和谐氛围，同时结合生活实践，开展生活化的教学体验，让学生在体验中经历情感的浸润，思维涌动，迸发创新的火花，激发实践的欲望，接受美的熏陶。一句话，让语文教学更有温度，更有人情味、更具人文性。

（一）共情尊重——以真诚引领实现高效对话

从实践意义上来看，教育就是一场对话，而实现高效对话，则需要转变教学理念，重构教学目标，尊重差异、尊重规律、突出天性，做知识创造的示范者、文化价值的传递者、学生情感的呵护者，从而成为有突出个性的、有温度的教师。

1.引领学生勇于追求一切美好

在阳光教学的实践中，教师不仅要做到有激情、有追求，保持积极健康的心态，更重要的是能够给他人阳光，用语言的温度、眼神的温度、真诚的沟通传递出积极的情感，感染出有温度的学生。结合阳光教学的实践，积极开展有温度的教育，尊重学生的身心发展规律，尊重学生成长的规律，让学生得到最大限度的发展和成长，给学生提供轻松和谐的课堂和个性张扬的舞台；引领学生走进文本，感受作者情感、走进作品人物的情感世界；引领学生勇于追求一切美好，敢于向未知探索，用行动去证明每一个人都可以成为最好的自己。

2.让那些"慢一点的孩子"在活动的体验中经历情感的浸润

有温度的语文课堂需要教师与学生热情的投入、和谐的交流，竭尽所能让每个学生走进阳光的教育，共同营造自由开放的、具有人文气息的阳光课堂。在传播真爱和真知的阳光教育过程中，我们对教室里的每个学生都要抱有希望，不仅需要优秀学生的积极展示，更需要让那些"慢一点的孩子"也参与课堂教学的情感体验，让他们在活动的体验中经历情感的浸润，激发个人潜能，进一步学会悦纳自己，与其他同学一起共同走进阳光和谐的语文课堂。除此之外，还要合理设计语文实践活动，引导学生在参与语文课程的深度学习的同时，积极参加语文教学的动态实践，主动运用所学语文知识、方法去解决现实社会、生活中的问题，增强语文应用意识，全面提高语文学科素养。

（二）激趣设疑——以问题引领增加课堂温度

课堂是学生展开生命运动、文化传承和实践创新的"成长平台"。教师就是为这个"成长平台"提供"土壤""水分"和"阳光"的人。我们要注重在课堂教学中促进学生语文学习方式转变的实践与思考，从开发语文课程资源、学习任务的整体设计、创设学习情境、设计语文实践活动、借助信息技术优化整合课堂教学等方面，以主题为引领，以活动为载体组织教学，激发学生的主体意识，提高学生学习的参与度和灵活度。

1. 挖掘文本隐性信息，激发阅读兴趣

林明老师在《融合：自媒体与专题读写活动教学》提出"语文教学的目标其实就是唤醒，就是点燃学生阅读的和写作的兴趣和激情，并使之成为他们的生活习惯"，"要适度延展文本内容"，即要善于发现文本的"矛盾""裂痕"，不但要告诉学生写了什么，还要告诉学生没有写什么。学生的阅读兴趣从很大程度上说需要靠教师的导引来点燃或唤醒。教师可以精心设置一些激发兴趣的问题，引导学生去发现人物。比如，看完《水浒传》，试着以"其实李逵选择宋江，就选择了结局"为切入点，问问学生："宋江是不是真正把李逵当作兄弟？"学生就会根据提示再重新详细地去看情节，这样，人物形象和人物矛盾也就同时解决了。

又比如，学习《氓》这篇课文，可以引导学生在理解女主人公的勤劳聪慧、果敢率真等性格的同时，让学生讨论一下："有人觉得，从'桑之未

落，其叶沃若'和'桑之落矣，其黄而陨'这两句可以看出女主人公是很注重容貌的，这是'女为悦己者容'的思想体现。但是从另外一个角度看，也是女主人公对自己的容貌缺乏自信的表现。你认同这个观点吗？请说说你的理解。"

在阅读指导时，如果擅于设计这样的问题，就会很容易激发学生的阅读和讨论的兴趣。

2. 培养人文情怀，渗透生涯规划指导

华中师范大学教育科学学院副院长周洪宇认为："阳光教育，是融德于智、德智一体、德智互动的教育。"现阶段高中语文选用的人教版和粤教版教材辑录了很多文质兼美的优秀文本，其中包含了爱国主义、合作精神、敬畏生命、责任担当、感恩亲情、自强独立、乐观豁达等多种德育因素，在阳光教学中，教师可以利用语文在丰富的思想融和等方面所具备的形象性、具体性和生动性，关注学生个性化差异，利用语文教学进行德育教育，充分发挥语文学科在培养学生树立良好品德、合理规划职业生涯的重要作用。

（1）挖掘教材文本的人文价值，引导学生感悟人生价值。语文教材文本具有很强的人文性，在教学中深入挖掘文本的人文价值，可以引导学生在提高鉴赏能力的同时，以正确的价值取向感悟人生，合理做好职业生涯规划。比如莫泊桑的《项链》折射出人性的"善良诚实"和"坚韧"，是难得的德育素材。文中的玛蒂尔德虽然有爱慕虚荣的缺点，但同时也有善良、诚信的本色。她的勇敢面对打击的坚韧和偿还巨额债务的过程表现出来的诚信和勤劳，为处于生涯迷茫期的学生树立了很好的榜样，让学生对生活的价值又有了新的认识。此外，还可以从老舍的《我的母亲》体现出的母亲对子女的舐犊之情和子女对母亲的感激之情深入地感悟亲情；对张承志《汉家寨》的人物进行分析，培养坚守的精神；从《季氏将伐颛臾》中孔子与弟子的对话，明白做人的责任与担当。通过这些优秀的文本，立足于语文课堂教学，进行生动的职业生涯规划指导，在传授语文知识的同时培养学生的道德素养，引导学生感悟人生的价值，明确职业生涯规划的方向。

（2）开展经典诗文朗诵活动，引导学生感受美的魅力。经典诗文是中华文化的瑰宝、智慧的结晶，也是积极价值观教育的优质素材。开展经典诗文朗诵，既是文化传承的责任，也是美的教育的需要。比如从汪国真的《热爱生命》，感受作者对成功、爱情、奋斗和未来的情感态度，理解作品热爱生命、热爱生活的永恒主题，引发个人对理想的追求；从苏轼的《定风波》，感受作者从容淡定的态度、乐观豁达的心情以及坚定不惧风雨、勇敢面对的信念；从杜甫的《登高》、陆游的《书愤》，感受作者的爱国情感，培养自己的家国情怀；从诸葛亮的《出师表》，感受作者知恩图报、尽忠职守的高尚情操，激发自己的感恩之心……

利用教材中的经典诗文开展朗诵比赛等活动，既能很好地感受优秀文化的智慧和魅力，又是美的教育的展现，学生心中有美，其价值观就一定会朝着积极方向发展。而引领学生感受美，培养美的情感不仅符合语文教学的核心素养要求，而且为学生未来职业选择摆正了方向。

（三）践行合———以精心预设促进动态生成

1. 精心预设，引导学生对文本进行个性化解

"预设诚可贵，生成价更高"，打造有温度的语文课堂，应注重教学经验的积累、反思，用独具特色的教学理念引领课堂教学，以关键能力的培养为抓手，精心预设，引导学生对文本进行个性化解读；综合运用各种教学手段，注重舒展学生的灵性，创新课堂模式。在语文教学中要充分考虑学生个人的兴趣和理解水平，引导他们独立思考，形成自我意识；结合生活体验对教材进行个性化解读，挖掘书中与学生情感共鸣的地方，进而提高学生的思维判断能力。

2. 重视以学习者为中心的学习情境，让学生体验成功的喜悦

新高考强调教学要通过情境载体，强化学生关键能力的培养，努力提高学生的信息处理、逻辑思维、审美鉴赏、探究创新、语言表达等能力，引导学生重视实践，提升学科素养。从教二十多年，我虽然一直面对的是乡镇普通高中的学生，但是，我始终坚信，想让语文课堂成为有温度的课堂，就要让学生体验成功，让学生乐学。要千方百计激发学生对课堂的向往，引导学生积极参与课堂教学的情感体验，让学生体验到学习的成功和快乐。只有让

学生体验到学习的成功和快乐，学生的学习热情才能持久。如果教师能适当让学生参与体验，参与情感的融入，一定有助于学生对教材的解读。

三、思考

阳光教学意味着教师要重视课堂教学的动态性，激活课堂，提高教学效率，让学生在语言文字的运用中受到美的熏陶，培养自觉的审美意识和高尚的审美情趣，培养审美感知和创造表现的能力；要善于把自己的教育故事都凝练为教育理念，内外兼修，读别人的故事，美化自己的生活；要善于做事、善于创新，还要善于总结做事与创新的经验，形成自己的特色和风格。

用幽默风趣的语言、富有感染力的肢体语言、亲切的眼神和真诚的态度去感染学生，让不同的温度刺激学生的大脑与内心，有助于学生情感的发展，让他们懂得感知世界，怀着积极、热情和期待参与课堂教学的情感体验共同走进一节有温度的语文课。

总之，阳光教师的课堂教学就要以阳光般的心态、阳光般的热情，以自由平等的态度，激发学生对语文课堂的向往和期待！（作者：丰顺县华侨中学 罗文欢）

◉ "诵、思、创、情"学语文

一、背景

从教近二十年，我一直在高中的一线教学中循环，越来越觉得语文教学的课程与课堂是严重失衡的，特别是高中三年的教与学，更是缺乏延续性和贯通性，教、学、考之间永远都是为了考。很多人的语文教学已失去了语文本该有的情与味。曾经我也是其中的一员，但进入广东省林明名师工作室后，经过多方的学习与深刻的反思，我坚定了改变的决心，结合自身的特点与新课程的理念，回归到语文的本真，初步形成了"诵、思、创、情"学语文的教学理念。

二、理论依据

（一）名家之言

文学理论批评家刘勰在《文心雕龙》中提道"夫缀文者情动而辞发，观文者披文以入情，沿波讨源，虽幽必显。"苏霍姆林斯基说："有激情的课堂教学能使学生带着一种高涨的激动的情绪从事学习和思考，对面前展示的内容感到惊奇甚至震惊，学生在学习中感受到自己的智慧和力量，体验到创作的欢乐，为人类智慧和意志的伟大而感到骄傲。"确实，"情"是文学创作的原动力，没有强烈的情，作者就写不出文章，更写不出好的文章；学习语文的原动力也是情，没有强烈的情，学生就读不懂文章，更读不懂作者。教学也需要情，因为教师的激情能唤醒学生的想象，激发学生学习的兴趣，提高学生的悟性，拓展学生的思维，更能培养学生的创作精神。"情"架起了作者和读者之间的桥梁，"情"也拉进了教师与学生的距离。

（二）课程标准

《普通高中语文课程标准》（2017年版2020年修订）中明确提出"要让学生在语言文字运用的学习中受到美的熏陶，培养自觉的审美意识和高尚的审美情趣，培养审美感知和创造表现的能力。"

三、实施策略

（一）以诵触情

诵，指朗诵或吟诵，可以通过听录音、教师范读、学生朗读、配乐朗读、吟唱等多种诵读方式，挖掘课文中美的文字、美的事物、美的意境、美的情感，培养学生感受美、欣赏美、创造美的能力的过程。曾国藩曾说："非高声朗诵则不能得其雄伟之概，非密咏恬吟则不能采其深远之韵。"叶嘉莹说："我从理性上越来越觉得吟诵关系到我们中国文化的传统，它给中国文化带来的影响是很微妙而且很重要的，不应该让它从我们这一代断绝。""书读百遍，其意自见"，反复朗读后，学生会逐渐被作品中的典型情境、典型事物感染，移情如文，达到美读的境界，如同茧化成蝶，彼文如我文，作品的情感深深地震动学生，如同己出，学生在情感上产生共鸣，在性情上得到陶冶。感情已经投入到作品的字里行间，审美意识的闸门也就在不经意中打开了。那么，在教学过程中如何引导学生有感情地诵呢？我认为可以从下面几点入手：

1. 营造美感

借助引人入胜的画面和音乐来营造美感，让学生快速进入情境，初步触动情绪。比如在学习《春江花月夜》这首长诗时，我利用课间的时间一边播放古筝曲《春江花月夜》，一边展示与诗相配的精美的画面，这样就能大大地吸引学生的注意力，使他们在课前就进入了诗歌的情境当中，并在音乐与画面的感染中初步感受到了诗歌的美。

2. 教师配乐范读

正所谓"情动于中而形于言"，作者蕴藏在语言文学中的情感、内涵往往可以意会而难以言传，这时候就得通过诵读来体会，但是，学生的生活阅历、人生价值、知识结构、情感体验等又使他们不能很好地理解表达。于漪老师曾说："教师本身对文本的理解有多深，学生对文本的理解才有多深。"教师的范读若能读出韵味，读出旋律，读出文字本身的声音美，读出文字蕴含的情感美，"使其皆若出于吾之口，使其皆若出于吾之心"，学生就能深受感染，能从教师的诵读中逐渐培养对语文学科的兴趣和语感，并能初步领悟到祖国语言的无穷无尽的魅力和动人心魄的张力。我在讲诗歌和散文时一定会进行范读，每一次范读都配上精心挑选的音乐和画面，且让自己的节奏和幻灯片的播放速度、情感与音乐的变化相吻合。这样学生就会深受感染，在感染中不自禁地进行诵读，从而感受到语文的美。

3. 学生个性读

激发了学生诵读的兴趣后，一定要给他们展示的平台，形式可以多种多样，但要启发学生："你就是作者，文中所写的每一个文字都是你亲身所见，内心所想。你要通过诵读把内心的感受传染给别人，这样的读才有价值。"可以组织小组间的诵读竞赛，也可以随机登台朗诵，可以策划班级演诵大会，也可以进行诵读接龙。总之，不遗余力地激发学生诵读的欲望，能让他们深刻体会到诵读的美，进而深入理解作者与作品。

（二）以思共情

孔子曰："学而不思则罔。"思考可以构成一座桥，让我们通向作者的内心深处，从而与作者产生共鸣。在课堂教学过程中，设疑就显得非常重要，设疑可以是教师提出问题，学生思考整理，也可以是学生提出问题，学生解答。在这个环节中，思考就是最核心的部分。如何思考呢？思考可以采用合作探究、独立思考等方式，思考的方向可以是文章的遣词造句（或名句）、观点、章法、哲理、情感、价值观等等。如讲柳永《望海潮》时，我抛出两个问题，让学生合作探究："（1）对杭州的描写，柳永有没有夸大其词呢？（2）这首词为什么不同于一般的"投献诗词"？"同时让学生独立思考："透过柳永的《望海潮》《雨霖铃》，你觉得柳永会是一个怎样的人？如果你与柳永相遇，你会与他成为朋友吗？为什么？"讲苏轼的《赤壁赋》和陶渊明的《归园田居》时，我让学生们思考："两者的变与不变各是什么？为什么？"讲《逍遥游》时学生设疑如下："（1）庄子认为的逍遥游的境界就是要通过超越去获得自由，你从中得到什么启示？作为当代青年，我们怎样才能通过超越自己去获得自由？（2）庄子所说"且举世誉之而不加劝"是否与我们的学习生活不符？这篇文章有哪些观点能为受社会主义核心价值观教导的我们所用？（3）庄子为什么选择了鲲鹏这个意象，体现了庄子怎样的感情？（4）庄子的逍遥体现在哪里？（5）从小不及大到通过超越获得自由，体现了庄子怎样的思想？"等等。在解决这些问题的过程中，学生需要对作者经历、写作背景等进行查找理解，问题解决了，也就基本读懂了作者和作品了，就能与作者共情了。

（三）以创生情

朱永新说："如果说山水是自然风景的要素，那么文字就是精神风景的要素。"如果说诵是触发学生感受的导线，思是让学生与作者进一步沟通的桥梁，那么写就是学生在深刻的理解上延展出的自我情感。然而，大多数学生对写作并不感兴趣，甚至一听就怕，更不用说创作了，那么如何激发创作的欲望呢？

1. 顺势而为

教师要懂得抓住契机让学生趁热打铁。比如课堂教学过程中对问题的探究或独立思考可以要求学生写下来，字数不限。每讲完一篇文章，可以要求学生自选一个角度或人物谈谈自己的看法，字数200字以上。讲完一个主题

阅读，可以要求学生对这个主题进行解读，字数 600 字以上，如对课文进行改编、续写等。

2. 巧用下水文

下水文是拉近学生与教师距离、消除学生创作畏惧心理的一个有效的方法。但下水文要注意两个方面，一是有目的地展示，比如要学生完成一个创作前可以先示范教师自己的作品，并告诉他们自己是如何创作的；在讲完《想北平》这篇散文后，我想安排学生写写自己眼中的家乡，就先与他们分享了自己写的家乡："一直想写写关于家乡的文章，可是想了很久，终究写不出来。因为家乡实在太普通、太平凡了。既没有令人骄傲的建筑物，也没有惊天动地的人物，既没有繁华热闹的集市，也没有众人熟悉的特产。有的只是重重的青山，漫漫的水田，潺潺的溪流和窄窄的小路；有的只是田地里干完活回来一路招呼总要叨上几句家常的叔伯姑婶；有的只是热了脱了衣裳就往河里跳的孩子们。是的，我的家乡不是大都市，也不是小城镇，而是一个微不足道的小山村。可就是这样的小山村，却时常在我的梦里萦绕。那座经岁月洗礼倍显斑驳的石拱桥啊，承载了我童年多少的欢笑。上学时，总要和小伙伴们在桥梁间追逐嬉戏，放学了，非要在桥墩上听着溪水的潺潺声写完语文作业才互相追赶着跑回家……"二是随机分享，这个可以是课前的开场白，也可以是讲课过程中涉及的相关内容，还可以是下课前几分钟的放松，分享的内容不限，有时我会和学生分享我看到的一些景、一些事，或是去了某个地方后有所触动而写下来的片段或文章，有时和他们分享我与家人的日常对话，有时会和他们分享我的一些读后感……下水文能很好地激起学生创作的兴趣，并让他们觉得创作其实也并不是像想象中的那么难。

3. 小组合作

俗话说"三个臭皮匠赛过诸葛亮"，有时我们可以借助小组的力量，既能让他们通过探讨进一步感受、理解文本，又能让他们体会到合作的成就感。比如整本书阅读后的读书汇报，比如群文阅读后的思考感悟。

4. 展示分享

学生创作出了作品要给他们展示的机会，可以借助课前五分钟时间进行展示点评，也可以开展分享汇报课，以小组为单位进行汇报，还可以利用教室空间进行优秀作品的张贴，甚至推荐到校报上进行发表。展示能激励学生更加热衷于创作。

（四）因情而美

语文很美，我们可以通过诵读感受语言之美，体会或喜或悲、或柔或壮的情怀；可以通过思考分析体会逻辑之美，理解不同人的不同的价值观和人生观；可以通过创作体悟自我对世界的认知和审美。诵、思、创、情不是单一的个体，而是一脉相承的整体，是一个圆，诵开启初步感受，思把感受进一步深入，创是再深入的理解，由此及彼的生成。新的生成后又有了不一样的诵。在这样的循环里不断地感受到作者的感情，迸发出自我的感情，情情相通，进而有了体悟。语文教学应该有"诗意"，教师只有如诗人，才更有激情并永富朝气，才可能拥有浪漫的思维，才能让学生对一切知识保有无限的向往。让我们带领学生在诵、思、创的路途中不断地感受语文之美吧！

（作者：梅县区高级中学　郭凤君）

阳光教学思想之三：
"激动语文"与"漫、慢语文"

◉ "激动语文"：让语文教学多一点"激""动"

一、缘起

作为一个在山区小城镇教书的青年教师，若不是有幸进入了广东省林明名师工作室，提炼自己的教学思想、教学主张这件事也许不会被提上日程。

其实，早在大学时期我就已经比较笃定地将中学语文教学设定为我的职业方向，从大学校园踏上中学的讲台，从早期的专业学习到教学岗位上的实践和研修，我接触和学习了很多榜样、精彩案例，研习了不少先进的理念、有效的策略，也对语文学科的教育教学形成了相对笼统的思想观念。但我之前从没想过会在这个阶段凝练出自己的教学主张。所以，特别感谢工作室的主持人林明老师，给我一个机会重新审视我的教学实践，初步建构我的教学思想和主张。而且，受林明老师"二自语文"理念及其"以自媒体为媒介，开展专题读写活动教学"等实践活动的影响，我渐渐形成了自己不甚成熟的"'激动'语文"的基本框架。

二、理论依据

（一）《普通高中语文课程标准》（2017 年版 2020 年修订，以下简称为"新课标"）

新课标对语文学科的课程性质有明确的表述：

"语文课程是一门学习祖国语言文字运用的综合性、实践性课程。工具性与人文性的统一，是语文课程的基本特点。语文课程应引导学生在真实的语言运用情境中，通过自主的语言实践活动，积累言语经验，把握祖国语言文字的特点和运用规律……"

新课标对语文学科的课程做出了明确的要求，特别强调了要"加强实践性、促进学生语文学习方式的转变"，"注重时代性，构建开放、多样、有序的语文课程"。

跟以往课标有显著不同的是，新课标课程结构设计以语文学科核心素养为纲，以学生的语文实践为主线，设计了18个"语文学习任务群"。"语文学习任务群"以任务为导向，以学习项目为载体，要求整合学习情境、学习内容、学习方法和学习资源，引导学生在运用语言的过程中提升语文素养。同时，学习任务群以自主、合作、探究性学习为主要学习方式，凸显学生学习语文的根本途径。

（二）《中国高考评价体系》

高考评价体系将应考查的素质教育目标细化为"核心价值、学科素养、关键能力、必备知识""四层"考查内容。其中对"学科素养"和"关键能力"的具体阐述对于我们的语文教育教学实践有非常直接的指导作用。

"学科素养"要求学生在面对生活实践或学习探索问题情境时，能够在正确的思想价值观念指导下，合理运用科学的思维方法，有效整合学科相关知识，运用学科相关能力，高质量地认识问题、分析问题、解决问题的综合品质。学科素养包括"学习掌握、实践探索、思维方法"3个一级指标和9个二级指标。

"关键能力"即学生在面对与学科相关的生活实践或学习探索问题情境时，高质量地认识问题、分析问题、解决问题所必须具备的能力。高考评价体系确立了三个方面的关键能力群：第一方面是以认识世界为核心的知识获取能力群；第二方面是以解决实际问题为核心的实践操作能力群；第三方面是涵盖了各种关键思维能力的思维认知能力群。

（三）教育学、教育心理学相关理论

包括认知结构学习理论、建构主义学习理论、人本主义学习理论、"深度学习"理论、"最近发展区"理论等。限于篇幅，本文不作赘述。

三、基本框架

（一）概念阐释

"'激动'语文"主要由教师的"激"和学生的"动"构成，即教师在课内外教学活动中积极运用各种方法、策略、工具激起学生的学习兴趣、对学习内容的情思以及深入学习的持久动力，引发学生活跃的情感涌动（"心动"）和意识活动（"脑动"），引导并组织学生积极参与听、说、读、写等多种与语文学科学习内容相关的实践活动（"行动"），从而打造对学生而言气韵生动、有吸引力、有能量涌动的语文课堂，促进学生实现有效学习、深度学习，全面培养和提升学生语文学科素养。"激"是"动"的前提、催化剂，"动"是"激"的目的、方向。

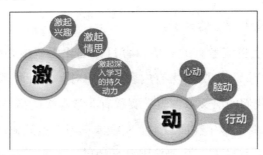

（二）基本教学策略

1. 多措并举，"激"出能量

语文教育家商友敬先生说过："理想的教育是活泼泼地。"我深以为然。"活泼泼地"正是我所追求的语文教育或课堂的理想状态，不过是否"活泼泼"的标准不在于课堂是否热闹、学生是否如孩童一样欢欣雀跃，而是看课堂内外（尤其是课堂上）是否有能量——教师的能量、教学内容（文本甚至作者）的能量、每一位学生的能量的充分涌动，学生是否有强烈的收获感，学生学习的主体性是否真正实现。

"'激动'语文"教学首先要求老师有激情、有热爱、有追求，无论是对于学生、对于教学、对于语文还是对于生活。很难想象，一个能量干涸、精神枯竭、不思进取、缺乏爱心与敬畏的教师能创生出一个怎样优质的教育教学成果，更遑论点燃学生对语文的热爱，激起学生深入学习语文的持久动力。

具体而言,"'激动'语文"教学的具体模式和风格因人而异,但如何更好地"激",大体上可以总结出如下措施:

(1)重视导入,尤其重视"知人论世"

当今时代是个追求"效率"的快时代,一首歌听 30 秒甚至十几秒不喜欢就切换,一部剧看第一集甚至前 10 分钟不精彩就果断"弃剧",优质网文、经典作品也常常因广大网友"太长不看""没有看点不看"的浮躁、猎奇等心态遭受冷遇……无法否认,网络和多媒体工具的便捷和"高效"在给我们生活带来便利的同时,也消磨了我们的耐性。这就是我们在无法改变现实之前不得不全力应对的具有一定普遍性的"学情"。

所以,为了提高语文课堂和学习内容的吸引力,我们需要重视而且比以往更加重视语文教学"导入"部分的设计。正如一个好的导游能让人对即将游览的景点充满期待,一个好的广告宣传能让人不仅"心动"而且付出"行动",好的导入能充分激起学生对学习内容的好奇心、探究欲,能将学生往教师营造的场域里引,最终引向自主学习、深层学习。

导入的方式和导入语的设计可以多种多样,以有利于实现教学目标,提升教学效果。但我不提倡哗众取宠、华而不实、缺乏教师本人真情实感的导入,例如随意放一首与话题相关的流行歌,故作深情地朗诵几句抒情的赞颂的话语,照本宣科地进行"作者生平""写作背景"等内容的介绍等。这些无意义的导入无异于一种自欺欺人的敷衍。

高中语文教材中的课文都是来自不同时期、不同地区、不同文化背景的名家的经典之作,面对生于和平、富足年代且人生经历相对平顺、简单的学生,"知人论世"对于课文教学的重要性是不言而喻的。文学类作品自不必说,知人论世常常可以成为我们解读作品的钥匙,越是理性甚至相较而言内容略显枯燥的作品更需要作者"在场"来为学生"道夫先路"。

接下来举三种本人比较常用的方法:一是介绍作者生平时尽可能播放其有代表性的照片。海明威、鲁迅、巴金、沈从文……看看他们的照片,对比他们青年和中老年时候的照片,学生可以看到岁月和时代在他们脸上、身上

留下的印记，看到他们不屈的精神，也会对他们的人生经历和思想情感产生更浓的好奇心。二是播放与作者或文本内容相关的优质视频（如纪录片）。例如在教授《中国建筑的特征》一课时，如果只是把它当作科学论文来学习，学生恐难以产生强烈的兴趣，对文本的分析也容易流于表面。但借助纪录片，我们可以让学生走进作者梁思成先生，直观地了解他大学求学、回国执教、抗战期间在恶劣的条件下坚持研究和著述等经历，感受他对中国传统建筑的热爱以及强烈的民族精神和爱国情怀。怀着对梁思成先生深深的敬意，相信学生会对这一篇"实用类文本"产生更浓的阅读兴趣，并从里面读到更多更有价值的内容。三是通过印发资料或课件展示等形式分享作者的其他作品、言论或他人的评价。

（2）大力整合资源，重构教学内容

"用教材教而不是教教材"是我们语文教学喊了多年的口号。但在实际教学实践过程中，我们也往往难逃"往抵抗力最小的方向走"的诱惑，做了教参和教辅资料的"搬运工"，落入了照本宣科教教材的窠臼。若教师缺少自主的钻研和创生，教学方式上选择"满堂灌"，语文课堂就更容易沦为缺乏生成和活力的课堂了。

致力于"激动"的语文教学，要求教师在平时的教学研究和备课环节中，在明确课标、单元、课文教学目标、教学任务的同时，最大程度地激活"库存"，挖掘并整合各种教学资源，重构教学内容。

具体做法可以有如下几点：

其一，备课阶段努力"开源"。兼听则明，多查找相关资料、阅读专业书籍、观看名师课例等，深挖教材中多角度、多层次的意义和价值。

孙绍振教授说过："在语文课上重复一望而知的东西，我从中学时代对之就十分厌恶。从那时我就立志，有朝一日，我当语文老师一定要讲出学生感觉到又说不出来，或者以为是一望而知，其实是一无所知的东西来。"研读教材、努力"开源"和"兼听"的过程就是认真梳理"教什么"这一问题的过程，可以一定程度上从根源上避免教学内容的简陋、浅薄、干瘪和狭隘。即使课堂随机生成的内容在预设之外，教师也能更容易地抓住其中有价值的"触发点"，使得"意外"能转化为"惊喜"，使得课堂既有包容性、灵动感，又不至于失去方向感，严重偏离了"航向"。

为了提高这一环节的效率，教师需要有意识地建立教学资源库、素材库，平时注意"存货"，还要时时更新，这样，需要时便可以有丰富而新鲜的"库存"备用。

其二，"预设"部分做好精心设计，明确课内外教学资源的处理方式。如果可以，不妨多一点创新。例如黄玉峰老师有一次讲《故都的秋》，就给课文动了"手术"：除了开头和结尾，中间的"秋雨话凉""秋蝉秋果"等段落被随机颠倒次序，题目也改为"秋的故都"。结果学生一读，发现改动后依然是一篇读起来很精美的散文。学生不仅觉得新奇有趣，对散文文体特点及作者写作风格等方面的认识也进入了更深的层次。

其三，教学活动中积极利用各种课内外资源（以文字为主），注重以点带面地扩大学生的知识面和视野胸襟，提高对文本的理解、品鉴能力。互文式阅读也好，"1+X"的群文阅读也好，"相关链接"式的注解补充也好，优质的补充材料作为学生的导读、助读、对比阅读材料，往往能产生非常好的教学效果。例如教学《琵琶行》时，夏昆老师的《浮云不系字乐天》一文可以作为"知人论世"的材料，让学生更真切地感受到作者"沦落天涯"的失落、无奈和悲戚的心理底色；和白居易的《卖炭翁》进行对比阅读，学生可以感受到作者对底层民众的关注和怜悯；将李贺的《李凭箜篌引》和韩愈的《听颖师弹琴》引入课堂，学生可以领会到文学大家用文字精妙传神地描写音乐的高超技法……

（3）搭建支架，导学导思

高中的语文学习内容和学习活动中不乏超出学生认知水平和能力层次的内容，这时教师要结合教学目标和学生的"最近发展区"提供学习"支架"，引导和辅助学生进行知识和技能的学习，让学生更容易获得实践上的成功和心理上的成就感、收获感，从而保持对语文学习的持久动力。例如高中语文部编版教材某一单元的学习任务中有一项是"学写文学短评"，教师可以通过提供写作角度、优秀范例等方式提供"支架"，帮助学生更好地学会这一

文体的写作方法。

（4）尊重鼓励，积极反馈

教师在课内外教学活动中，应尊重每一位学生，给予学生适当的鼓励，对学生的学习表现给予积极的反馈，强化其良好的行为习惯。另外，教师在班级中也应树立尊重、互助、开放、包容等活动准则。师生、生生之间建立起平等、和谐的关系，才能推动语文教学活动顺利、有效地展开。

适当的代币制奖励、公开的称赞、作品的展示和成功发表、精细而走心的评语……这些积极的反馈都能给学生的学习注入满满的动力。

（5）让语言更具生活气息和个性魅力

有的教师学识渊博，旁征博引，大开大合；有的教师温柔婉约，言语富有诗意；有的教师个性活泼，语言风趣幽默……当然也有教师语言呆板乏味，啰唆杂乱，学生闻之如同嚼蜡，甚至如坠云里。或高雅以濡人，或通俗以亲人，或幽默以喜人……教师的教学语言在保证表述简洁、准确、流畅的基础上，不妨增添一点生活气息和个性魅力。教师可以尝试了解学生的课余生活，关心学生所关注、喜爱的新事物（如流行的影视作品、当红偶像、热词等），然后有选择地适当地引入到教学语言中，可以很好地拉近与学生之间的心理距离。当然，我们的教学语言是为教学活动服务的，适合的和适度的才是合理的，优雅而不远人，通俗而不粗鄙，这样我们作为语文教师在完成教学任务的同时也给学生展示了语言运用的范例。

2.唤起并支持有效的"动"，聚焦关键能力的培养

（1）开展不同类型的语文实践活动，全面提升学生学科素养

语文的学习离不开学生的自主实践，更离不开教师的顶层设计和指导落实。语文教学可以通过开展不同类型的语文实践活动，训练学生的多项能力，全面提升学生学科素养。教师在开展活动前要对活动的教学目标、教学侧重点、教学效果评价标准与评价方式有清晰的认识。下表是相对粗略的规划。

活动类别	培养、训练侧重点	检测方式
看	记录—梳理—思考：做批注、笔记（包括学会使用流程图、思维导图等）	检查笔记等
听	①学会尊重、倾听； ②学会记录、梳理、思考	观察、检查笔记等
说	①自信大方； ②声音吐字； ③语言组织……	课堂发言、演讲比赛、辩论赛、模拟访谈等
读	朗读、背诵技巧；读书方法（速度、精读等）	课堂朗读展示、飞花令、读书笔记查阅等
写	列提纲、选材、锤炼语言等	作业、考试、创作比赛等
其他		课本剧表演等

（2）结合新课标"学习任务群"具体要求展开设计，切实落实关键能力的培养

首先，我们要熟悉"学习任务群"的具体内容及在高中语文课程中的分布。（具体内容参见《普通高中语文课程标准》（2017年版2020年修订））

其次，我们要结合新课标中的"学习任务群"相关内容要求、教材内容以及课外教学资源，对活动项目、要求、评价等内容进行梳理，最终确定和落实我们的教学方案。

在新课标、新教材、新高考的推动下，教学理念和教学模式的变革和优化是大势所趋，我们必须尽快主动地去适应，积极地组织开展阅读与鉴赏、表达与交流、梳理与探究等各项语文实践活动，切实提高语文教学的效果。

（3）提供新奇有趣、具有挑战性的任务

当下有不少学生容易沉迷于游戏。我们可以看到，游戏里会有非常多匹配玩家能力层级的、具有挑战性的、有明确要求的"任务"。这可以给我们的教学活动设计提供参考借鉴的经验。在学生能力范围内，我们可以通过创设情境等方式为学生提供新奇有趣、具有挑战性的任务，鼓励学生大胆地进行语言实践活动。例如，对文学类作品进行续写、改写，模拟古人的身份撰写书信、发朋友圈或点评朋友圈内容等。

（4）提供平台，推动"自主·合作·探究"与展示、分享、交流

新课标倡导学生进行"自主·合作·探究"式学习，为学生的终身学习和可持续发展奠定基础，因此，在我们的日常教学活动中，学生个体的自主探究和小组的合作探究应该要发挥更大的功能。通过科学设计导学案、安排小组学习任务、组织成果交流与展示活动等，我们可以更好地到达上述目标。

另外，正如林明老师将"秀"（展示、分享）作为其专题读写活动教学的重要环节，许多卓越的教师不再以自我专业素养的展示作为教学的重点，他们更多地通过更多的活动平台鼓励学生展示、分享自己的学习成果，学生往往能收获巨大的成就感，并能在与他人的交流、"碰撞"中获得新的体验、收获，这对于他们来说，更是学习语文源源不竭的巨大动力。

可以说，"'激动'语文"并不是一套成熟的理论框架，里面有很多其他专家、名师理念和经验的"元素""影子"，它在理论和实操层面也还有很多有待完善的地方。希望自己能坚持学习，守正创新，在往后长期的实践与反思中不断对它进行补充、完善。

（作者：梅州市蕉岭县蕉岭中学　丘丹）

◉"漫、慢"语文：漫阅读、慢教学、慢写作

一、缘起

我的教龄已经有 17 年，其间带过五年高三毕业班，其中四轮是完整的三年教学过程。我所教的学生平时成绩在年级平均分上下，最后高考成绩可以居于年级前列。成绩的变化证明高三的语文复习备考是有效果的，通过一年的努力，学生的语文高考成绩可以提上来。但是仍然存在着问题：很多学生是到了高三才开始认真学语文，见效慢。虽然语文成绩总体有提高，但是高考成绩不拔尖：130 分以上的几乎没有。2019 年高三（3）班林润基同学高考语文 128 分，已经是我所教的学生里的最高分了。我一直在思考：高考时学生的语文成绩没有取得高分，应该就是后劲不足，如果利用好高一、高二的

时间，成绩可能会有突破。高一、高二时的语文为什么不受学生重视？我认为存在主客观两方面的原因，其中主观原因是最关键的：其他科的学习占用了很多时间；学生不重视语文，因为语文见效慢，不愿意花时间投入；一些学生受个人主观因素的影响比较大，不喜欢个别老师的教学方法。最关键的是学生没有进行广泛的课外阅读，视野狭窄，思维不活跃，语文整体素养不够高，所以导致高三的语文成绩没办法再提上一个级别。

如何学好语文？如何利用高一、高二的时间帮助学生打好语文基础呢？我一直在思考这些问题。2018 年—2020 年我加入广东省林明名师工作室，工作室主持人林明老师强调每一位学员要形成自己的教学主张。工作室大量的语文学科理论学习和教学实践促使我静下心来总结思考自己的教学主张。根据自己多年的教学经验，我总结自己的教学主张为："漫、慢"语文。

二、背景和理论依据

"漫、慢"语文的教学主张由阅读和写作两方面构成，具体形式为三方面：漫阅读、慢教学、慢写作。下面，我具体阐述"漫、慢"二字提出的背景和理论依据。

（一）"漫"：强调语文学习的范围

1. 背景

现在社会上存在着功利的语文学习态度——急于求成、速成、"肢解"语文。希望通过短短几节课，快速学会语文的答题技巧，甚至把阅读篇目"肢解"，得出所谓的答题技巧。一些补习机构用"脱口秀"的方式讲语文，纯粹是花哨的外表，毫不重视语文学科的人文性，语文变得毫无语文味，这样的语文学习之路已经偏离正道。在这样的背景下，有必要回归语文学习的本质，注重语文学习范围的广阔。

2. 理论依据

一是随着新高考改革的推进和新课标的出台，部编版教材得以推广使用，教材编排的一个突出的特点是进一步重视语文的阅读和写作，大量的阅读变得极其重要。《普通高中语文课程标准（2017 年版 2020 年修订）》：强调了高中语文的群文阅读和整本书阅读。新高考情境考察范围广，没有一定量

的阅读是无法完成的。

二是我们提倡大语文概念，即生活处处是语文，学生在生活中都可以进行语文学习，学习范围广阔。同时，新高考强调情境教学，教师可以创设生活情境，进行情境教学，鼓励学生在情境下学会解决问题。要想提高学生的语文学科素养，需要培养学生广阔的视野，需要博览群书，以广阔的胸怀放眼世界，拥有大格局、大视野。

三是关于语文教育的目的的探讨。北大教授钱理群先生认为，语文教育的目的在于使人变得更美好，语文教师则承担着给予学生"精神的底子"和对语言的美的感受力。要实现语文教育的这一目的，必须要静下来，沉下心来，多读书，读好书。部编版教材主编温儒敏教授也非常注重中学生的阅读：首先是让学生"自由地读书"，让阅读成为习惯。"中小学语文课本来应该让学生在个性化阅读中唤起灵性和兴味，但教育如果只是瞄准高考，就容易扼杀他们的阅读兴趣。"其次，"我主张加大课外阅读，鼓励"海量阅读"，鼓励读一些"闲书"，也就是和考试甚至和写作并不"挂钩"的书，鼓励读一些"深"一点的书，可以"似懂非懂"地读，"连滚带爬"地读。"再者，"就语文而言，（平衡应试需要和开放教学的）办法就是鼓励多读书，别死扣教材教辅。阅读面宽了，视野开阔了，考试成绩不会差，而素质也会提升上去。"

基于此，我主张语文学习首先要"漫"，强调语文学习范围的广阔，进行"漫阅读"。语文阅读应不囿于语文学科本身的课本，教师要鼓励学生漫无边际地博览群书，以开阔视野；广泛接触各类知识，以全面提高语文素养。

（二）"慢"：强调语文学习的过程

1. 背景

目前，我们处于一个快节奏的社会。我们的教育领域也有功利性的做法，要让学生立刻学会，并且快出成绩，追求所谓的高效率。这些尤其是在课外辅导机构表现明显。学生受此功利之风的刺激，会变得内心浮躁，学一点就要看见效果，难以静下心来，缺乏长远目光来好好学习语文。

2. 理论依据

一是从语文学科的特点出发。语文学科的特点是工具性和人文性的统一，掌握工具性需要一定的时间，人文方面的熏陶也是要假以时日才能见效的。语文学习讲究循序渐进，慢工出细活，文火慢炖。一味强调"快"难以见到效果。要"慢"下来才行。

二是人的发展要遵循一定的认知规律、成长规律。一味求快是违反人的成长成才规律的。

三是我的教学主张的凝练、提出是受到三位名师的启发。第一位是张文质教授，他有一本由演讲稿收录的专集《教育是慢的艺术》，他是"生命化教育"的倡导人、实践者。所谓"生命化教育"就是把对学生的理解、关爱、信任、成全在具体的教育过程中体现出来，它不仅仅停留在理念上的表达和理解，而是务必在具体的实践中体现出来。张文质教授认为"教育作为一种慢的艺术，需要留足等待的空间和时间，需要有舒缓的节奏"。

第二位是提出"教育是一个缓慢而优雅的过程"的刘长铭校长。他是北京四中党委副书记、校长。他同样强调了教育的"慢"。

第三位是刘金玉老师，他是江苏洋思中学校长、江苏特级教师、正高级教师。他提出了"慢语文教学，让语文回归教学本真"，他的"慢语文教学"的主张是非常完备的一套系统的做法，其中的策略是"先学后教，当堂训练"。"先学"就是在教师未开讲之前，学生在教师引导下紧紧围绕本课学习目标所进行的自我实践、自我剖析和自主学习。"后教"就是教师在学生"先学"的基础上，组织、引导学生为解决"先学"中存在的相关问题所进行的相互实践、相互剖析和相互学习。"当堂训练"，就是在课堂"先学"与"后教"的基础上，为了检测学生达成目标的情况，教师组织、引导学生对"学"与"教"的内容进行反思、反馈，从而开展深层次的自我实践、自我剖析和自我学习。这是一套以学生为主体的高效课堂的教学体系。

我的"漫、慢"学语文的教学主张与他的不同，目前还比较粗浅，还没有这么完善的体系。

相信许多一线教师应该都关注过这样的现象：在平时或高考中取得110分—120分的学生，是教师教出来的；能考120分以上，甚至考130分高分的学生，并不是教师教出来的。因为他们自己已经有一套完善的学习方法。这

类学生的特点鲜明而且有共性，他们已经掌握了正确的语文学习方法，有良好的学习习惯；他们对阅读和写作有兴趣，作文写得好；有好奇心，能够主动进行探索，甚至触类旁通。可以说他们已经达到了自由学习语文的境界，此外他们还能写一手好字。这类学生属于可遇而不可求的语文尖子生。他们的语文学习方法是可以借鉴的！这类学生的语文学习基础就是"漫、慢"学语文，然后达到自由的状态。

三、具体实施方法

（一）倡导"漫阅读"，"漫读"以开阔视野，形成良好的阅读习惯

"漫阅读"就是要"漫无边际"、视野广阔地阅读，形成良好的阅读的习惯。

1.课内阅读方面，教师可以补充相关阅读内容，让学生多读，视野开阔

教师可以利用相关课文，进行拓展阅读，比如利用学习《氓》的机会，补充《诗经》其他篇目，达到让学生多读《诗经》的目的。

阅读教学方面，可以组织群文阅读，如对于散文、小说或诗歌的教学，教师都可以准备相关素材文章，进行群文阅读，将学生的阅读引向深度阅读。例如：讲郁达夫的散文《故都的秋》时，补充老舍的《想北平》（《四世同堂》片段）和林语堂的《动人的北平》，以找出"动人的北平"为契合点，进行群文阅读。

2.课外"漫读"时光：鼓励学生多读书、读好书

利用学校的图书馆和智慧图书馆，让学生进行大量的名著阅读。教师可以列出书单，鼓励学生进行海量阅读。我个人推荐教育部推荐的90本书的书单。

阅读时间要有保证，每天至少要有半个小时。我所教授的班级规定晚自习十点以后进行半小时阅读，同时利用周六晚和周日的时间进行阅读。寒暑假的时间就要进行长篇名著的整本书阅读。学生阅读完，还要进行读后交流和写作读后感，进一步交流阅读体会。教师可以在规定时间内，让全班阅读必修课本推荐的书，然后定期举行读书交流会。读书交流可以激活学生的思维，进一步打开学生的阅读视野。学生将自己的体会、心得写成读后感后，

推荐学生参加学校组织的读书交流活动或投稿，让学生有阅读的收获感和成就感。

（二）建议"慢教学"，让教学节奏慢下来

语文教学可以大略分成两个方面：阅读类课程教学和知识性课程教学，两种课程分别有不同的教学方法。阅读类课程重在培养能力，教学过程中以学生为主，重在培养学生寻找问题、解决问题的能力，如遇到一些学生提出的疑难点，教学节奏可以暂停下来，教师通过鼓励学生展开讨论等方式，引发学生思考，提升他们的思维能力。

知识性课程重在积累和运用，像文言文，有大量的知识点如实词、虚词、句式等要记忆。这些基础知识可以让学生在课外或早读课时间来完成。课堂上，可以针对学生存疑的实词、虚词或句式，还有重点的文意方面，师生进行研究、探讨。也可以让学生用画思维导图的方式来梳理实词、虚词等，加深印象。活动方式可以多样化，主要是让学生"动"起来，发挥学生的主体作用。

（三）实施"慢写作"，强调慢工出细活

根据新课标的要求和高中学生的学习特点，合理安排写作进度及内容。如高一上学期仍然以记叙文写作为主，鼓励学生写随笔、读书笔记、读后感等，特别是鼓励学生参加征文写作，获奖会让学生有写作的成就感，提高写作的兴趣，进一步提高写作能力。高一下学期开始学写议论文，学生主要掌握议论文写作的理论知识及初步进行议论文写作实践。到了高二，学生可以进行有深度的记叙文的写作，同时开始写作议论文，还包括写演讲稿、推荐信等情境作文，并鼓励学生参加各种征文比赛。高三是灵活写作和创作的阶段。各种文体都要尝试写作，全面锻炼学生的写作能力，同时，鼓励一部分写作能力突出的学生进行创作，为高考写作做好准备。

让高中生慢慢学会写作有深度的记叙文和深刻的议论文，提高思维的思辨能力，建议从四个方面进行相关的写作练习：课前演讲、课堂微写作、课外写时评和限时写小议论文。课前演讲就是在语文课上课前，由一名同学进行 3 分钟课前演讲。内容有主题式演讲、说文解字或者时事新闻评论，目的

是让学生积累文字、打开思维框架。主题式演讲是师生共同确定一个主题，如高一学生比较喜欢的"我的偶像"。说文解字就是说一个字，并写出这个字的小篆体，说出字的含义及组三个词。时事新闻评论就是让学生关注社会新闻，学生会养成关心身边事情和关注社会的习惯。课前演讲可以让学生明确说理步骤，让学生形成说理习惯，形成相对完整的逻辑思维能力。进行课堂微写作时，在课堂上，涉及与课文相关的话题，师生可以展开讨论，学生发表自己的看法、感受，如有良好的契机，让学生马上写下自己的评论，即写 100—200 字左右的小作文，如课堂没有时间，也可让学生课外写作。课外写作时评小文章，教师可提供相关新闻材料，学生进行课外写作，字数不要求多，重点是锻炼学生对素材的理解、概括能力和写作的逻辑能力。这两步都是将"口头说"与"用笔写"联系起来，训练学生的文字表达能力。限时写作小议论文要求学生在规定时间写简短规范的小议论文、考场作文。限时的目的是让学生在规定时间里展开积极思考、完善写作思维，形成良好的写作习惯。

如果在日常语文教学中，教师能够逐步推进四类与写作相关的活动，相信学生的写作兴趣会越来越浓，写作能力会逐渐提高。写作是输出，阅读是吸收，广泛阅读和有序输出，两者相互辅助，共同促进。长此以往，学生的理解能力和表达能力逐渐加强，语文会学得越来越好。

（作者：梅州市曾宪梓中学　刘芳子）

阳光教学思想之四：
有效课堂教学的问题与策略

　　我曾试图查找词典给"有效课堂教学"下个定义，但没有这个定义，只有课堂、课堂教学、有效、高效这些名词。具体是这么说的：

　　什么是"课堂"？《现代汉语词典》的解释是：教室在用来进行教学活动时叫课堂，泛指进行各种教学活动的场所。这种解释不是很具体。按百度的解释："课堂，学生学习的场所，育人的主渠道。"这样的解释还是比较符合当下教学实际的。

　　什么是"课堂教学"？课堂教学是教育的手段，是教师传授知识和技能给学生的全过程。但我比较认可前半句话，因为后半句话似乎比较片面，它只强调了教师的作用，而且认为教学是单方面传输式的。

　　什么是"有效""高效"？《现代汉语词典》的解释是，"有效"能实现预期目的；有效果。而"高效"，则是效能高的；效率高的。对于教学而言，我更倾向于谈"有效"而不是"高效"，因为"高效"这个目标真的很难达到。

　　那么，我想，"有效课堂教学"就应该这样定义：在各种教学活动场所中，教师灵活自主地应用各种教育手段传授知识和技能，并调动起学生主动学习的欲望，进而实现预期目的或取得效果的全过程。因此，有效课堂的基本特征是：

　　从学生的角度而言，主要包含下面四个要素：1. 参与度：高，参与课堂"学习"的人数多，真正调动起了学生学习的兴趣；2. 思维度：被激活，学生的多种思维能力（形象、逻辑、辩证、创造、直觉）和品质（深刻、敏锐、批判、灵活、独创）得到锻炼；3. 自由度：能应用自主、合作、探究的学习方式方法进行阅读与鉴赏、表达与交流、梳理与探究；4. 获得度：觉得学有所得

（一课一得即可），有所收获。

从教师的角度而言，主要包含下面四个要素：1.准确度：准确把握显性知识与隐性知识，引领学生主动积极探究问题；2.自由度：能够自由、平等地与学生探讨、交流语文学习活动的问题与成果；3.亲和度：以开放和宽容的态度与姿态看待学生学习的不足、缺失并引领学生战胜不足、弥补缺失，能够鼓励有专长的学生发挥其专长；4.分享度：善于分享自己和他人的成长经历和体会，恰到好处地指导学生走好人生之路。

总之，有效课堂必须是：让学生课内愉悦，课外期待。

下面，我想结合自己的教学实践和认识，从教育教学的视界、教学研究精神、学情的了解、学生学习方式、课堂语言艺术五个方面，就一线教师存在的不足和"有效课堂教学"的各种问题同各位分享我的思考，也借此与大家共勉。

◎ 问题之一：课堂视界小而窄、短而低

什么是"视界"？"视界"本是一个物理学概念，现在指一个事件刚好能被观察到的那个时空界面，或是我们自身能达到的一种精神上的对周围事物所认知的境界。

课堂视界小而窄、短而低，反映在课堂教学中，往往只能围绕教科书授课，很少链接与教科书内容相关的文本。而且这个问题具有普遍性，不仅在普通中学教师中存在，在重点中学教师中也存在。当下教学的一个常见的现象是：初中或高中的教学似乎就是为了中、高考而准备的，从初一、高一开始就针对中考、高考组织学生进行各种题型的训练，练习代替了教学。

有人可能会反驳："那在你看来，就不要看中、高考了？"其实这种观点将中、高考与教学进行了分割，显然是不符合课程标准，尤其是《中国高考评价体系》及其"说明"的。中考现在也没有考纲了，只有课程标准，换句话说，课程标准就是"考纲"！举一个例子来说，新课程标准强调"学习任务群"教学，其中，群文教学即将成为新常态，教学刘禹锡的《陋室铭》，很多教师可能就只讲这一篇文章。群文阅读的概念引入后，教师就需要进行文

本作品的拓展并进行比较教学，如结合周敦颐的《爱莲说》、范仲淹的《岳阳楼记》，甚至陶渊明的《五柳先生》，这样，学生才可能准确解读《陋室铭》中的"孔子曰：'何陋之有'"的准确含义，并且理解刘禹锡为什么要引用这句话。

关于"何陋之有"：子欲居九夷。或曰："陋，如之何？"子曰："君子居之，何陋之有？"（孔子想去东方未开化之地居住。有人说："那里文化闭塞，你怎么住？"孔子说："有君子去居住，还有什么闭塞呢？"）

孔子认为，君子居住在那里，又怎么会僻陋呢？孔子对自己的德行非常有自信。相信自己只要居住于此，哪怕是不通于礼义之地，凭自己的德，也可以感化当地居民，让他们明礼知义。

君子的追求是什么，即人生的理想是什么？这是孔子经常向自己学生明确的一个问题。这就是"道"，人要为道而生，为道而学，为道而活，为道而死。人的行为不可一刻离开道，离开了道，人生就失去了意义。而物质生活是为道服务的，如果不能服务于道，那物质生活再丰富，又有什么意义呢？

无论是居住在何处，孔子从没有把生活条件作为考虑的因素。为了道，可以离开自己的祖国；为了道，可以奔波于各国之间；为了道，可以不怕失去生命；这就是孔子。如果居住在九夷之地能够发扬道，他也会义无反顾地去做。物质条件不会在他的考虑范围之内。反过来说，君子所在之处，充满光明，因为君子的心地光明，君子走到哪里，就把光明带到哪里，只要坚守道，光明就在。孔子曾受困于陈蔡，生命受到威胁，可他还能从容地歌唱，与此相比，物质条件匮乏算什么呢？所以孔子说："君子居之，何陋之有？"

为什么会有这样的问题？在我看来，实质上是教师缺乏大视界！什么是大视界？大眼界、大胸怀、大气魄是也。为什么一定要"大"呢？这不仅是一种气势问题，也不仅是一种气场问题，而是决定了教师的教学视界是否博大精深的问题。具备了三大品质，才能站在教学的制高点，高屋建瓴，课堂才能跳出学科视野，又能纵横学科世界，既引领学生感受知识的魅力，又最大限度地拓展学生视界的广度、厚度和深度。

（一）课堂视界要大而广，远而高，必得大眼界

大眼界从哪里来？我首先推阅读。阅读量决定了教师能取得的成就的高度。

现实中，有些教师尤其是青年教师，不肯多读一点书：中小学时代更多地是为了应对考试，只读教科书；到了大学，为了学分，读得多的还是教科书；工作后，要么因为工作忙无暇读书，要么本身就不爱读书，真正自觉读书的人还是不多的。由此使得教师知识视野狭窄，甚至一旦没了教学参考书就不会备课、上课了。教师为什么会出现职业倦怠？因为教师不读书、不思考或很少读书、很少思考，因而几乎没有甚至失去了希望和追求。这里仅举一例说明：前几年我参加市高评委评审工作，某县有七位教师同备一篇文章《白杨礼赞》，结果五位老师的说课稿几乎一模一样。没有别的原因，他们抄的是网上的同一篇说课稿。试想想，拿这样不经过自己思考的教案去上课，效率能高到哪里去？出现这样的问题，不就是因为教师缺乏阅读，既没有足够的知识视野，又没有足够的能力视野吗？

我特别主张教师必须让阅读成为自己的生活习惯。读书一是求广。既要研读一些专业书籍，又要浏览一些"闲书"。这样才能使视野变得宽阔。"视野拓展了，口味才纯正，也才能慢慢找到自己的所长所爱，让自己重新进入自由的个性化阅读境地。"事实上，就是从功利目的看，教师要准确解答学生提出的诸多问题，也是需要广博地阅读的。我的一位同事跟随我做了一个省级重点课题，第一年过去后，她很感慨地说："这一年阅读的书甚至超过了大学四年阅读的书！"所以，温儒敏先生说学生应当"连滚带爬"地阅读。

二是求法。我们"要教给学生各种实用的读书方法，比如快读、浏览、跳读、猜读、群读，还有非连续文本阅读、检索阅读等"，但我们自己都不会，如何教给学生？这里向大家推荐一本书——《如何阅读一本书》（莫提默·J·艾德勒、查尔斯·范多伦著，郝明义、朱衣译），这本书对如何指导学生读书或许有较大帮助。关于阅读的方式方法，初中课程标准是这样表述的："养成默读习惯，有一定的速度，阅读一般的现代文每分钟不少于500字。能较熟练地运用略读和浏览的方法，扩大阅读范围""应加强对阅读方法的指导，让学生逐步学会精读、略读和浏览……"所以，初中加强了"名著导读"。激发兴趣，传授方法，是"名著导读"设置的一个改革方向。初中的"名著导读"一改以前那种介绍作家作品的"赏析体"写法，改为"一课一得"，注重"一书一法"，以示范读书方法为主，让学生每次重点学习一种读书方法。多数课后思考题或拓展题也都有课外阅读的提示引导。这就把语文教学从课堂延伸到课外，形成"教读—自读—课外阅读"三位一体的阅读教学体制。"名著导读"每学期有两部名著是必读的，另外还有往课外阅读延伸的3到4部名著，属于自主选择阅读的。根据学生的普遍阅读能力，这个量可以灵活安排处理成"2+2"或者"2+4"。教师设计"快乐读书吧"和"名著导读"课的教案，一定要注意"激发兴趣"和"拓展阅读"，只要能让这八个字有效果就好。

三是求深。初、高中课程标准里都有类似的表述，"精读""探究性阅读和创造性阅读"都是"深度阅读"的具体体现。

其次，是写作。写作量也决定了教师能取得的成就的高度，可以这样说：语文名师都是写出来的！

要不是为了应对检查、评职称，有些教师几乎一个字也不写，久而久之便成为一个腹中空空而毫无书卷气的教师，这样的教师的教学有一个特点，就是如果没有课本和教学参考资料，他连课都不会上！写一篇论文若不参考他人文章，是无法写到3000字的（其实很多内容还都是抄袭来的）。我曾经参加过一个省级课题的结题鉴定会，结果发现，他们提交的研究报告，第一句就是病句，其实连标题都是病句，写作之人一个是资深教师，一个是青年教师，而且是语文老师！个中原因不言自明。

总之，一个语文教师如果能让阅读和写作成为自己的习惯，那么，这个教师就一定会有大眼界，就一定会有大视界，他的课堂就一定能纵横自如，让学生不断有成就感！

（二）课堂视界要大而广，远而高，也必得有大胸怀

大胸怀即如大肚能容天下难容之事，心胸比天更阔、比海更广；无论何时、身处何种境地，都能够胸怀祖国，放眼世界；心中有远大目标，既能仰

望星空，更能脚踏实地。他不会在乎生活给自己的打击、干扰，不会在乎客观存在的不足、不利因素，总能专心、专注地做好自己该做的事情，是永远在路上的探索者、先行者。

但好多教师不知从哪里因袭而来的自信和勇气，认为在学生面前，自己就是说一不二的权威。其实，若论知识面，好多方面教师未必比学生知道的更多，甚至能力方面，好些方面也未必比学生强！所以，我认为师生之间不是知与不知、能与不能的相克相斥的单向关系，而是相生相成的双向关系。因此，大胸怀体现在课堂教学中，就是给学生以最大限度的自由发挥空间，一旦自由起来，学生学习的效能就会很高。我曾研究过这个问题，发现学生最喜欢的课堂就是让他们的五官都动起来的课堂，那时，学生的思维是最活跃的，而调动起学生的思维其实就是课堂教学的最为重要的目标！

我主张既把学生看成是正在成长的孩子，又把学生看成是即将成长为负责任、有担当的成人。学生为什么来学校学习？因为学生"不会"，所以，才要"学""习"，从"不会"到"能"再到"会"（"能"指能够并且有能力做；但做得是否尽可能完美、极致，代表较高甚至最高水平，就不是"能"，而是"会"，"会"则是通晓、擅长，显然比"能"更胜一筹）是需要时间和过程的，是需要教师的引导的。教师需要有足够的耐心等待学生，在等待的过程中，教师务必宽容学生可能出现的各种错误或不足，更不能嘲笑学生的缺陷和不足，哪怕是只一个词、一个小小的动作或眼神。也不要过多制定限制学生手脚的规矩，稍稍放任一下学生的"违纪行为"，如学生趴在桌子上，可以事前告知学生站着听课，或悄悄提醒他。可能各位听过这样一个故事，是著名教育家苏霍姆林斯基当校长时的一个故事：校园里开出了一朵最大的玫瑰花，每天都吸引了很多学生来看。一天早晨，苏霍姆林斯基看见一个小女孩摘下了这朵玫瑰花。你认为苏霍姆林斯基将怎样做？他的做法是：问小女孩为什么要摘这朵玫瑰花。小女孩就告诉他，她的奶奶病得很重，奶奶不相信校园里有一朵大玫瑰花，摘下来是想让她的奶奶看看自己说得没错。听了这样的解释后，他又会怎样做？他立即又摘下了两朵玫瑰花，对孩子说："这一朵是奖给你的，你是一个懂得爱的孩子；这一朵是送给你的奶奶的，感谢她养育了你这样好的孩子。"面对这样的事，恐怕我们的教师早就大喝一声："不准摘！"然后就是苦口婆心地教育乃至对学生进行处分。

苏霍姆林斯基用行动教给学生的是爱与宽容，而不是粗暴、不耐烦，是善与美，而不是丑与恶。

大胸怀还表现在善于接纳。从学习的角度上说，教师应有"拿来主义"的精神和理念。鲁迅先生说："放出眼光，自己来拿。"尤其是新事物、新观点，无论对错、好坏，拿来再说。道理很简单：存在的就是合理的，但未必合情，更未必合乎真理；然后再辨别它、挑选它、学习它、尝试它。就课堂教学而言，教师一定不要随意、轻易甚至轻率地否定学生的劳动和创造性成果，哪怕再丑，也是学生自己的创造！哪怕再丑，也有亮点！我是语文教师，我和我的学生常常说："今后不要把自己写的文章叫'作文'，请叫'作品'，请看成是自己的孩子！因为那是你花了不少心血原创出来的东西，得视如宝贝好好珍惜。"

而胸怀小的人必常常抱怨生活，永远认为现实中的一切都是有问题的；他只记得他人之过，却记不起他人曾经的帮助。我曾经认识一位教师，论学历他全日制本科毕业，论智力似乎比我高，论教学水平也并不比我差，也曾经是骨干教师，但他有一个致命的缺点，那就是经常妒忌他人取得的进步，一旦他人有点失误，他就会抓住机会贬低他人，久而久之，就没有人听他的话了，现在他已"泯然众人矣"。

（三）课堂视界要大而广，远而高，还必得要有大气魄

大气魄即对自己有强烈的信心、有坚定的信念和坚强的毅力，无论何时何地都充满激情和活力，凡是认准的目标就会全力以赴想办法达成。

记得前几年我曾经参加一次全国性课堂教学研讨会。会上，一位来自甘肃的教师开口便自我介绍说"我来自欠发达地区……"话未说完，便被教授打断了："不要一说就来自欠发达地区，欠发达地区又怎么了？"很明显，教授的意思是不要这样矮化自我。回头看看当下的中、高考，尽管最终的话语权还在发达地区的少数人手里，但在信息化、加上言论相对自由的社会中，谁都似乎有话语权——谁都可能是专家、学者。那么，我可不可以这样理解：

在我的课堂上，在我的学生面前，我就是那位专家、学者，我在引领着我的学生；学生也是专家、学者——他们和我分享他们的发现、思考。

我的学生写了一篇关于我的散文，这里我有点自恋地和大家分享一下这篇文章的片段：

> 天气逐渐变得寒冷，冷风嗖嗖的。我突然想起了一个问题：老师的头会不会冷呢？会不会因此而感冒呢？后来，我听说"胖子"的世界不会冷，因为有脂肪保暖，老师也常说要注意身体健康，我放心了，因为心暖，话也暖和，老师不会感冒。老师的话也让我明白一个道理：如果不注意自己的身体健康，说什么都是屁话！命都没了，还拿什么拼命呢？
>
> 人生路上，且行且珍惜，多点感恩，常常谢谢所有对你好的人。所以，我要对那位谢顶男神说一声：谢谢！

一个五十来岁的老教师居然被学生称为"男神"，那也是极好的！本片段表达的是学生对老师的关心——天冷了，老师会不会感冒，表达的是对生命价值的积极唤醒和成长思考。我觉得从这个意义上说，我的教学是成功的。

因此，我想说的是，课堂要有效，是必须具备这三大品质的，只有这样，教师的视界才会显得阔大而深远。

◉ 问题之二：缺乏研究精神和习惯

我这里所说的"研究精神"，既是指教师对日常教学的反思、总结，调查研究教与学的效果、阅读经典图书、查证文献资料等具体行为，也是指热情地、有目标地基于教学问题并就此形成一个课题展开比较系统的研究工作的理念和行动。

一个有研究精神的教师，其学识一定渊博，视野一定开阔，谈吐一定风趣幽默，举止一定温文尔雅。对学生而言，其亲和力一定更强，因为学生特别钦佩这样的教师。

但现状是整个社会的浮躁之风已经严重影响并改变了教师本应该有的严谨治教之风：有一定经验的教师往往凭经验和感觉教学，中青年教师往往凭热情和为完成教材任务而教学，为什么？我认为就是缺乏研究精神：教师没有时间去研究；找不出问题来研究；不愿、不想去研究；更不知道怎样去研究。但可以肯定的是，一个缺乏研究精神的教师，一定和只会拼命做题却不注意反思总结，即使做再多的题目，学习力也不会有多大增长的学生一样，久而久之，他们就会变为一个胸无抱负、麻木机械、只把教育当成谋生的职业而不是事业、艺术来追求的人；学生也将反感甚至厌恶这样的教师，更谈不上有多少亲和力。

学生碰上这样的教师，可以肯定地说，是不幸的。

那么，如何培养教师的研究精神呢？

（一）积极投身到教育科研中去

当前，教师对教育科研存在认识偏差和畏难情绪两大误区。

认识偏差的表现是：认为教育科研"没有什么用"。尤其是当下中小学教师职称评定规定，农村教师淡化论文，不强调课题研究。我以为这实在是把双刃剑、一方面农村教师更容易评上中高级职称，是好事，但另一方面对农村中小学教师的专业发展要求降低了，无形中会拉大城市与农村教师的学识和能力的距离，使得农村学校的孩子与城市的孩子的距离因此也越来越大！所以，农村学校的教师，尤其是初出茅庐、充满朝气的教师，应当有研究的勇气，应当培养自己的研究精神！

其实，主持或参与教育科研是很有好处的。最大的好处就是实用、实惠，立即见效。因为课题研究要做得好，得写作论文、完成教学案例甚至撰写论著，而这些东西对评一级教师、高级教师、正高级教师，评需要硬件的各种"优秀""先进"包括特级教师、名师都是十分有用的。这些东西，对农村教师来说一定是作为重要的参考的，而对城市教师来说则可能就是必备的"硬件"。我有一位同事，当年她刚踩上高级教师资格线，按常理是被刷掉的对象，但那年她的一个课题成果刚好被评为省级二等奖，就凭这个成果她通

过了。

其次就是畏难情绪，这个情绪的出现仍然是认识偏差造成的，认为科研是高大上的东西，一个小百姓无能为力。殊不知课题其实就是问题，就是教育教学中产生的问题。只是这个问题有大有小而已，大的叫作大科研，小的叫作小科研。大科研做不来，那可以做小科研啊！当尝到甜头时，就会觉得科研其实也不难。

（二）课堂是教育研究和学习的最佳地点

广东省实验中学正高级教师、特级教师罗易在他的《墨谈》里说："教育是我的宗教，课堂是我的教堂。"他将"教育"作为宗教来追求，将"课堂"作为自己的研究和学习的最佳地点，我认为是很对的。举个例子来说，课堂教学要体现以学生为主体、教师为主导，设计课堂问题就成为最为重要的事情了。在我看来，设计课堂问题必须注意如下几点：

1.确立最近发展区（学生已有知识和水平到无论怎么努力都达不到的目标之间的那个区域）。

2.逆向设计问题（是归纳而不是演绎）。

3.寻找文本的契合点或联结点，并以此作为核心问题（寻找契合点，就是寻找作者内心世界和外物结合的触发点——要有生活、有外物；要有灵性，善于联想、思考，从外在事物中发现独特的意义）

4.能引发学生有兴趣（至少不拒绝）思考、发现、品味、感悟、探究甚至创造语文美（热闹与宁静）。

罗老师的教诲还告诉我们：要善于课后反思，并且将反思写成文字，也是非常重要的"科研"。这样的科研"成果"积累多了，也将能创作出一本"大书"。所以这里我有一个建议：建立一个文件夹，名字就叫"课堂教学反思"，勤奋的人可以每天记录一下自己当天教学的思考，字数不要多，300—500字即可，觉得任务太重的教师，建议每周反思一次，字数也不要多，500字即可。试想想，前者一周五天，按每学期20周计算，即100天，最少就会有30000字，后者也将有10000字！坚持五年，前者将达到300000万字，后者则也有100000字！那时，不是名师也会即将成为名师了！

但现实是，很多教师似乎真的忙于学校里的各种事务，似乎真的挤不出时间来学习或阅读。可是鲁迅先生说时间是挤出来的，对此我感受颇深：时间的确是挤出来的，就看你愿不愿、会不会"挤"。有一次，几位老师外出学习一周，闲暇时间聊天，我说："我已经写了近万字的学习感悟文章。"他们大吃一惊，本来我没觉得怎样，因为我外出学习有一个习惯，就是要求自己每天写 1000 字左右的反思文字。后来我想想，可能这就是我和一般人最大的区别：你只晓得听课记笔记，甚至只晓得拍拍照，我却重在反思、重在感悟并及时用文字记录自己的感悟，感悟积累多了，零散就成了整体，个别就成了系统，想法就成了思想。

（三）读好书、用好书是很实用、很有效的"研究"工作

什么书才叫"好书"？应该是优秀或经典的专业或非专业图书。我认为以下四类书教师应该时时阅读：一线优秀教师（包括特级教师、省级以上名教师、全国优秀教师）写的书；从事教育研究的大学教授或专家写的尤其是教育心理学方面的书；要求学生阅读的书；最新出版的名家或符合时代潮流的书。这些书不常阅读，教师将很难驾驭学生，甚至跟不上学生成长和发展的脚步。

对一个教师而言，用好书更重要。什么是"用好书"？我认为就是要善于从书中汲取对自己教学有用的部分，借鉴他人经验和成果为我所用，而不是剽窃、照搬他人的成果和经验，一句话：只可借鉴不可因袭。也即必须学会让公共知识内化为自己的个人知识，成为自己的东西，并能在教学中灵活应用，那样才算真正做到了"用好书"。

因此，可以肯定地说，有研究与研究习惯和精神的教师，他的课堂更吸引学生，没有别的，他的教学视野、思维视野和知识视野更广，更能调动起学生思考的热情。

◉ 问题之三：不了解、不掌握学情

2009 年，全世界有 65 个国家和地区参与了世界经济合作与发展组织（OECD）的 PISA（国际学生评估项目）测试。上海第一次加入这一测试。

2010年12月，测评结果揭晓，上海在阅读、数学、科学三个方面均排名全球第一，顿时成为世界各国关注的焦点。塔克因此写了一本书——《超越上海：美国应该如何建设世界顶尖的教育系统》。他认为，一个高素质的教师必须具备三方面的能力或素质：（1）拥有较高的一般性智力水平；（2）对所任教学科有很高的理解；（3）具备与学生接触并帮助他们理解所教内容的出色能力。

我无法断定一位教师的一般性智力水平如何，更何况人的智力水平是可能产生逆转的；我也不能否定"对所任教学科有很高的理解"很重要，因为这句话内涵就很丰富，比如，本学科的课程标准是一切教学和考试的行为准则，是最根本的依据，那么，对课程标准知道多少？理解了多少？理解到什么程度？掌握了多少？掌握到什么程度？能灵活应用多少？应用到什么程度？我更强调的是第三条。课堂教学要有效，必须较好地了解学生所有、所需、所缺，即了解学生、把握学情，做到既"胸中有书"（大多数教师做得很好），更"目中有人"（大多数教师做得很不好）。我一直认为，这是有效课堂最基本也是最重要的教学工作之一。

什么叫"目中有人"？教师要准确定位学生，把学生看成是：

（1）发展的人。教师要坚信学生具有巨大的发展潜能，坚信每一名学生都可以积极成长，都有培养前途，都可以获得成功，都是追求进步和完善的。

（2）独特的人。每一名学生都有自身的独特性，独特性意味着差异性，我们不仅要认识到学生的差异，而且要尊重学生的差异，因为差异不仅是教育的基础，而且是学生发展的前提，应视为一种财富而珍惜开发。成人与学生之间存在巨大差异：应当把成人看作成人，把学生看作学生。要善于给学生创造尽可能多的展现学生语文素养中的亮点的机会和舞台，让学生能拥有学习语文的成就感。

（3）具有独立意义的人。从本质上说，人最渴望的是自由，这是人的独立性决定的。课堂是自由的（没有权威），师生之间是平等的（相互抱团取暖），是有效课堂最为基本的条件。

什么是"胸中有书"？"书"应该包括课程标准、教科书、教参，相关研究论文及相关著作，生活与实践等。但有些教师是唯教科书是瞻的，由于只有"教科书"，教学的思维就跳不出教科书的框框，这种狭隘的思维导致课堂教学基本是预设而不是生成，是演绎而不是归纳。我一直主张课堂教学应尽量少预设多"生成"，尽量少演绎多归纳。原因只有一个：在课堂中，学生的知识量是动态变化的，尤其现在信息技术手段已经高度智能化，学生所接触的东西和知识未必比我们这些当教师的少，说不定什么时候学生就会冒出一个奇思妙想出来。

如何了解学生、把握学情？作为一般教师，最简单的做法是走近学生。那么，如何走近学生？

（一）利用零碎时间聊天

比如课后抽几分钟时间向不同类型的学生询问本节课老师的教学适不适应自己，哪些环节是多余、不用讲的。这样有利于了解教师的教学效果。还可以抽空和学生聊聊上课以外的东西，学生会觉得老师原来不只会教书，老师也很随性，亲和力自然增加不少。

（二）开展课堂教学问卷调查

这也是了解学情最为重要的途径之一。问卷调查首先应当明确调查的目的、主题和内容；其次，确定调查对象，包括范围、性别、百分比等；第三，问卷设计，设计问卷必须围绕调查目的、主题和内容，尽量体现全面性、科学性、代表性和针对性，问题的设计要具体明确、通俗易懂，也要注意问题的单一性，避免重复交叉；第四，回收时注意区分有效问卷与无效问卷。第五，调查报告必须依据事实和数据展开实事求是的分析和判断，不可拔高也不可压低，才能为教育教学提供准确而科学的依据。

（三）召开学生座谈会或一对一交流活动

召集学生一起探讨一下课堂教学问题，或者和学生一对一探讨。个人觉得，如果教师可以能放低身段，以平等、信任的姿态对待学生，学生也一定会感知得到，进而真诚地和教师探讨教和学的问题。尤其对思维不敏捷而踏实和不敏捷而不踏实两种类型的学生而言，这两类学生平时和老师的交流就

比较少，甚至没有交流，现在教师主动和他们谈起学习问题，他们往往会自由大胆地表达自己的见解，提出自己的问题或困惑点，甚至比较没有顾忌地说出他们的真知灼见。

（四）从学生在课堂教学中的表现发现学情

这是最有效的方式。教学是否调动起了学生的学习兴趣、学生是否学有所得，就看学生是否积极参与并跟着教师的教学节奏去思考、发现、主动探究问题。如果学生的脸色是阳光灿烂而不是愁眉苦脸甚至只想在课堂睡觉，那可以断定，这样的教学是符合学生的学情的，是很高效的课堂教学。

重庆教育学院杨旭红老师说："亲人之间是有磁场的，"我则认为，相处融洽的师生之间也一定会产生磁场。尤其当教师能经常关注到学生时，磁场的吸引力会越来越强大。教师教学的一言一行甚至一个眼神，学生其实都能感受到，并且会对学生产生深远的影响。当然，如果教师的言行举止给学生的是负面暗示，那么，学生就会慢慢地变成像教师一样的人，负面的人在一起会有什么样的局面出现呢？如果教师经常抱怨生活、随意批评学生甚至放大学生的不足，看不到学生的亮点却对学生的不足了如指掌，学生就不会亲近教师，因为他们已经获得习得性印象——老师总是会批评我的。一旦有了这样的印象，课堂教学想要达到理想的境界，几乎是不可能的。

因此，课堂教学要有效，必以掌握学情为上。

◉ 问题之四：学生学习往往是被动甚至是被迫的

被动、被迫的反义词是主动、自觉。主动、自觉、自愿是我特别提倡的学习习惯。"主动"是关键，没有主动性的人，一般无法做到自觉、自愿地学习，更不能自律，一旦诱惑大了，是抵挡不住的。现在好些学生为什么会有网瘾，原因大概都是如此。

那么，什么是"主动学习"？简单地说，不是他人督促而是主动、自觉、自愿地求知、探索的行动和习惯。

在实际教学中，尤其是在青年教师中，很多人常常认为："如果我不讲，学生就不会。"于是什么都想讲，什么都想灌输给学生，偶尔落下一点，都感觉自己的课怎么如此不成功。事实上，在教育信息化的今天，学生获取知识的途径早已不止教师这一个途径，只要教师愿意给学生机会和平台，学生学得可能比教师更快、更全面。道理很简单，家长更有文化和知识水平了，图书馆更开放和丰富了，现在"智慧图书馆""智慧教室"都已经遍地开花了！所以，当下课堂教学的重点已经不是知识的教学，而是学生面对各种情境如何提出问题、分析问题、解决问题的教学，是如何做人做事的教学！所以，教学就更强调归纳而不是演绎——先呈现问题（设置情境），再进行分析、尝试解决问题，最后得出结论或规律性的东西。举一个例子，要想让学生掌握评论的写法，通常的方式方法是先讲解评论的写法，再请学生写作评论，最后教师点评、学生反思总结，获得写作评论的经验，这就是演绎教学。而归纳法则往往先给学生一定量的例文，要求学生根据提供的例文归纳出评论的基本写法和规律，然后应用自己得出的结论写作评论，再给老师和同学评改，最终获得写作评论的经验，这叫归纳法。

那么，出现这些现象的原因是什么？我认为主要有以下几点：

（一）不明白学生来学校的目的是什么，不明了课堂教学的宗旨是什么

个人认为来学校的目的是因为学生不能、不会，所以他们才要来学校学习的。"学习"包含两部分："学"和"习"。"学"，就是聆听教师的教诲、传授；"习"，就是给平台、给机会让学生自己尝试、实习、练习。如今只给了学生"学"的机会和平台，却吝啬地甚至没有给学生"习"的机会和平台。所以，我们还是得实行鲁迅的"拿来主义"，只是它的主角必须是"学生"，让学生自己主动去拿，而不是教师给！

我认为，课堂教学的核心应该是启迪学生的心智、唤醒学生沉睡的思想和灵魂，是和学生一道享受生命的灿烂的过程的，绝不是让学生尽量装下你教师"教给"的东西。古希腊普罗塔戈说得好："头脑不是一个要被填满的容器，而是一束需被点燃的火把。"孔子说得更直截了当："君子不器。"所以，在课堂教学中，就应当尽可能地为学生提供各种实践与实验的机会和条件、环境，给学生多一点展现个性力量的时间和空间。鼓励学生相信自己、激励学生自己动手、自己思考，提倡学生进行合作探究，让学生在动手、思考、

合作探究的过程中锻炼思维能力，形成健康的态度与价值观。一旦学生知道了什么样的任务应用什么样的方式方法，主动学习的习惯就会逐渐养成。

（二）不重视学习金字塔理论的应用

这里我引用广东省娄红玉老师的广州市教育科学 2019 年度重点课题"初中语文项目式写作的创新与实践"研究成果对学习金字塔理论做一个深入说明。

一、项目写作活动设计

八上第二单元的作文训练是学写传记，传记是对人物生平进行系统记述的文章。学写传记的意义在于通过学写传记，引导学生认识他人，思考人生，提升人生境界。"为家族人物立传"项目写作设计了一个真实、具体的写作情境，以"如何记录家族人物"为驱动问题，引导学生从最贴身的历史——家族发展史入手，关注并记载家族发展、变迁过程中的人和事，汲取其中的精神能量。指导学生用写作链接生活、社会，完成采访、记录、提炼、写作、宣传等活动，实现跨单元、跨情境、跨学科的知识能力迁移；实现以学生为主体的整体性、综合性、实践性的写作能力的循环提升。

项目名称：为家族人物立传

驱动问题：如何记录家族人物

项目综述：（略）

写作目标：学写传记

21 世纪技能训练：学会与人沟通、交流与合作；学会搜集、筛选信息；运用集体智慧，解决问题，完成任务。

主要成果：思维导图、家族故事单、访谈观察记录表、学写传记写作训练、制作有声书。

二、项目写作活动实施过程

任务一：制作思维导图

师生交流常用的思维导图种类及使用方法，学生运用思维导图列出家族人物关系图，根据自己的了解或父母、长辈的介绍，记录家族人物大事及性格特点。

任务二：家庭故事会

学生翻看家族旧相册，找出几张感兴趣的照片，让父母讲一讲照片中的故事，人物的个性特点。还可以通过书信、家庭大事记载等侧面了解，记录信息。

任务三：人物访谈

师生分享与家族亲人的访谈经验，学生与家族亲人交流，进一步了解他（她）的生活经历，详细记录关于他(她)的重要事件及言行细节。

任务四：学写传记

教师利用两节课指导学生进行写作训练：学写传记。学生根据故事记录单、访谈记录等素材，在教师指导、同伴交流下，依据评价量表，结合等级样文，提炼人物传记的写作内容和写作方法，对家族人物传记作文进行修改。

任务五：录制有声书

根据家族人物传记录制人物故事有声书，设计封面人物像，把有声书上传喜马拉雅，同学间互相交流；推送微信号等进行宣传。

任务六：成果分享

学生结合评分标准、等级样文对本次作文进行自评、他评。教师进行二次评改，对不达标者个别交流。教师搜集优秀作文或片段，在课室黑板报展览；编辑班刊印发给同学交流；推送微信公众号、QQ群宣传；推荐优秀文章发表。进行同学、老师、家长、朋友间的多元交流，多重分享。

之前我们说过，这种以项目式设计教学，我把它叫作"任务套餐"。这种说法还比较抽象，下面我们继续以她的"项目写作课堂"教学为例做阐述：

三、项目写作课堂

学写传记

教学目标

（一）学会选择典型事例表现人物个性特点。

（二）在真实的基础上合理发挥想象，适当描写，增强传记的生动性。

教学过程

（一）创设情境，激发兴趣

活动一：我可以写什么？

（二）梳理分类，训练思维

活动二：我最好写什么？

（三）读写结合，提供支架

活动三：我可以怎么写？

（四）例文修改，提炼方法

活动四：我为什么要这么写？

（五）丰富资源，写作展台

活动五：我会怎么改？

娄红玉老师的设计，体现了学生为主体——"我"，都是"我"字打头，无形中提振了学生的自信心和勇气，暗示学生必须自己去解决问题。因此，课堂教学并不要求教师一定把课堂当成自己的表演场，但必须记得要给学生一定的时间自我思考、消化，学生才能及时将课堂上讲的东西内化为自己的东西。

总之，可以肯定地说，课堂教学要有效，最关键的是看教学是否调动起了学生主动学习的兴趣和欲望，使学生有所启发，并跃跃欲试。换句话说，学习是学生自己的事情；学习必须发生在学生身上；学习必须按照学生的方式进行！

● 问题之五：忽视甚至不讲语言艺术

什么状态下课堂教学的效能最高呢？根据西南大学于泽元副教授的研究，调动起学生自主学习的热情时课堂教学的效能最高。那么，如何调动起学生自主学习的热情？牵涉的面很广、要考虑的因素也很多，这里我只强调一点：教师必须讲一点语言艺术，这也是课程标准里强调的，尤其应该多应用戏剧语言，所以，语文教师是需要具备一点戏剧才能的。

所谓"戏剧语言"，即人物语言和舞台说明，其作用都是在有限的时间（一两个小时）和空间（一个舞台几个背景）里推动故事情节的发展，表现人物性格和思想感情，吸引观众的眼球。比如《雷雨》，要在规定的时空里，展现三十年、两代人的爱恨情仇的悲剧，调动起观众的共鸣，如果采用小说语言，能达到这样的效果吗？

课堂教学中的戏剧语言的表现方式和作用有三个方面，下面做简要阐述。

（一）更善于吸引学生的注意力和兴趣

学生的注意力和兴趣一来，更能以积极的态度参与到课堂教学中去。我还是列举一些例子加以说明吧。一次，在高速路上看到这样的警示语：爱妻爱子爱家庭，忽视安全等于零；医院很远，请注意安全驾驶。其实它们表达的意思只有一个：请安全驾驶。但这样的表达，恰好都给驾驶员一个特别温馨、暖心的提示，让驾驶员不由自主地提起精神，集中注意力专心驾驶，以注意避免各种安全风险的发生。

这样的例子还有很多，比如今年六月份我去重庆看到一些广告宣传语：重庆机场广告语："川剧变脸，变脸不变心。"这种对比式的表达既宣传了川剧的变脸艺术，又表白了自己是以诚信为本的，一箭双雕啊；武隆游客中心的夜宴店广告语："一般般的我，一般般的拽，一般般的堂客老子甩都不甩。"这种幽默的表达讲的是来这里的人都是非一般的人，想必游客看了心里也是美滋滋的。这些亮眼的广告语是很能吸引住人的眼球的。

生活中许许多多的例子都告诉我们：一个幽默、富有情感、善于调动起

热情的教师是最受学生欢迎的，也是最容易达到"亲其师，信其道"的效果的。因此，戏剧语言的应用首先重在运用幽默诙谐、富有情感的口语，包括适度夸张而合适的肢体语言等表达形式吸引学生的学习注意力，唤醒学生的求知欲，触发学生的学习兴奋点和兴趣点，并努力让学生保持这样的状态，让学生心甘情愿、自觉自愿地去学习、去体验、去感悟、去探究。

（二）更能迅速收拢学生的心

心收拢后的学生更能专注、主动积极地跟着教师思考并引发自己的深入思考。如导读朱自清的《荷塘月色》，一般都以分析描写为教学重点，但我并没有过多讲朱自清笔下的荷塘美景，而是抛出了余光中先生对朱自清笔下美景技巧的评价。余光中认为比喻用得太多了，而且有些还不太恰当，如将荷花比作"明珠""星星""刚出浴的美人"，做了一点阐释后问学生的理解，很多学生认同这一观点。但是有的学生并不认同这种看法，不同看法里也有两种意见，一种认为前两个比喻是恰当的，因为荷花是放在整个荷塘里的，它有一个特定的背景，因此说荷花是"明珠""星星"是有其相似点的，第三个比喻则似乎还真的找不到相似点。不过也有学生认为一个美人从水里出浴，不正和荷花开放在荷叶丛中一样吗？更绝的是，有学生课后还提出了另外两个问题：为什么是"碧天里的星星"？为什么余光中说朱自清和钱钟书后再无散文大家直到余秋雨出现？

因此，教师应预先关注并抓准引发学生思考的兴奋点，预设学生可能出现的各种问题。我也听过一节同课异构课，两位教师讲授 PPT 中如何插入图片，一位教师一上课直接就开始讲解如何插入图片，然后要求学生根据教师的讲解尝试一次，看看能否掌握。另一位教师则先放一段 PPT，然后打住话头问学生："你们知道这些图片是怎样插入课件的吗？大家想不想试试？"这连续的两个问题一下子就吸引住了学生的兴趣，学生开始全神贯注、跃跃欲试。你看，前后两位教师的课堂语言不同，产生的效率天壤之别就不足为奇了。

（三）更能展现辩证思维和逻辑思维

这两种思维正是新课程标准特别强调的。提出这个观点，是我从重庆七中地理教研组长陈老师的观点中得到的启示。陈老师说："理性的地理，要用感性的、唯美的语言表达。"他是这样说的也是这样做的，比如教学用的地图是他手绘的，这种身体力行的戏剧语言比讲解一百遍还更让学生震撼！他还让学生为摄影图片配诗："我知道，凡是美丽的总不肯，也不会为谁停留""一颗孤芳自赏的星星只是美丽，一片互相依持着而璀璨的星空才是灿烂""我本是背斜，为了靠近你，我成了谷地，你却变成了山"。学生不仅欣赏到精美的图片，而且不知不觉成为了诗人。这种戏剧性的教学语言学生当然会爱上他的地理课啦！他因此成为重庆市地理学科的标杆也就不足为奇了——市里愿意花 200 万专门为他打造他的地理展示厅。

总之，课堂教学的语言必须讲究一点语言艺术，这是实现课堂教学效益最大化的重要手段。

西南大学李大圣教授说："高质量的学习，必须变革教学关系，而教学关系变革的着力点是：把时间还给学生，把方法教给学生；重视学生内在学习动力的激发，重视学生关键能力的培养。"我想，我的对有效课堂教学的思考正好体现了这一思想。我把它归纳为"有效课堂教学教师必须具备的五大素养"——有大视界；有研究习惯和精神；有掌握学情的习惯和能力；有调动学生主动学习的能力；有较强的课堂语言表达的能力。

我也将它作为总结语，希望能够引发大家更多、更深的思考，从而更好地履行教师作为教师的职责和义务。

（本文原载《融合：自媒体与专题读写》，也是为嘉应学院卓越教师人才培养班学生、广东省柯泽华名教师工作室、本工作室和梅州市范宝承名教师工作室学员而做的讲学报告，有删改。）

阳光教学思想之五：
"三新"视域下的语文教学与设计

换作以前，教学人教版必修五第三单元（议论文）我是不需要再备课的。但我和高二年级语文备课组的五位同事却真的费了很多功夫：我拿出了教学设计的第一稿，但最后的定稿却是经过备课组不下 5 次讨论、修改、补充才最终完成的。这就是我们的"战利品"：

任务一：速读三篇文章(23 分钟)，完成下面表格中的 1—3 项（第 4 项请在所有任务完成之后再填写）。

	1 论点	2 论证的结构	3 论证的方法	3 印象最深的句子或片段	4 你的收获
咬文嚼字(朱光潜)					
说"木叶"(林庚)					
谈中国诗(钱钟书)					

任务二：请从内容和形式上比较曹操的《观沧海》和普希金的《致大海》(附后)。要求：写成一篇 150—200 字的短文（写在作文本上）。

任务三：在《谈"木叶"》和《谈中国诗》中都提到中国诗歌具有"暗示性"，请根据你的理解，列表并举例说明中国诗歌常见的暗示性体现在哪些方面？

任务四：《咬文嚼字》研讨与练习一。

任务五：采取抽签的方式，每个读书小组负责一组诗词，进行赏析，写一篇不少于 600 字的文学评论（准备开展"古代诗歌欣赏"读书分享会之用）。（教师集体讨论，从《中国古代诗歌散文欣赏》

第一、第二单元"自主赏析"和"推荐作品"中提供的诗词里选取
十组诗词供学生抽签。)

大家看看，这个教学设计和我们常见的教学设计相比，是不是有很大的
不同？

事实上，走过这个单元乃至这个学期的教学设计和实践之路，我们收获
多多，感触更多，限于时间关系，我只能选取几个重要的"点"和各位分享
在新课标、新高考、新教材视域下的教学体会。

一、厘清基本概念，积极内化为自己的教学理念

厘清，意即搜集、梳理、筛选、整合、归纳分类。这是一个语文教师的
必备能力，也是要教给学生的必备学习技能。比如，我每个学期或学年都要
求学生将自己的作文编写成一本作文自选集，要求完成"四个一"——设计
一个封面、拟写一个集子的名称、写一篇序言、编写一个目录。这个活动是
一箭"多"雕的，涉及了设计的、编辑的、绘画的、作序的、概述的、梳理
的、分类的等等至少七种能力。

关于厘清概念，我多说一个实例。现在提倡整本书阅读，根据"学习任
务群"的概念，我提出了整本书阅读必须完成一个"读写任务套餐"。"套餐"
内容前文已经有所介绍。

关于这个"套餐"，我想说明两点：

（1）读书笔记需满足三个要求：准备一本精致的笔记本，用来做读书笔
记；根据读书笔记的任务要求分门别类；逐步学会自问自答。其中"学会自
问自答"是深度学习的最高境界。

（2）需要教师发现做得优秀的读书笔记，并拿这些优秀的读书笔记不断
地做示范。示范的过程不仅是为了表扬部分学生，更重要的是帮助学生矫正
错误，引导更多学生学会如何做好读书笔记，学会如何理解、鉴赏、评价所
阅读的作品，学会如何创造性地创作出自己的作品。实践表明，指导过程至
少需要一个学期，学生才能形成相对固定的习惯。不过，一个学期过后如果
不再继续，学生大多可能也就慢慢会失去这个能力和习惯。

那么，如何厘清概念呢？我认为，就当下教育发展看，一线教师通过研读，必须熟习的纲领性文件主要有《普通高中语文课程标准（2017年版2020年修订）》《中国高考评价体系》及其"说明"；通过研读，必须认真领会的文件主要有国家和省级教育考试部门发布的有关解读文章、说明（注意，那些所谓的名师解读还不是最权威的）等。可以这样说，什么时候对这两个方面的文件做到了如指掌、融会贯通，那么就算真的厘清了当下语文教学的"概念"了。下面我主要谈谈两个纲领性文件中的几个关键概念。

（一）《中国高考评价体系》的关键概念

1. 关键词之一：立德树人

这和"核心价值"正相关。就语文教学而言，个人觉得要重视从三条途径进行立德树人：其一是弘扬中华优秀传统和革命文化，如成语故事、文字故事、革命家故事等；其二是弘扬社会正能量，树立正气；其三是剖析社会现实问题，引领学生树立正确的是非美丑观。2021年高考作文题的材料就来自毛泽东同志对体育的一段论述，阐述了体育之效和身体素质的强弱转化，其目的很明确：选材来自伟大的革命家，选取的材料既切中教育实际，所揭示的哲理又特别具有时代意义。

2. 关键词之二："引导教学"和"服务选才"

《中国高考评价体系》中在回答"为什么考"的问题时是这样表述的："立德树人、服务选才、引导教学"（简称"一核"）。这里的容量和内涵很大、很多，一线教师最关注的可能是第三点：引导教学。因为这样表述意味着第一次在国家层面告诉基础教育工作者：考什么就要教什么，考什么就学什么！换句通俗的话就是：高考是教学的指挥棒！至于"服务选才"可能就没有关注到。其实这一条忽略不得，因为高考本来就是选拔性考试，承担着为国选才的重任，因此，它就必然要考虑到高等学校需要考生具备什么样的知识和能力，具备什么样的思想道德素养。可以设想，命题专家更多的应该是基础教育的专家和全才，他们通晓基础教育，也知道高等学校需要什么样的人才。所以，现在的高考已经越来越难通过刷题、套路和死记硬背这三种途径获得高分了。这就要求我们必须不断思考：高考要引导的教学是什么样子的？高考要选拔什么样的人才？这两个问题想通了，我们的基础教育就会有更强的针对性和实效性。

3. 关键词之三："核心价值和学科素养、关键能力和必备知识"

这是高考考查内容的四个层面。这四个层面的内涵和容量很大，可以写成一本书。比如"核心价值和学科素养"都是有二级指标而且有具体的内涵或表现描述的，那么，体现在高考中会怎样命题？又如何答题？2021年我们在备考中就对"核心价值"在写作上做了分类，但遗憾的是没有做更细化的要求。我和饶碧玉老师都认为现在我们的教学是必须明确告知学生哪些知识是必须掌握的，需要掌握到什么样的程度，哪些知识是必须学会应用的，能够应用到哪些领域。

关于"关键能力"，张开认为："语文关键能力是语文学科外显功能的集中体现，是落实命题立意的平台和中枢；是可以通过'做题'来检测或推断学生应对复杂情境，解决非规则、不确定性真实问题的'做事'能力。"语文关键能力体现在阅读能力和表达能力两个方面，呈现如下分类和层级：

语文关键能力

阅读能力			表能力	
信息性阅读能力	文学性阅读能力	古代诗文阅读能力	语言策略与技能	写作能力
在熟悉论述性文本和实用性文本的主要文类及其基本特征、体式惯侧的基础上，能整体感知文本，把握文本的主要概念、观点、方法等关键信息，分析评价观点和材料的关系、主要信息和次要信息的关系；能评价文本的主要观点和基本倾向；能评估作者的写作意图、读者意识和信息来源，评价文本的社会价值和现实意义，有理有据地评判文中观点，发展新的观点，或呈现更客观的事实；能在不同文本的信息之间建立联系，分析比较多个文本在内容、材料、观点、表达方式和价值倾向等方面的异同，对有炎问题形成更全面的认识，能够提出值得进一步探究的问题等。	能在积极主动的阅读中，感受、想象、体验作品呈现的社会生活和情感世界；在领悟作品表达的感情、思想和观念的基础上，充分调动生活经验和知识积累，进行审美鉴赏和审美评价；对常见文学类作品的基本特征、一般体例和主要表现手法有所掌握，了解文学史常识和文学创作一般规律的基础上，对文本艺术创新的主题意向、思想蕴涵能有所领悟并展开联想，对作品的表达效果和思想艺术价值做出合理分析与评价；对文本建构和文本理解所涉及的复杂因素，前者如作者倾向与意图、作品语言与形式，后者如读者立场、阅读取向、欣赏角度、评价标准等，具有一定的认识，并能够从不同角度和层面发掘文本反映的人生价值和时代精神。	熟悉掌握常用文言实词、虚词及古汉语词类活用的一般规则和常见的特殊句式，能准确理喺文意，正确标点古代诗文，并能将古代诗文准确地翻译为现代汉语的规范表达。	熟悉国家通州语言文字中常用规范字的字音、字义和字形；掌握基本的语法规范和标点符号用法、语篇衔接的常用手段，以及常用的语用规则、修辞手段；能根据具体的交际对象、交际目的和交际情景，正确地遣词造句，准确地表情达意，有效完成交际任务。	熟悉各种实用文体和文学体裁的特征及写作常识，掌握写作的基本规律，能根据写作的具体情境和要求，正确选用文体、语体，灵活使用语言文字和各种表达手段，构造完整语篇；掌握记叙、议论、说明、描写、抒情等基本表达能力，能按语篇功能和写作目的，综合而灵活地运用多种表达方式，符合文体和语体的要求。

（本图片来自倪文尖、张开《基于高考评价体系的语文考试内容改革设计》）

这也是新高考试卷的考查内容和结构。

在信息性阅读中，梳理、筛选、整合、分析和理解的信息处理能力是考查的重点；在文学类文本阅读中，审美鉴赏和审美评价是关键；在古诗词阅读中，应当熟练掌握基本知识（如文言实虚词、句式等）的一般规则，正确标点古诗文，并"能准确理解文意"即可（包括新高考的简答题，其实都是考查这一点）；阅读能力一直是高考语文的考查重点，信息时代对阅读能力的要求发生变化，因此高考语文的关键能力之一——阅读能力也相应要由注重精读转向强调精读、泛读等各种阅读策略的灵活运用，由注重文本内容理解接受能力转向侧重对文本传递的各类信息的审视阐释能力。而在"表达能力"上，最新的阐述是"能根据写作的具体情境和要求，正确选用文体、语体"。这更多地体现在"语言应用"的考查中，关于写作，2021年广东参加的新高考似乎和去年的一样，并没有强调作文情境，有人认为这是作文考查的回归——更重视语言建构与运用、思维发展与提升。我认为这个说法不一定准确，但方向一定正确——现在很多人不会说话、有话也不会好好说、有理也说不清楚！凡此种种，可以肯定的一点是：在高中语文教学中落实和突破"关键能力"是学生高考获得优良成绩的关键，因此，应当将此作为教学的首要目标。

4. 关键词之四：情境

"情境"（注意不是学习氛围）是高考考查的载体，也是设计学习任务、学习问题的基本要求。它强调学科素养和关键能力的培养，强调融会贯通、学以致用和创新意识与创新思维的培养。因此，在教学设计时，就要根据高考体系和课程标准的要求：一要设置"合适"的"情境"，包括个人体验、学科认知、社会生活三种情境；二要有典型的任务，为评价学生核心素养而选取的具有代表性的实践活动；三要有可视的标准，需要有评分细则而不能以"言之成理即可"替代。使教和学真正实现从"解题"向"解决问题"、由"做题"向"做人做事"的转变。

（二）《普通高中语文课程标准》（2017年版2020年修订）的关键概念

1. 关键词之一：审美意识、情趣和品位

我认为，语文教育的核心是引领学生感悟语文文字之美！基于这一点，结合我 30 多年的语文实践与研究，我提出了"二自语文"的教育理念：让我们自由、自主地感悟语之趣、文之味。对照课程标准，自我感觉这个理念没有过时，这部分前文已有详细论述。

2. 关键词之二：思维与思维品质

根据课程标准关于学科核心素养的表述，语文思维包括直觉思维、形象思维、逻辑思维、辩证思维和创造思维；思维品质包括深刻性、敏捷性、灵活性、批判性和独创性。其中，创新思维的重要特征在《中国高考评价体系》中表述为"发散思维、逆向思维、批判性思维等思维品质"。这里我谈一下大家特别容易忽略的"直觉思维"。

直觉思维也称非逻辑思维，它没有完整的分析过程与逻辑程序，而是依靠灵感或顿悟迅速理解并做出判断和结论的思维。这是一种直接的领悟性的思维，具有直接性、敏捷性、简缩性、跳跃性等特点，可以认为它是逻辑思维的凝聚或简缩。关键特征是对问题的"灵感"或"顿悟"。它的作用是帮助人们迅速做出优化选择；帮助人们做出创造性的预见。这对应试和对人对事迅速反应、判断至关重要。

培养学生直觉思维和概括归纳能力的重要方法是：速读训练和应用表格或思维导图对文本各类信息进行梳理、整合、归纳。这也是学生阅读能力强的标志之一。因此，教给学生用表格或思维导图进行梳理归纳和概括，并由此对学生的学习过程和效果进行评价，是一件看似简单实则重要的学习任务。例如，有一个单元的教学设计就设计了两张"学习反思表"，其一，粗读课文，对课文各要素有一个基本了解，实质是训练直觉思维；其二，读写任务完成后，对学习效果做总体评价，实质是训练反思总结能力。这两张阅读表其实是"文学阅读与写作"教学通用的（内容略微不同）。大家可以借鉴应用。

粗浅阅读——学习反思表 1

文本标题及作者	人物及其关系	主要人物的结局	初读感受	初读收获
祝福（鲁迅）				
林教头风雪山神庙（罗贯中）				

续表

文本标题及作者	人物及其关系	主要人物的结局	初读感受	初读收获
装在套子里的人（契诃夫）				
促织（蒲松龄）				
变形记（卡夫卡）				

读写任务完成——学习反思表2

学习环节	学习思考	收获	困惑
环节一			
环节二			
环节三			
环节四			
终结性学习自我评价	请如实自我回答下面相关问题： 1. 你对你的学习满意吗？ 2. 你对你展示自己的知识和技能感到满意吗？ 3. 你的工作与评估量表上的期望值相比如何？ 4. 你对任务的哪些部分最满意？ 5. 你在这项任务上的工作与你的学习有多密切的关系？ 6. 你所使用的策略是否有效地帮助你达成目标？ 7. 从1到10分，你如何评价自己的努力？ 8. 如果你再做一遍，你会怎么改进呢？ 9. 单元学习后你有哪些新的发现、认识和感受？ 10. 你觉得教师的教学最成功和最失败的一点分别是什么？应该如何改进？		

3. 关键词之三：学习任务群

这个"任务群"不是"教学"的，而是"学习"的。换句话说，它的实施主体发生了变化：不是教学者（主要指教师），而是学习者（包括学生、教师，甚至家长和其他与学习相关的人）。

就统编教材而言，它是根据课程标准来编写的，但在试用和修改的过程中，一定同时考虑了《中国高考评价体系》，尤其是体系所阐述的"考查内容"，这样就将"学—教—考"进行了"全面契合"，成为一个整体。所以，2020年统编教材正式推广使用，也有改动之处：单元顺序有调整、整本书阅读数量减少、背诵默写篇目缩减等等。

新教材结构最大的改变是：扭转了过去按照知识体系对学科知识逐点解释、学科技能逐项训练的简单线性排列的模式，采用"学习任务群"的模式，紧扣关键能力、必备品格和正确的价值观来组成单元。

什么是"学习任务群"：

从祖国语文的特点和高中生学习语文的规律出发，以语文学科核心素养为纲，以学生的语文实践为主线，设计"语文学习任务群"。"语文学习任务群"以任务为导向，以学习项目为载体，整合学习情境、学习内容、学习方法和学习资源，引导学生在运用语言的过程中提升语文素养。若干学习项目组成学习任务群。学习任务所涉及的语言学习素材与运用范例、语文实践的话题与情境、语体与文体等，覆盖历来语文课程所包含的古今"实用类""文学类""论述类"等基本语篇类型。学习任务群的设计着眼于培养语言文字运用基础能力，充分顾及问题导向、跨文化、自主合作、个性化、创造性等因素，并关注语言文字运用的新现象和跨媒介运用的新特点。

这段表述至少告诉我们如下 4 个信息：

（1）"学习任务群"设计的依据。

（2）"学习任务群"的定义。（此点最为重要）

（3）"学习任务群"的内容。

（4）"学习任务群"设计的目标和相关要素。

课程标准中设置了 18 个"学习任务群"。但在高一、高二的必修、选择性必修中只安排了 13 个"学习任务群"。每一个"学习任务群"都确定了学习总体目标和课程安排，规定了"学习目标与内容"，还对开展教学活动做了"教学提示"。

这里以"文学阅读与写作"为例来说吧：

（1）运用专题阅读、比较阅读等方式，设置阅读情境，激发学生阅读兴趣，引导学生阅读、鉴赏、探究与写作。

（2）文学作品的阅读与写作应以学生自主阅读、讨论、写作、交流为主。应结合作品的学习和写作实践，由学生自主梳理探究，使所学的文学知识结构化。

（3）教师应向学生提供有效的学习支持。如做好问题设计，提供阅读策略指导，适时组织经验分享和成果交流活动；在学习过程中进行指导点拨，组织并平等参与问题讨论；引导学生制订阅读计划，并要求阅读一定数量的经典文学作品，包括反映党领导人民进行革命、建设、改革伟大历程的作品，关心当代文学生活；鼓励和引导学生自主组织、举办诗歌朗诵会、读书报告会、话剧表演等活动，丰富学生的审美体验；创造更多展示交流学生作品的机会或平台，激发学生文学创作的成就感；引导学生进行自我反思性评价，为学生提供观察记录表、等级量表等自评互评的工具，促进学生不断进步。

这三段文字，第一点明确的是教学的方式方法，强调阅读教学的方式方法和教师的"引导"作用；第二点阐述的是学习的方式方法，强调的是"自主"；第三点谈的是引导的方式方法，重在问题设计与讨论、计划与反思评价、活动与展示交流，使学生激发起或保持学习的兴趣，进而促进学生素养和核心能力的提升。

我曾经在多个场合说过，只要能够落实课程标准中的这些目标、任务和方法，教学和高考一定可以双丰收！

4.关键词之四：学业质量要求

由于高中生基本都是奔高考而来的，加上如今国家都鼓励"教""学""考"一体化，所以，在设计问题的时候，一般应该以高考的要求和标准来设计。具体而言，就是要体现课程标准中关于学业质量第3、第4等级的要求，如"文学阅读与写作"，其要求如下：

等级	质量描述
3—3	喜欢欣赏文学作品，借助联想和想象丰富自己对文学作品的体验和感受，能品味语言，感受语言的美；能运用多种形式表达自己的体验和感受；能对具体作品做出评论。在鉴赏中，能坚持正确的价值观，体现高雅的审美追求。
4—3	在鉴赏活动中，能结合作品的具体内容，阐释作品的情感、形象、主题和思想内涵，能对作品的表现手法做出自己的评论。能比较两个以上的文学作品在主题、表现形式、作品风格上的异同，能对同一个文学作品的不同阐释提出自己的看法或质疑。喜欢尝试用不同的语言表现形式表达自己的思想和情感，尝试创作文学作品。在文学鉴赏和语言表达中，追求正确的价值观、高尚的审美情趣和审美品位。

值得提醒的是，评价体系和课程标准中的很多概念提法一致，除了表明高度契合、一脉相承外，就是做了综合考量，使二者成为一体。而且，这些概念的东西归根到底是"躺平在那里的知识"。凡是如是知识，都必须通过不断的尝试内化为自己的东西才有价值！下面我着重谈谈"三新视域"下如何开展语文教学活动的问题。

二、"三新"视域下如何设计并开展语文教学活动

（一）站位要高

1.站位高，即教学和设计要有系统、整体的课程观和教学观

从课程的角度上说，系统观和整体观就是要求教师全面梳理、明确课程标准中各"学习任务群"和它所规定的"学习目标与内容"以及"教学提示"中提示的教学方式方法。个人觉得"教学提示"对一线教师如何开展课堂教学具有极强的指导意义。

从教学的角度而言，系统观和整体观指的是教师能以全面、系统的眼光认识和理解整个高中阶段各类"学习任务群"（包括必修和选择性必修教材）的教材文本和相关内容。站在这个位置考虑教学设计，既看得到课程标准，又看得到教材文本、看得到编写者及其编写意图，更看得到高考、大学乃至未来学生的模样——加上一个"我"，这就是我们教学设计必须考虑的五大要素，教学设计就能做到全面而踏实、有趣而新颖。

这里我们以"文学阅读与写作"为例谈谈这个问题。

高一必修系列按照"人文主题"来构建单元体系，编为 7 个任务群 16 个

单元。其中"文学阅读与写作""学习任务群"共 5 个单元，占 31.25%。可见语文教学是很注重文学阅读和写作的，它体现在高考试卷中的"文学类文本阅读"是 16 分，占全卷分数的 10.67%。

高二选择性必修教材则按"专题研习"来构建单元体系，共安排 6 个任务群 12 个单元。其中文学类 3 个"学习任务群"共 5 个单元，占 41.67%，占比高了，说明文学阅读与写作素养和能力的培养特别重要。

编写者的设计如下：

序号	单元	人文主题	课文篇目
1	必修上第一单元	青春激扬	沁园春·长沙；立在地球边上放号 / 红烛 / 峨日朵雪峰之侧 / 致云雀；百合花 / 哦，香雪
2	必修上第三单元	生命的诗意	短歌行 / 归田园居；梦游天姥吟留别 / 登高 / 琵琶行并序 / 念奴娇·赤壁怀古 / 永遇乐·京口北固亭怀古 / 声声慢
3	必修上第七单元	自然情怀	故都的秋 / 荷塘月色；我与地坛；赤壁赋 / 登泰山记
4	必修下第二单元	良知与悲悯	窦娥冤（节选）；雷雨（节选）；哈姆莱特（节选）
5	必修下第六单元	观察与批判	祝福；林教头风雪山神庙 / 装在套子里的人；促织 / 变形记

（高一必修教材）

序号	单元	研习专题	课文篇目
1	选择性必修上第三单元	外国作家作品研习	大卫·科波菲尔（节选）；复活（节选）；*老人与海（节选）；*百年孤独（节选）
2	选择性必修中第二单元	中国革命传统作品研习	记念刘和珍君；*为了忘却的记念；包身工；荷花淀；*小二黑结婚（节选）；*党费
3	选择性必修中第四单元	外国作家作品研习	玩偶之家（节选）；迷娘（之一）；*致大海；自己之歌（节选，惠特曼）；*树和天空（特朗斯特罗姆）
4	选择性必修下第一单元	中国革命传统作品研习	氓；离骚（节选）；*孔雀东南飞并序；蜀道难；*蜀相；*望海潮(东南形胜)；*扬州慢(淮左名都)
5	选择性必修下第二单元	中国现当代作家作品研习	阿Q正传（节选）；*边城（节选）；大堰河——我的保姆；*再别康桥；一个消逝了的山村；*秦腔；茶馆（节选）

（高二选择性必修教材）

必修系列的作品差不多是古今中外的著名作家作品的混编，而选择性必修因为本来就是专题模式，阅读文本的选择比较固定在同一个范畴。但无论是人文主题读写还是专题研习，都给读写教学活动的开展带来不小难度，与以往的教学要求已经有很大不同。因此，在进行教学设计时，需要团队内部见仁见智地研讨，把教学方向、基本要求与方法、学习任务等确定下来，教师个人的设计任务应放在对文本的深度解读上，并根据课程标准要求、教材文本、编写者编写意图、学生和"我"的解读与感悟五大要素精心设计学习问题（任务）、预设引导方式方法和学生学习方法等。

2. 站位高，即教学和设计要关注学习的梯度

统编教材总主编温儒敏先生认为，入读高中的学生，一般都是奔着高考而来的。所以，"高一和高二语文都是必修"，或者一个叫"必修"，侧重"主题"学习；一个叫"必选"，侧重"专题"学习。但是，因为"高二显然比高一难一些，要求高一些"，所以，备课时一般应该从高考的角度考虑教学和教学问题的设计。高一、高二的教学还需关注一下梯度问题，比如浅层学习与深度学习的安排，不要太着急地要求学生一下达到高考的标准要求。因此，教学设计和教学活动应该有个什么样的"度"是我们必须思考的问题。

关于深度学习，还有一个"最近发展区"的问题。郭华教授认为，确立最近发展区，就是确定学生的现有水平及未来发展水平。学生的现有水平是指学生在没有任何外力帮助的情况下能够独立完成作业的水平。换言之，教师要确定学生现在知道什么，能做什么，对什么有兴趣，能够操作什么内容，能够以什么样的方式完成什么样的活动，等等，即知道学生"在哪里"。学生的现有水平是已经达到的、确定的，但教师得有本领探测得到。同时，还必须确定学生即将达到的未来水平。这个未来水平远比学生现有水平高得多，不是学生自己"跳一跳"就能摘到的"果子"，而是怎么跳都摘不到的"果子"，即凭学生个人现有的能力和努力不可能在短时期内实现的水平。也就是说，在学生现有水平与较高的未来水平之间，形成了一个区域，即"最

近发展区"。

这个区域就是学生学习有难度的内容、完成有挑战的任务的区域，是教师与学生交往、帮助学生发展的区域，也是学生以主体的方式从事学习活动、获得发展的区域。教师的作用就是要帮助学生成为教学的主体，不断主动去挑战困难、克服困难，从现有水平主动、积极地走向未来水平。

以我个人实践经验看，"最近发展区"得根据学习发展不断主动调整，以适应不同学生的发展需求。

举个例子来说，在还没有接触学生之前，就创作作品的字数角度，我提出了一个最低要求：不少于 1500 字。因为根据当时初中语文课程标准的要求"45 分钟能完成不少于 500 字的习作"，估计绝大部分学生平常作文的字数在 500—600 字，换句话说，很多人一开始可能真的写不到 1500 字！但根据问卷调查发现，也有部分初中学生能写出 1000 字的作品。因此，我们预测一定会有一部分学生达到这个字数。我们把这部分学生叫作"种子"和标杆。果不其然，第一批优秀的 1500 字甚至更长文字的作品从他们手中诞生！这不仅打破了很多学生认为的"不可能"，而且让这些"种子"和标杆更起劲。因为我提出了不同的要求：有能力的同学可以尝试写 3000 字（纯字数）左右的论文。结果是，第二学期就有一位学生让自己的一篇近 3000 字的作品登上了语文专业杂志《语文月刊》。这也是梅州高中生的作品第一次出现在这个刊物上，她也成为全年级学生作文的标杆。

3. 站位高，即学习任务设计必须站在单元乃至整本教材的角度疏通

这是上好课的关键。这也叫作教学上的精准施策。如何疏通？就是将单元导语、教材文本、每课后的学习提示、单元学习任务列个表，将各部分的关键词填写出来，这样，教学目标就会立马变得豁然开朗，如果加上自己的研读感悟，那教学文本就会附加创造的价值。这里我展示一下新教材必修上册第三单元的学习任务列表：

单元导语	学习提示	单元学习任务
1. 阅读古诗词的意义。 2. 各首诗词的内容（李白驰骋想象的豪迈，杜甫登高望远的悲凉，白居易"同是天涯沦落人"的慨叹，表现出各自的人生境遇和情感世界） 3. 学习任务（鉴赏的基本方法；认识当代价值，增强对中华优秀传统文化传承意识；反复诵读和想象中感受诗词的意境，欣赏其独特的艺术魅力；感受诗人的精神世界，体会诗人对社会的思考与对人生的感悟）	诗歌体式不同，抒发的情感和创作手法不同： 1.《梦》：浪漫的想象，七言为主；笔随兴至，不受诗律限制；诵读想象、品味意象与隐含的精神追求。 2.《登高》：每联对仗，句法谨严；感受沉郁悲凉的意境。 3.《琵琶行》：乐府诗；注意诗人与琵琶女的相同之处和作者的人生感慨；音乐和景物描写精妙。	1. 知人论世，探讨诗歌的内涵，思考对人生的启示。 2. 诗歌朗诵会，多种形式的朗诵来体会诗词的音韵美。 3. 重点关注、仔细品味诗词深刻的意蕴和独特的艺术匠心；写一则文学评论（感触最深的一点）。

你看，这三者之间是不是相互关联、相互提示，甚至是相互对应的？换句话说，若能解决表中问题，那十有八九就达到了教学的预期目标。

但是，单元教学并不排斥单篇课文教学。尤其是文言文的教学，我觉得还是应先读通文本、理解文言现象、疏通文意。因此，如何通过"读"来落实常见文言现象这些基础知识，仍然是我们教学需要考虑的主要问题。现在很多教师教学古文，才读一遍课文，就开始解释归纳文言实虚词、归纳文言现象，完全忽略了最关键的"读"（尤其不愿意在课堂上花时间让学生去读）。读都读不通顺，怎么去理解文意？怎么去归纳文言现象？现在有不少教师和学生依赖"一本通"，结果上课学生拿出来的不是课本而是"一本通"，学生不愿记笔记、不愿多读几遍课文，一旦遇到不理解的地方，就翻开"一本通"投机取巧，这样的现象司空见惯，导致越来越多的学生在古文这一块失分严重。

总之，站在单元的角度主要要考虑五大要素，调动两大作用。

这五大要素是：我（自己的思考和感悟）；学情（包括静态的和动态的）；教材文本（即俗称的"课文"）；编写意图（包括单元"导语"、课文后"学习提示"、单元课文后"单元学习任务"等）；课程标准与评价体系（课程标准是灵魂，体系是保障）。这也是"胸中有书，目中有人"的核心表现。

两大作用是：自身优势或强项（每个教师都有自己的长处和短板，需要教师发挥自己的优势或强项，规避短板或弱势）的作用；团队合作（必须充分认识到团队合作的重大意义，可以说，统编教材要得到较好实施，确保完

成学习任务，达到预定目标，这是必经之路）的作用。

说到这里，顺便说一下，2020年暑假开始，我和林建威老师领衔的工作室同全梅州六个省市级名师工作室联合开发了高中语文必修上下两册完整的教学设计案例，这在全省也是第一个！设计案例向全省推广后，反响很大也很好，更得到了梅州市教育局和教师发展中心领导的充分肯定。

其实，人文主题或专题背景下的教学，更讲求的是从单元主题的视角设计教学活动，它强调"整合"，即通过梳理、探究找到单元中多个文本的契合点和学习重点来设计任务和情境探究的问题，进而指导学生尝试解决问题。

顺便提一下常见的教学设计问题：PPT不要做得太细。语文教学虽然需要预设，但往往更是生成的，预设太多，就会将学生的思路硬拽回来，这对学生的思维训练是不太有好处的。

（二）全面理解"学习任务"，对标设计"学习任务"

1. 全面理解"学习任务"

"学习任务"驱动教学活动的开展是统编教材最为重要的特征，它强调的不是我们常见的"教学目标"，是学生"习得"而不是教师"教给"，这意味着课堂教学的重心必须由教师转变为学生。所以，设计什么样的学习任务，以此有效引导学生主动学习就成为开展教学活动的关键。

全面理解学习任务，需要教师将单元"导语"、课文、"学习提示"和单元课文后的"学习任务"进行梳理、打通，从单元主题或专题教学的角度，结合文本内容和自己的理解来设计"学习任务"和步骤。以高一必修下册第六单元为例，大致可以梳理成这样一张表格：

"导语"	"学习提示"	单元学习任务
1. 观察、批评、思考社会、人间世相。 2. 人物形象与故事情节分析；丰富体验；提升观察、分析、判断能力；培养高尚审美情趣。 3. 知人论世认识人物及社会；鉴赏艺术手法与创作意图、风格类型；学习读书提要与读书笔记的写法	1.《祝福》：标题的理解；人物形象分析（性格、心理特点）；悲剧与社会根源（主要人物）；主题与语言（白描）分析。 2.《林教头风雪山神庙》《装在套子里的人》：情节与人物性格塑造；自然环境的作用；人物性格及成因；讲故事的艺术。 3.《促织》《变形记》：小说风格与特色的异同；幻想与现实荒诞与情理的交融；语言描写分析。	1. 分组概括各小说社会环境特点及其对人物命运的影响。 2. 对表达手法的探究。 （1）祥林嫂身上突发事件对情节的作用。 （2）细节描写魅力鉴赏。 （3）个性语言与人物性格特征的关系。 3. 创作一篇800字以上的文章。

梳理后我们发现：三者之间其实是一以贯之、相互对应的："导语"是总纲；"学习提示"则提示学习方式方法，立足课文文本，通过文本开展鉴赏形象、品味语言、体验情感活动；"学习任务"则站在单元的角度提出单元学习任务清单。当然，有人认为，单元学习任务也有一个较大的不足：对必备知识（语言建构与应用）不够落实。

2. 对标设计具体、明确的"学习任务"

"学习任务"的设计必须对照"两个标准"（课程标准中关于学业质量水平等级的第 3、第 4 级、《中国高考评价体系》及其"说明"），根据"学习任务群"的"学习目标与内容"，参考教材课文"学习提示"和单元"学习任务"来设计。说得直白一点是既为学生未来发展教学，也为高考教学，这样的教学才更具有生命力。

"学习任务"的设计必须遵循具体、明确、易操作的原则，从单元主题或专题学习的角度考虑，尽量杜绝大而空的表述，甚至要写清楚达成任务的途径或方式方法。

冯善亮先生在他的讲座"课程目标与教学目标"中说，

现代教学设计的理论要求是：

（1）行为主体应是学生；

（2）行为动词尽可能是可测量、可评价、可理解的；

（3）必要时，附上产生目标指向的结果行为的条件；

（4）要有具体的表现程度。

平时写教案：

（1）不要硬套三维目标；

（2）目标要集中。（一节课的目标最好不超过三点，一篇课文的目标最好不超过四点）；

（3）确立核心目标；

（4）让学生心中有数（建议直接写成"学习目标"）。

这些观点正好与我上述谈及的观点契合。

这里列举某位老师的高一上必修第一单元"学习任务"设计，请大家根

据冯老师提出的标准来评价一下：

（1）了解现代诗歌及小说的特点。

（2）把握诗歌内容，感受不同时代属于青春的激情岁月。

（3）探讨青春的价值，引导学生保持积极乐观的人生态度。

这样的表述是很典型的空洞、模糊，学生和教师都会找不到方向。我把它叫作"万金油式"，几乎哪种文本的学习任务都可以套上去，根本忽略了单元主题（青春激扬）和文本学习要达成的任务（其实关键的问题是，这位教师还是以教师为主体来设计学习任务的）。因此，做了这样的修改：

（1）有感情地朗读每首诗歌，理解诗歌及小说作者别样的青春年华。

（2）品读、品味诗文的意象，理解诗文运用意象抒发感情的手法。

（3）尝试创作一首有意象的诗歌或文章，表达你的青春激情。

这里我添加了学习的方式方法、诗歌学习的具体内容和要求。换句话说，教学目标最好能够体现出学习的方式方法及其任务。

3."问题"设计须遵循四项规则

"学习任务"必须以"问题"和"情境"的方式来呈现，这也是教学设计和教学的核心和关键。新课程的实施和新教材的使用，都突出强调学生的自主、合作、探究学习，因此，课堂其实就是学生和教师一起共同学习的场所。这就要求教师要善于设计问题，并据此引领学生开展阅读与鉴赏、表达与交流、梳理与探究等语文学习活动，"在语言建构与运用、思维发展与提升、审美鉴赏与创造、文化传承与理解几个方面都获得进一步的发展；坚定文化自信，自觉弘扬社会主义核心价值观，树立积极向上的人生理想，为全面发展和终身发展奠定基础"。

那么，如何进行问题设计呢？我觉得要注意如下四项规则：

（1）牢牢把握课程标准中每个"学习任务群"中的"学习目标与内容""教学提示"这两大块内容的表述。每个"学习任务群"这两部分的内容各不相同，教材其实也是依据这个规定来编写的，如必修系列的每个单元的编写结构都是基本相同的，都包括"单元导语""课文""学习提示""单元学习（研习）任务"四个部分，所以，教师需要认真研读、理解、领会每一句话，根据"四大要素"选择、确定教学（学习）内容和教学方式方法。

（2）体现"以一带三"。这是温儒敏先生的观点。即以语言建构与运用为基本要求，在学习应用语言中带动思维发展与提升、审美鉴赏与创造、文化传承与理解。温儒敏先生说，"语言建构与运用"带有语文课程的本质规定性，也是语文课程的基础……无论怎么改革，采用什么新的教学形式，都不能脱离语文的本质规定性，要以语言文字运用的学习为基础。这无疑为教学问题的设计定了基调。

（3）注意"学业质量水平"要求。由于高中生基本都是奔高考而来的，所以，在设计问题的时候，一般应该以高考的要求标准来设计。

（4）设计学习问题尽量情境化。"情境"（注意不是学习氛围）是高考考查的载体，也是设计学习任务、学习问题的基本要求。它强调学科素养和关键能力的培养，强调融会贯通、学以致用和创新意识与创新思维的培养，因此，在教学设计时，就要根据高考体系和课程标准的要求设置"合适"的"情境"，有典型的任务和可视的标准。

需要说明的是，尽管高一阶段不可能也不应该立即就瞄准高考，但在设计问题时，渗透高考因素是必须的。正确的做法是，教师应当注意研究近几年的高考命题，尽量了解高考命题的基本情况，设计出符合高考命题要求和原则的问题；同时，应当注意有效引导学生开展阅读与鉴赏、表达与交流、梳理与探究等语文学习活动来提升语文价值观、核心素养和关键能力。如我们的原创问题设计：

★围绕百合花被，试着给情节的不同部分拟一个小标题，每个标题不超过五个字。

★出世与入世是中国古代读书人的两大选择，曹操《短歌行》体现的是积极入世，决心建立一番功业，而陶渊明《归园田居》体现的是厌倦官场，决心归隐田园。如何看待他们的选择？处在今天的时代潮流中，你会选哪一种？为什么？

★假如你的同学准备要上某电视台"朗读者"这档节目，他在《故都的秋》和《荷塘月色》之间犹豫不定，请你向他推荐一篇，说明你的理由。

★小说中人物形象的塑造主要是通过情节的展开来实现的，而情节服务于人物形象刻画，一是通过情节所表现的人物的行为方式展示人物性格，二是通过细节描写反映人物性格。本单元五篇小说有很多精彩的细节描写，请分别找出至少一处做简要分析。

★《祝福》中的"我"和《装在套子里的人》中的"我"都是讲故事的高手，请从情节、结构方面谈谈小说"讲故事"的艺术。

4.学习质量评价的设计、实施原则

只有布置、检查没有评价、反馈的学习，其效果是比较差甚至很差的。在"三新"视域下，评价机制也要做相应的改革。我们在实际教学中逐渐总结出了四项基本设计、实施原则。阐述如下：

（1）评价标准的制定：征求学生意见，征得学生认同。（如学习成果检查评比登记表）

（2）评价方法方式之一：重结果评价与重过程性评价并行，突出学习过程的态度、努力程度、方式方法等的进步。（如议论文逻辑结构训练记录表）

（3）评价方法方式之二：重分数与自评、互评、师生评等多元评价（如学业水平等级的评定，就可以根据过程性评价数据上升或降低一个等级）

（4）及时反馈机制的建立（如作文评改要求与量表；不超过一周评价、发放作文等机制的建立）

（三）善于文本重组

按照学生所需要的必备知识和关键能力等，改变教材原来的设计意图，

重新组织单元教学。如整本书阅读，人教版教材必修五是《三国演义》和《堂吉诃德》两本中外小说，这两本书都比较长，需要花较多时间来探究，我们考虑到高二年级学生面临学业水平考试的任务和压力，备课组经过集体商量，决定改换为《边城》和《欧也妮·葛朗台》这两本相对比较短的中外小说。我们的依据是：《边城》教材中本来就是第一单元第三篇课文，只不过是节选而已，而《欧也妮·葛朗台》是反映资本主义世界的社会生活的一面镜子，也是法国大文豪巴尔扎克的代表作之一。前一本书学生经过一个月的努力阅读探究，做出了比较丰硕的成果——《爱吐纳》第一期。

这里展示一下我们备课组集体研究的教学设计：

环节（一）：了解作者和他的《边城》世界（本环节课内完成）

任务1：介绍阅读《边城》的学习环节，明确各环节阅读任务。

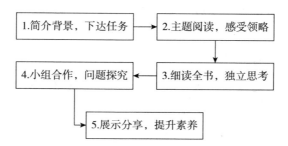

每个环节都有相应的任务要完成，具体任务详见各环节。

任务2：简介沈从文和他的故乡。

1. 照片若干（原创）。

2. 沈从文的经历（见相关资料）。

3. 湘西的风俗民情（见相关资料）。

任务3：为什么创作《边城》？

环节（二）：主题阅读——感受理想世界，领略大师风格

任务1：粗浅阅读全书，填写阅读反思表1（本环节课外完成），或用一句话概述你对《边城》的阅读体会，并用200—300字的一段话阐述理由。

阅读、完成任务时间不超过80分钟（70+10分钟）

附表1：阅读反思表1

人物及其关系	内容提要（300左右）	初读感受	初读收获

本表在完成粗浅阅读后提交给老师。

任务2：细读全书，独立思考下面问题。（本环节课外完成）

重点探究下面四个方面的问题：

（1）人物形象以及人物形象与社会环境的关系。

（2）景物描写及其作用。

（3）语言艺术特点。

（4）主题与创作意图。

建议分章节阅读分别鉴赏、分析上述四个方面（主要是前三个方面）。四个方面的问题可以细化为如下问题：

（1）边城的自然环境和人文环境特点是什么？

（2）有人说："某个区域的自然环境和人文环境对这一区域人的容貌、性格会有一定的影响。"请结合小说的相关内容分析自然环境和人文环境是如何影响翠翠和傩送的。

（3）"白塔"的象征意义是什么？

（4）沈从文写到翠翠时说："自然既长养她且教育她。"请结合小说的相关内容，谈谈自然是如何长养翠翠且教育翠翠的？

（5）小说最后说："这个人也许永远不回来了，也许'明天'回来！"你认为"这个人"还会回来吗？请说明你的理由。

（6）沈从文先生在谈到这篇小说的创作动机时说："我要表现的是一种'人生的形式'，一种'优美、健康而又不悖乎人性的人生形式'。"小说中哪些地方印证了这种"人生形式"，对于这种"人生形式"你怎么看？

（7）沈从文说过：美丽总是愁人的。你是怎么理解的？

理解：其一，美丽的东西包含愁人的因素，容易成为悲剧。其二，纯然而美的东西是浅层次的；含有愁人因素的美丽不单薄，有厚度。其三，美丽的愁人之处引人深思。其四，企慕情境。

（8）联系作者经历，分析作者写作《边城》的用意是什么。

本环节建议采取下面读书方法：

摘抄《边城》中的任意一部分内容，按要求做细读批注。（注意教给学生批注的基本方法）

环节三：再读全书，读书小组研讨下面问题（本环节课外完成）

（1）为什么翠翠的爱情会以悲剧结束？

（2）边城是一个"世外桃源"式的乡村社会，为什么作者要写这样一个乡村社会？他想探求一个怎样的理想社会？

（3）有人认为本小说没有激烈的矛盾冲突，多景物和风俗描写，散文化的味道很浓。你赞同这个说法吗？若赞同，试着探究本小说的写作风格；若不赞同，请阐述原因。

（4）某商人想在梅州城开一家以《边城》文化为主题的特色饭店。请给出菜品建议、饭店装修建议、服务员着装建议等，要求建议合理，可操作，且尽可能呈现小说文化的原汁原味。

建议在独立自主阅读和思考的基础上，以读书小组为单位选取其中一个问题深入研读。

环节四：创作作品。（本环节课外完成）

下面题目任选一题完成，欢迎追加完成其他题目。

（1）围绕"环节三"研讨的问题创作一篇不少于1500字（多多益善）的论文或研究报告。

说明：可以以读书小组为单位创作一篇研究报告。但要求全员参与，邀请某位老师做指导；制订并提交研究计划。

（2）《边城》的最后一句话是："这个人也许永远不回来了，也许'明天'回来！"为这个结局续写一篇800字以上的文章。

（3）用转换视角的方式，以翠翠、傩送，天宝、爷爷、顺顺、

大黄狗、杨马兵等角色的口吻，转化角度讲述《边城》故事，不少于800字。

环节五：展示、分享和反思总结活动。（请课代表组织）

任务1：举办一次展示会，分享、展示、交流各自的作品。

要求：

（1）每个读书小组推荐一篇最优秀的作品，共10篇。将10篇优秀作品在班级教室墙上（或展板）张贴展示。展示时间为两天。

（2）每个人都是评委，请本着认真负责、公平公正的精神当好评委，根据评价标准投下你庄重的一票。只能选5篇作品为"优秀"作品，填写好"优秀作品评价表"。多出无效，少则有效。

（3）展示活动结束当天，请将"优秀作品评价表"交给课代表汇总。

本次活动结束后，将联合全年级各班，利用"爱吐纳阅读会"平台，把优秀作品结集、编印出来。

任务2：完成学习反思表2（表见"关键词之二：思维与思维品质"）

我们备课组充分发挥团队合作的智慧，还进行了《欧也妮·葛朗台》《红旗谱》整本书阅读的尝试，效果较好，学生的阅读情绪和兴趣真的被调动起来了。比如，在全市举行的"'阅读本土经典，传承客家精神'读写大赛"中，我们年级收到21篇学生作品，15篇作品获得一、二等奖，其中有一篇作品纯字数超过10000字，还有两篇作品是多人合作完成的。获奖人数和等级为全市之最。

（四）如何让学生有并保持学习兴趣和主动学习状态是值得永久研究的课题

新课标强调"学习任务群"的学习是以"自主、合作、探究性学习为主要学习方式"的，前提是学生必须有并保持兴趣愿意去学习，这是学习语文的根本途径，也是语文教学高效与否的关键要素。但时下高中生对语文的学习兴趣不高，主动学习意愿不强。这其中的原因很多，但我能够肯定的是学生缺乏自由、自主学习的时间和空间。比如某中学高一语文的暑假作业是要求阅读完《红楼梦》，并画一张人物关系图。结果，全班有 13 名学生没有按期提交他们的作业，5 名学生干脆上网下载他人研究成果，绝大部分学生则基本抄袭作品后面所附的"人物关系简表"。虽然布置的作业的确没有挑战性，降低了学生学习的欲望，但也反映出学生的阅读兴趣很低，无法开展自主学习活动。

　　"三新"视域下的语文教学如何做，远不止这些问题，比如，"三新"这个概念，我认为是不够准确的，因为还有一个永远都是"新的"要素——学生！如今的教学已经不是学生不适应教师，而是教师不适应学生了！

阳光教学思想之六：
翻转，让深度学习走进语文课堂

翻转课堂起源于美国科罗拉多州林地公园高中化学课，被称为影响课堂教学的重大技术变革，已成为全球教育界关注的教学模式。国外关于翻转课堂概念的表述有许多，不同的专家有不同的看法。如有专家认为："教育者应给学习者较多的自由，把知识传递放到课堂外，让学习者结合自己的学习风格来接收新知识；知识吸收过程则放在课内，便于生生间以及师生间有更多的探讨。"萨尔曼·可汗对于翻转课堂是这样描述的"教师将视频发放给学生，学生根据自己的节奏以及时间进行观看，课中在老师引导下自主学习，同学间进行配合，教师运用科学技术在课堂实施人性化教学。"国内近几年也涌现了一些敢于突破的学校和一线教师，探索适合我国教育实情的翻转课堂教学模式。

翻转课堂转换了传统课堂中教师与学生的角色，更好地适应了如今学生习惯互联网环境、愿意主动尝试的特点，提升了学生对课堂学习的兴趣和教学效率。这对于注重感悟力、独立思考能力以及自主探究能力培养的语文阅读课程教学而言，是值得尝试的一种转变。

一、翻转课堂，营造深度学习环境

学生是学习的主体，这是当下重要的学习理念。然而，学生是有差异的，个性是不一样的，就学科而言，高中学生个体之间语文的能力、素养是所有学科中差距最大的。

首先，学生在进入高中之前，阅读面已经有了天壤之别。阅读带给学生的是素养方面的积淀，是思维领域的开发，这是导致学生语文能力和素养差距的基础性原因。其次，语文能力及素养获取的途径多于高中其他学科。语文学习的外延与生活相同，学生无时无刻不在学语文，而其他学科主要是在学校课堂时学习知识。学生个体在课堂里学习容易形成差距，而这种差距远远不如在课外形成的大。第三，语文学习的方式千差万别。有的学生喜欢自己阅读自己感悟，不需要别人指教什么；有的学生喜欢教师指点规律，自己按图索骥；有的擅长说，有的擅长写……

但是，传统高中语文的教学却常常忽略了学生之间语文能力及素养的差距。我们学校通常会在高一新生入学时进行摸底考试，笔者曾经做过一次实验，让正在上初二的表妹和高一新生一起参加了当时高三的语文考试。实验结果是：高三全年级的平均分是98.4分，高一新生的最高分是112分，初二表妹考了101分。这个实验数据说明了什么呢？笔者认为，至少说明初中、高一已经有相当一部分学生的语文成绩与高三学生旗鼓相当了，可是如果语文教师采用同一水平线教学，纯属浪费时间。

因此，笔者主张高中语文课堂运用翻转课堂模式，不再过度挤占课堂时间灌输知识，而是侧重师生、生生交流解疑，从而帮助学生扩宽自主学习空间，让学生不再停留在获取"惰性知识"的层面，从以往的机械记忆和浅层学习，向深度学习层面发展。

依据美国心理学家布鲁姆的教育目标分类，浅层学习对应知识领会认知水平，属于低阶思维活动，注重外力驱动的学习和知识的重复记忆、简单描述、强化训练；而深度学习对应应用、分析、综合、评价的认知水平，属于高阶思维活动，更注重自主参与的学习和知识的理解、应用等。翻转课堂教学模式以"学"为基点，充分了解估测学生的学习起点，寻找到略高于又贴近于学生现有知识能力水平的最近发展区，学生读不懂、读不透、看不到的地方，即阅读思考粗浅、疏漏处，学生能力缺失处、薄弱处，才最具教学价值。引导学生在这些地方驻足、咀嚼、思辨、对话，实实在在经历"阅读、思考—教师点拨—学生再深入阅读思考"的学习过程，学生的理解能力、阅读眼力、思维品质才能有所提高。

二、以深度学习为导向的语文翻转课堂教学设计

翻转课堂颠覆了传统课堂"教"与"学"的顺序和时间分配比例，教学

过程一般分为"课前知识传递阶段""课内知识建构和内化阶段""课后知识拓展巩固阶段"三个阶段。第一阶段以泛读和导学资源的自主学习为主，强调学生的个性化；第二阶段以问题的互动交流和教师的任务引领为主，强调学生的合作探究；第三阶段以学生反思学习效果为主，强调学生对知识的巩固和拓展。下面以部编教材高中语文中的《劝学》与《师说》的对比阅读教学为例，谈谈以深度学习为导向的高中语文翻转课堂教学设计。

（一）课前知识传递阶段

在这一阶段，教师需要为学生提前准备的资料中所含的内容主要有：

1. 明确的学习目标：

（1）积累必备知识：了解荀子、韩愈、古文运动等相关文化知识；掌握并积累重要的文言文实词、虚词、词类活用和特殊文言句式等；熟知议论文的三要素——论点、论据、论证方式，重点了解比喻论证和正反对比论证。

（2）掌握关键能力：掌握梳理文章结构的基本方法，把握议论文的论证框架；学习议论文中比喻论证和正反对比论证方法，通过互动讨论、比较阅读、写作训练等方法提高学生围绕论点提出论据展开合理论证的能力；明确认识学习的重要性以及学习必须"积累""坚持""专一"的道理提升对于尊师重道的理解与认识。

2. 将课文重难点讲解制作成视频微课，每个微课的长度在 10 分钟左右，使学生全面系统把握目标知识，并有效引导学生去挖掘深含的知识点，提出学习过程中遇到的问题并做独立思考。

3. 提供课前导学的有关作品、作家和相关史实的背景知识材料，并将文本材料中的部分知识挖空隐去，令学生作答以做自测，以便更好地学习、理解课文内容。

4. 在学习资源夹里上传课文精读音频，使学生整体感知课文，进一步梳理文言知识，掌握重点字词的读音、用法，并提高阅读文言文的兴趣。

5. 列出自学反思问题

（二）课内知识建构和内化阶段

经过第一阶段的自主学习，学生反馈的问题主要集中在两个方面：一是

《劝学》的文章结构较难梳理；二是比喻论证和对比论证的论证手法不好区分。据此，教师在课堂上主要设计了四个教学任务，以具体明确、思辨性强的学习任务，引导学生形成立意准确、结构清晰、论证合理的逻辑表达。

任务一：检测反馈

活动 1：教师以文言基础知识小测形式帮助学生检查自学成果。学生对照答案及教材注释查看、修改错误之处，巩固文言自学成果。

活动 2：教师带领学生朗读课文，完成其中的字词句理解。

设计意图：高一学生学习文言文往往过度依赖工具书来理解文本内容，容易形成文言基础知识盲区。教师通过此环节可以进一步了解学生掌握文本的文言知识的基本情况和理解文意情况；学生也可以通过现场检测和教师点拨，及时了解自身文言弱点。

任务二：比较探讨

活动 1：在基本理解文意的基础上，教师发放《劝学》《师说》的文脉结构表格以供学生填写并发现文章中心论点和各段分论点。

活动 2：由《师说》的思维导图引入，教师介绍议论文常见结构之一——"总—分／分—总"的本质与特点。

活动 3：教师提供《劝学》其他部分的原文及译文，学生小组讨论，以思维导图的方式厘清《劝学》的论证思路，并派代表展示说明。

设计意图：帮助学生厘清文章脉络，形成议论文"总—分"结构的基本认识；引导学生开始关注议论文三要素之一——论点，了解中心论点和分论点的区别，以及中心论点的基本拆分方法；《劝学》是节选篇目，学生较难理解文章结构，而《师说》相对完整，通过教师示范，学生在不同文本的理解运用中，通过比较、迁移，提升思维表达能力。

任务三：创作交流

活动 1：小组讨论，发现《劝学》中的比喻，指出本体、喻体及二者之间的相似性。探究各个比喻的意义内涵、表达作用。模仿创作更多可以用来阐释学习道理的比喻句，小组交流并推荐展示。

教师引导：推荐的比喻句应注意比喻的贴切度（本体与喻体之间的相似

性），深刻性（阐释的道理是否值得深思），创意性（角度是否新颖独特），文学性（文字、句式是否优雅流畅）。

活动2：小组讨论，发现《师说》中的对比，并将找到的对比进行分类：纵向比较、横向比较、自比。模仿创作更多"学师"与"不学师"的对比句，同样小组交流并推荐展示。

教师引导：推荐的对比句应注意对比的差异度（被对比的双方是否具有明显的差异）、贴切度（对比的运用能否有效地突出其中一方的优点、长处）、创意性（角度是否新颖独特）、文学性（文字、句式是否优雅流畅）。

设计意图：通过对文章中比喻论证和对比论证的发现、挖掘和仿写，了解这两种论证方式的形象性、生动性和深刻性。

任务四：拓展迁移

活动1：与古代不同，如今人们可以通过多种不同的途径来学习，图书馆、互联网、手机应用程序等方式既快速又便捷，请同学们分小组讨论，总结现代社会的学习方式与古代相比有哪些变化？通过这些方式学习与跟随老师学习有哪些差别？

活动2：在信息爆炸、知识爆炸的背景下，人们"从师"的原因和方式都发生了许多变化，请结合讨论的结果和自己的经验，写一篇800字左右的文章，谈一谈今天人们从师的道理。

设计意图：培养学生的发散思维，从不同的维度理解"学习"的方法和意义；训练学生对文章的深度理解，并结合当今社会的实际状况思考问题，增强学生的思维迁移能力。

（三）课后知识拓展巩固阶段

一方面，教师根据学生的完成情况进行点评后，把优秀的学习作品在各种平台上展示。另一方面，教师布置积累整合任务，实现学生对知识的巩固和拓展。

同时，以深度学习为导向的翻转课堂教学还应注意，教学评价设计由总结性评价转向过程性评价，课堂互动交流和学生对知识点的自主思考建构应当成为教师评价的重要标准。教师在进行评价时应当从多个维度考量，比如将学生课前自主学习情况（对课堂讨论交流的材料准备）、课堂交流讨论参与度、课后对阅读策略和阅读训练完成度这几项结合起来，按比例综合考评学生的深度学习行为。

三、基于翻转课堂教学的语文阅读深度学习促进策略

（一）聚焦学生的学习需求

翻转课堂教学模式是以学生的"学"为基点，必须依据学生的学习需求，设计课堂教学内容。同时，教师要仔细观察学生的阅读状态，体察学生的阅读困难，及时地增、删、调、补学习资料，调整学习方式，帮助学生走出浮于表面或偏移主题的理解，走向作者的内心深处。比如，当观察到学生的阅读速度明显放慢，自学反馈的疑问也显示出学生的思维走不进作品时，教师应及时叫停学生的自主学习，在听取不同层次学生的阅读感受后，顺势指出学生的思维局限点，引导学生形成深刻的、独创的、批判的思维品质。

（二）设置个性化的阅读任务

教师在阅读教学中应当将教学目标分解，聚焦大的深度学习目标，但与此同时，也要根据学生的最近发展区呈台阶状设置目标。具体做法是以一个单元或一周时间为教学点，提供可选择的任务单给学生自主挑选。比如在教学诗歌时，以学生在课前自学阶段反馈提出的切入点引入重要的知识点，形成课堂教学的主要学习任务，这一部分要求学生跟着教师的活动走，完成学习任务。同时提供"自选任务（完成两项即可）"：①以两首古代诗词（教材以外的）为分析对象，写一段文字告诉我们如何区别直接抒情和间接抒情；②以两首全然写景的古代诗词（教材以外的）为分析对象，说明诗人之情是如何蕴含其中的；③以两首古代诗词（教材以外的）为分析对象，分析诗人的身世、经历是如何与景物联系起来表达情感的；④以一首"乐景乐情"和一首"哀景哀情"的古代诗词（教材以外的）为分析对象，说明景与情是如何融合在一起的；⑤就本单元相关的诗词提出与教材编者不同的理解分析，言之成理，新颖独到。如此，能够让学生获得个性化的成就感反馈，选择自己感兴趣的探讨内容，学习的主动性大大增强。

（三）构建师生共同学习观

翻转课堂由学生自主学习产生思考，带着问题进入课堂，和教师同学一同交流解决，从而将知识的内化吸收转移到了课堂上，教师引导和同学合作能够让学生学习效率倍增。在这一深度学习的过程中，教师和学生这一存在的关系不再局限于师生关系，它更强调学生在阅读时的自由存在，强调学生去感知世界，感知阅读将世界与自我、与老师联系起来的体验。教师应根据具体教学要求和学生共同学习，创设文本阅读的情境，实行沉浸式教学，营造学生的阅读情感氛围，从而提升教学效果，强化深度学习。

（作者：梅州市曾宪梓中学　饶碧玉）

链接（1）：学生看"二自语文"

从被人称作"大林"或"大林老师"的那一天起，我就觉得自己的一切教育教学言行必须对得起这样一个亲切、尊重的称谓。这不，以下是我的学生对我的教学的评价。

◉ 给大林老师的一封信

尊敬的大林老师：

您好！

在校学习之时就已听过您的鼎鼎大名，一直想见识一下大林老师，很高兴，在线上教学的这段时间里有您给我们传授知识。您的课我们都上得津津有味，特别生动，留给我的印象很深刻，特别是今天的课堂内容，让我知道只有身为"阳光人"，才能拿得高分文。

立德树人，是您经常在课堂上提到的。区区四字，却饱含大道，它不仅是高考作文的一项要求，更是我们每一个人都要学会和做到的。您今天在"如何应对漫画作文"的网课中，讲的是写作方法，更是做人道理！我的作文水平一直不高，肚子也并不是饱含墨水，因此所写的文章也平淡无奇，我对于如何提高自己的写作水平却毫无头绪，我曾想，或许是我的阅读面不够广泛才导致写作时没有例子可写，所以我也会去阅读作文素材，把它们背下来，以为这样我的作文就会更加有文采，能博得老师的青睐。可事实却并非如此，我反而不知道如何下手，虽然有例子可写，但是例子不一定符合情境，乱写一通会更加糟糕，但听了您的课之后，我会去想，也许我还不是一个阳光人，家国情怀还没有在心里具备，我的情感价值观也许还不够端正，也许我还不够爱国，也许……

　　作文就是做人，只考虑客观因素而没有从主观因素和自身方面考虑，我想，我再怎么阅读，我的作文也不一定能拿高分吧。因为只有富有诗情画意的人才能写出具有诗情画意的文章，只有极具爱国情怀的人才会写出铿锵的爱国篇章。就像您在课上提到的：爱国不是空喊口号，而是实实在在的行动！情在文前，意在笔先，如果一个人对人、事、物的情感和态度都不端正、阳光，价值观都极端自私，换句话说，连人都没有做好，还能指望写出优秀作文吗？古人都讲究"修身齐家治国平天下"，强调的第一重点同样是修身！作文就是一个人的体现！

　　感谢大林老师，您教给我们的不仅是知识，更是做人的道理！也希望我们宪中学子在老师们的谆谆教导下能取得做人的成绩！也期待着老师的大礼包！

　　此致

　　敬礼！

306 赖嘉娴

2020 年 4 月 24 日

◉ "秀"让读写更有趣

　　提及对大林老师教学思想的看法，感触最深的就是老师将"读""写""秀"融合在一起的教学方法。

　　"读"即阅读。"至少阅读三遍"是他对我们最基本的要求。在他的引导下，我们探寻了《诗经》之美，感悟了鲁迅先生对生命、对死亡的思考，经历了《家》中新旧观念的冲突，品味了客家歌谣的韵味，见识了《三国演义》中的忠义与谋略；目睹了《寂静的春天》中滥用杀虫剂的可怕后果。专题读写结束后，我才惊觉，本以为读不下去、读不懂的美学著作居然也能一知半解；原来毫不感兴趣的外国作品，却被它深深震撼；觉得学习忙、没时间，却在不知不觉中读了这么多书。如果不是大林老师紧抓阅读，也许我还囿于狭隘的阅读范围，自欺欺人地认为没时间进行深度阅读。

"写"即创作,"把作品当成自己的孩子一样爱惜","读"必须与"写"融合,这是大林老师一直坚持的。每一次的精读,都要写包含 1500 字以上的作品和 2000 字左右的摘抄、5 个理解分析的问题等的读书笔记,另外还有小组合作的研究报告或会议记录。虽然常常会遇到绞尽脑汁不知如何往下写的情况,但我慢慢感受到了创作的魅力:每一个字,都是思考后的成果。大林老师让我们用文字呈现思考,用文字抒发感情,培养我们做读书笔记的习惯,提高了我们组织语言的能力和表达能力,同时也让我们感受到了文字运用的乐趣。一个月、一个学期之后再去翻看自己的作品,会有"哦,原来我当时是这么想的"或者是"我当时怎么会这么写"的感叹而且加深了我对阅读书目的理解,获得了新的思考。如果说阅读是了解、品味作品的基础,那么创作则是积累,是整理,是反思。

"秀"是大林老师的一大教学特色。我们很喜欢这个环节,一是因为老师会将优秀作品发到微信群和网站上,而那种个人作品被认可的欣喜和自豪是无法用语言形容的。这样的方式让我觉得付出的努力得到了肯定,而且可以让我对阅读、创作保持热情。二是因为可以交流思想。"秀"展示的是小组的书面研究成果,而前提是小组成员要经过充分的讨论。三是因为可以看到别的同学、别的小组的研究成果。正因为大林老师的重视,我的作品也很荣幸地被老师推荐发表在 2019 年第 4 期《语文月刊》上。

其实,在大林老师的课堂上同时可以学到很多为人处世的道理。"那又怎样""每天早上起床第一件事就是对着镜子笑,哪怕苦笑也要笑""心中要有他人和社会",等等,让我们懂得一个人要有积极的心态、健康的心理。

读,让我们了解先哲智慧,品味作品之美;写,让我们抒发所思所想,获得新的认识。秀,让我们在自由的氛围中,展示自我,聆听他人。大林老师将这三者巧妙地融合起来,让我们看到了不一样的语文世界!

(作者:2020 届学生 周丽灵。本文原载《少男少女·教育管理》2020·03C 期)

◉ 我执导的语文"小春晚"

刚看完冯小刚导演执导的马年春晚,现在我仍在此起彼伏的吐槽声中回

味着春晚，这也使我想起了那节"特别"的语文课。

之所以说"特别"，是因为这节课的"授课老师"正是我本人。之所以会看着春晚想起这节课，是因为为了准备这节课，我也曾像冯导准备春晚一样用心过，忙碌过——大林老师由于要外出学习不能上课，一周前就给安排了任务，我的教学内容是诗歌鉴赏中的语言表达部分，其实准确说来，也不叫"教学"，更多的是一种学习经验的交流分享。

接到任务后，我便马上投入到了准备工作当中。拿出厚厚的书本，有种"任重而道远"的感觉；整理好思绪，挽起袖子，我开始做题啦。整整一个周末的时间，我把资料书中的相应内容全部完成了，而且还列出了我做题的思路以及讲解的大致提纲。在接下来的一周里，我在脑海里按流程演练了好几遍，那一周里，她们说我常发呆，其实我是在进行"语文小春晚"的彩排呢。碰到有疑惑的地方，我会及时地查找资料或请教老师。记得有一次我缠着老师问，差点把老师的吃饭时间都给耽误了。

终于到了上课的那天，比起紧张，更多的是期待，我期待着把我精心准备的东西展现给大家，期待着我所讲的对大家会有些启发和帮助。上课铃声响起，我从容地带着微笑走上讲台（因为不是第一次当小老师了，所以比较从容），由于台下都是熟悉的同学们，于是我开了个小玩笑，随后在轻松的氛围中开讲了。一切都按着我的计划有序地进行着，大家认真地听着、做着笔记，我仔细地介绍着我的心得体会。

然而，当讲到"知人论世，了解诗人写作风格"这部分时，我明显看到有同学皱着眉头疑惑不解，交头接耳，我意识到他们可能没理解。于是我灵机一动，举了杨洲和思宜完全不同的写作风格的例子，一下子就把大家逗乐了。他们笑着笑着，似乎也就理解了那看似深奥的内容。

课后，有拍着我的肩膀称赞的："不错噢，讲得挺好啊！"；有拿着书本疑惑地追问的："你看看这个你怎样理解的呢？"……听着同学们的评价，我很满足、很高兴、很感激，这种自由的交流让我们每一个人都能感受到语言文字带来的享受，真好！

我想，或许多年以后，我可能会记不清这场我亲自执导的语文"小春晚"讲了什么，但我一定记得我曾经为这节特别的语文课很用心过，这节课让我感受到自由表达、分享，自主探究、感悟的快乐，发现了语文这门学问里隐藏着如此多的美。

（作者：2014 届学生 郑颖，后就读广东金融学院，现在外企工作。本文原载《少男少女·教育管理》2020·03C 期）

◉ 最是享受语文课

时光飞逝，大林老师已经陪伴我走过了高中三年的语文学习旅程，我在获取语文知识的同时也收获了许多的人生道理。我总觉得大林老师对某些事物的见解和对于人生的思考及态度往往会与我不谋而合，所以每一节能与大林老师接触交流的语文课对于我来说都是享受，充满着期待。

7 月 3 日的语文课是我高中生涯里的最后一节语文课，也是我听大林老师"唠嗑"的最后一节课。毋庸置疑，这是我最难忘的一节语文课。早在上课之前，我便开始想这最后一节课大林老师会讲些什么呢？会不会有些特别的东西呢？

铃声响起，大林老师如往常一样开始他的讲课。也许是"最后"这一标签给了这节课不一样的感觉，也赋予了十一班全体同学特别的意义，大家都听得格外认真。首先开始的是继续上节课的内容——传说中的高考"临门一脚"。大林老师给我们整理了文学类文本的解题方法，带我们回顾了考点和一些答题的术语。同学们都在唰唰唰地忙着记重点，生怕一不留神错过"押题能手"大林老师的核心点拨。接着，我所期待的特别的东西出现了——我乃至全班同学都带着期待与好奇看着大林老师制作的 PPT——"那时……"，我们配着音乐《光阴的故事》享用着这份回忆的"甜点"。我们也被带入了记忆的最深处。

是啊，那时排斥语文、创作的我们落入了大林老师的"魔掌"；那时还羞于站在讲台上大声分享自己的成果，勇于表现自己的我们在大林老师的支持与鼓励下逐渐自信起来；那时青春无限、创作无限的我们与大林老师一起探寻未知，化被动为主动；那时乱成一团的十一班总是让大林老师操碎了

心……"'那时'的每个人注定将迎来另一场盛宴，而'那时'也终将定格在'那时'，可是——那又怎样"。也许那一刻，所有同学都与我一样，静静地回忆着、感念着。

　　与大林老师一起"玩"过高中三年语文路，我知道了许多不知道的东西，拥有了许多"第一次"。这最难忘的一节语文课将镌刻在我的记忆深处，也许未来的我并不会从事与语文有关的工作，但高中三年里学到的与语文有关的思维方式及大林老师独具特色的教学方式却会让我受益终生。

　　未来的道路还会有许多坎坷险阻，但——那又怎样，笑着越过去便是。这是大林老师教给我的道理。

（作者：2020 届学生　邱婉瑜）

链接（2）：师友看"二自语文"

◉ 行稳致远，本立道生

——我眼中的"二自"语文

语文教学的根本任务和目标是培养学生的阅读和写作能力。围绕这个根本任务和目标，语文教师在教学中最主要的是做好三件事：激发学生愿意学习语文的兴趣；培养学生良好的学习语文的习惯；提供充分的学生阅读和写作实践的机会。

林明老师倡导并实践的以"读·写·秀"为主要载体的"二自语文"理念紧紧地抓住了语文教学的根本，较好地克服了语文教学根本目标旁落的时弊，走出了一条语文教学的阳光大道。相较于很多语文教育同人的"读写结合"探索，林明老师"挖空心思培养学生对阅读和写作的兴趣"，在紧抓"读写"的基础上，特别突出了"秀"在语文学习活动中的地位和作用，我认为是更显高明的！

他的"二自语文"较好地契合了学生学习的心理特点，突出了学生的主体地位，让学生在自主和自由的学习状态中感受语文学习之趣、之美、之乐，就像牛羊到了丰美的草地上，有利于形成语文学习的良好生态。对个体来说，为了秀得精彩，必须读得精彩、写得精彩！而这种精彩的体验倒过来又会进一步激发语文读写的兴趣，形成语文学习的良性循环。对集体来说，"秀"是分享，是交流，它就像一面镜子，将学生无形的能力有形化，将个人的进步集体化，更有利于集体营造语文学习的良好氛围。

君子务本，本立而道生。林明老师紧紧抓住培养学生读写能力这个根本，走出了一条宽阔的语文教学改革之路，也是一条很值得学习借鉴的专业

发展之路。

（作者：广东梅县东山中学高中语文正高级教师、校区校长姚勇文。原载《少男少女·教育管理》2020·03C 期）

◉ 体悟"二自语文"，感受教学乐趣

在高中语文教学中，如何实践特级教师、正高级教师林明老师主张的"二自语文"理念？笔者以参加林老师主持的广东省教育科学"十三五"规划重点课题"以自媒体为媒介，开展专题读写活动教学"的实践研究为例，谈谈个人的体悟。

一、自由读写，体味语美

"二自语文"主张以引导学生发现、品味、探究、感悟语文之美为主线，让学生自主、自由地感悟语之趣、文之味。这主要通过专题读写活动来实现。读写活动是围绕某个专题而开展，是有明确指向性的阅读写作教学活动，是深度阅读的一种形式，也是提升学生写作能力的有效途径。

在确定读写专题时，首先考虑依托教材中的资源，深度挖掘专题内涵。比如可以围绕同一主题比较阅读，即把主题相近的几篇文章放在一起确立一个专题。如在教学贾谊的《过秦论》时，把苏洵、苏辙、李桢三人的《六国论》和《阿房宫赋》提供给学生进行专题阅读，学生就会发现，由于作者的立场不同，观察问题的角度不一致，同一历史事件在他们的笔下，会得出不同的结论。比较他们在论证过程中采用的不同方法，这对培养学生的辩证思维有很大的帮助。

专题读写的内容，除了同类作品阅读，还有由一篇文章推及整本书阅读的专题学习，教师引导学生自主阅读经典作品，读好书，读整本书，丰富学生的精神境界，并将其作为提升学生人文素养的重要途径。比如我们开展了"鲁迅散文专题阅读"，精心挑选了《野草·题辞》《秋夜》《无常》《中国人失去自信力了吗》等 25 篇精美散文，用一个月的时间走进鲁迅。教师和学生一起欣赏鲁迅的散文之美，指导学生探究鲁迅的思想和语言，进行研究性写作，把学生的思考引向深处。专题读写中的相关篇目、经典名著内容的确定，遵循了教师为主导，学生为主体的自主探究学习方式，专题学习内容的确定过程遵循小组内自由确定的原则。实践证明，这样做对激发学生的阅读兴趣，开拓学生的视野，提升学生的精神境界，涵养学生的人文素养，都有较大作用。

二、自由应用自媒体，秀出语趣

林老师倡导的"二自语文"以"读·写·秀"活动教学为模式。认为阅读和写作是"秀"的先决条件，"秀"则是展示学生的阅读、写作的成果和素养。他认为自媒体时代的语文教学不应只存在于封闭的课堂中，而应走向社会，走向网络。要充分利用自媒体平台开放互动的特点，引导学生恰当使用各种媒介自由"读""写""秀"，使学生在自由的氛围中逐渐领悟语言和形象的理趣、情趣，进而让学生获得成就感并对下一次活动产生期待。笔者在专题读写的过程中，就以学习小组为单位组建微信群，引导学生制定小组任务，组织不同的研究学习群进行探究阅读，定期把自己的阅读成果以电子稿的形式上传发布，并在网上由师生共同讨论、交流、点评。教学实践证明，这种教学主张是切合学生和教学的兴奋点的。

尤其是"秀"，"秀"的过程其实是学生不断走进作品，走进自己的过程。其间，教师指导方法，提供材料，示范引领，稳步提高学生的思维水平。比如学生初读《宝玉挨打》时看到贾政暴怒，就认为他粗鲁冲动。但是经过学生的互"秀"，尤其是网络研讨活动，学生逐渐修补了自己的思维缺陷，使思维变得更加立体缜密与深刻，最后在总评贾政时这样说："贾政欲以一己之力，使宝玉走上自己所追求的仕途道路，但是他一怪宝玉的性格始终叛逆，和他的价值观念完全冲突，二怪宝玉周围的人都护着他，阻碍势力过于强大，他愤怒也没有用，悲伤也没有用。在这个封建落后的制度里面，这本来就是一个死局。"学生在"秀"的过程中，不仅读懂了一个人、一篇文章，也提升了解读人物、解读文本能力，更在思考的实践中提升了思维品质、思维能力。

三、自主感悟，悟出文道

"二自语文"最终目的是引导学生"悟"出读写之道。因此，教师一定要最大化地利用教材资源，引导学生深入文本，调动学习积淀，教学生学懂

并悟透文章何以这样写而不那样写的奥妙，还要指导他们在课外长期坚持这样的学和悟，不断提升他们学习语文的能力和素养。

"悟"的方式有当堂探究、课前演讲、课后完成作业、随笔等，教师要积极引导学生去发现文章的可"悟"点，给足他们思考、探究和判定的机会与平台。比如在教学《长亭送别》时，引导学生对崔莺莺的爱情观进行思考："崔莺莺之母要求张生科考取得功名错了吗？"教学《师说》，引导学生思考："'生乎吾前其闻道也'是否就一定'先乎吾'？"教学《季氏将伐颛臾》，引导学生思考："仅树仁德是否就可以安天下？"……笔者认为，让学生这样的自主感悟，不仅有益于课堂内发挥学生的想象力、创造力和思辨力，更有利于培养他们的自觉和习惯。如果教师能够将"悟"贯穿于"读、写、秀"三个教学环节全过程，督促检查学生课内外自主感悟的结果，及时评价、展示优秀成果，供集体分享，鼓励学生形成习惯，与学生一道成长，那么学生的自主精神、独立人格、辩证思维等自然就会由课内到课外、循序渐进地得到良好发育。

总之，"二自语文"使学生真正成为课堂的主体，学生的学习需求真正成为教学资源的选择标准和生成土壤。实践证明，这样的教学活动是高效的，也是深受学生欢迎的。

（作者：梅州市曾宪梓中学高级教师 饶碧玉。原载《少男少女·教育管理》2020·03C 期）

◉ 敢实践方出真知，有境界自成高格

——我看林明老师"二自语文"

随着 2017 版新课程标准的颁布，"学科核心素养""学习任务群"逐渐走入众多一线教师的视线，也引发了大家的困惑和迷茫。而林老师的"二自语文"教育理念的产生、提炼，体现了他在理念和实践层面（尤其是后者）超越普通一线教师的前瞻性，其中令我感触最深的有以下几点。

一、重视激趣与品味，奠定"审美"的核心地位

记得看过这样一则笑话：有一饿汉到一家店买饼吃。他吃完一个又一个，一连吃了六个饼还不饱，直到吃完第七个饼才感到满足。这时却他突然懊悔

自己为何不一开始就吃第七个饼，白白吃了前六个。

整本书阅读和群文阅读到底该教什么、怎么教？一本书内容那么丰富甚至庞杂，不同作品题材多样，主题、手法、风格等各不相同，要回答上述问题，关键是找到适合的教学切入口。"审美"就是一个很好的抓手。正如林老师所说的，要让"美"根植于学生内心。当学生有了审美的追求时，他们就不再满足于停留在功利层面的阅读，而有了精神上的"饥饿感"。真正的审美活动绝不会是空中楼阁。阅读一旦达到"审美"（包括鉴赏与创作）的层次，意味着学生在"饥饿感"驱使下不仅吃到了这"第七张饼"，而且在此之前一定吃了其他"六张饼"。以审美为重要目标，确立审美的核心地位，阅读与写作也会变得有内容、有高格。

而现实的困境是，在功利性教学的影响下，学生的审美素养不高，在审美意识、审美趣味、审美能力方面存在很大的提升空间，机械刻板的课堂教学和一些教辅资料的"课文逐句注解式""标准答案式"的"美的教育"也常常沦为肢解美甚至消解美、异化美的工具。

林老师的专题阅读教学通过精心设计的文本选择、文本导读、驱动任务等来"激趣"，引导学生在阅读过程中从品味语言、鉴赏形象等角度去触碰美、感知美、体味美，再用文字去描述美、创造美，久久为功，看似"务虚"的审美最后也成了某种意义上的"务实"，收获了可喜的成果。

二、体现自主和自由，彰显学生主体性

新课标中强调，"学习任务群"应"充分顾及问题导向、跨文化、自主合作、个性化、创造性等因素，并关注语言文字运用的新现象和跨媒介运用的新特点""以自主、合作、探究性学习为主要学习方式，凸显学生学习语文的根本途径"。正如林老师所言："教师应该是也必须是策划者、引导者、组织者、参与者、行动者，教师和学生同是学习的主体，但只有学生参与其中并让他们觉得自己是主角时，这样的教学才真的有实效。"在专题读写活动中，教师的作用主要体现在"选"（选书目、选角度等）、"引"（吸引，激趣）、"导"（指导阅读和写作）、"评"（评价，包括参与评析文本、评价学生过程与成果）这几个环节。学生在学习过程中，以自主、合作、探究式的学

习为主，教师通过课堂交流、课后研讨等活动，并借助多媒体平台鼓励学生分享成果，互促互进，学生的主体性得到充分的激发和彰显，从呈现的成果看，学习效果也非常理想。

林老师教学的一大特点是尽可能地给学生创造各种机会和条件，让学生自主、自由地参与共享和展示活动。如"牛刀小试""展示分享"等活动，"本质上是给学生提供机会或平台，让学生能够自由、自主地表达自己的观点或看法，从中感悟语之趣、文之味"。在教师必要的引导之下，学生进行分工合作，一些比较内向的学生会得到机会锻炼自己的自主性，如果获得小组成员、家长或教师的肯定，将会极大地增加他（她）们的自信心；让学生当众展示小组的研究成果、将学生的作品发表在"爱吐纳"网站和同名微信公众号上，都能起到及时鼓励学生展示自己、让学生获得成就感的目的。

三、注重细节和过程，构建完善体系

开发专题读写课程，有好的点子不是最难的，难在形成体系——不仅要有核心的理念、优质的学习材料（即阅读书目、写作范本等），更要有较为完整的流程设计和完善的操作细节。从这个角度来说，林老师的"二自语文"带给我们许多非常实用的"操作指南"。例如为读写活动（教学流程）设计出了"下达任务，读写导引""应用资源，自主读写""分工合作，牛刀小试""智能测试，形成能力""展示分享，达成任务"五环节教学模式，将教师在学生专题读写活动过程中的导引作用细化为"目标导引""任务导引""品质导引""方法导引""行为导引""途径导引"六大点，将阅读行为划分为"基础阅读""检视阅读""分析阅读""主题阅读"……这些精细的设计与处理体现了活动设计极强的层次性、针对性和实操性。

作为欠发达地区的学校，生源、资源和软硬件等客观条件的限制，许多先进的教学理念没有条件很好地"落地"，但林老师结合梅州地区的教学环境，最大程度地利用现有的条件，根据时代的进步、社会的发展、科技的革新不断超越现实的局限，带给了我们非常多的启发和勇气。

（作者：梅州市蕉岭县蕉岭中学　丘丹。原载《少男少女·教育管理》2020·03C 期）

第4章

阳光研修

· · · · · ·

　　这是基于省级名教师工作室的实践形成的研修路径，阳光教师如果想要成就更高、更强的自我，乃至成长为卓越教师，加入它，就是一条正确的"捷径"。

名师工作室的研修

◉ 省级名师工作室研修的基本策略

从 2018 年 4 月担任省级名师工作室主持人三年以来，工作室立足精准设计一个系列特色课程，创新四种培养培训模式，初步形成了自己的特色和品牌，为教师的职后研修培训提供了有效借鉴。这是基于省级名教师工作室的实践形成的研修路径，阳光教师如果想要立言，成就更高、更强的自我，加入它，就是一条正确的"捷径"。

下面就建设路径和培养模式做简要阐述。

一、课程设计理念上，坚持四个"必须"

（一）必须有精准设计课程的意识

由于工作室培训和研修活动的开展并没有现成的课程标准，如果仅是为了完成上级下达的任务，即便没有走样，也很容易"眉毛胡子一把抓"，结果往往抓不住重点和要害，培训处于无序或低效状态；如果仅为了花完工作室经费而开展各种培训课程，那便是应付，甚至是不负责任的行为。为避免出现上述问题和现象，也为了让投入获得最大的产出效益，主持人必须具有较强的精准设计课程的意识，才能使培养、培训的成效质量更高、品味更精致。

（二）必须立足"学科必须的"

"学科必须的"指的是必备的学科教育教学理论与技能，以及与之关联密切的部分。以下项目我们工作室认为是"必须的"：

1.《普通高中语文课程标准》（2017 年版 2020 年修订）、《中国高考评价体系》及其"说明"的学习与研讨。这是学科教学和考试的"大纲"，需要反复学习和不断研究，越深越好。

2.专业、高端教育教学理论著作和经典文学、哲学、美学、传记等作品的阅读与研讨。这是扩展学员的阅读视野、知识视野，提升学科思维能力的重要环节。

3.课堂教学基本技能和艺术的学习与研讨。教师的核心任务就是课堂教学，因此这一点非常重要。

4.高考备考学习与研究。我们培养出来的教师应该是中高考的专家，至少是一个有主见、会思考的优秀教师。

5.本土一线名师的教育教学实践与经验。这是教师最实用的财富和红利。

（三）必须依培养目标和"学情"

"学员"的"学情"和培养"目标"是课程设计最为重要的依据，它直接关系到培养、培训课程的策划和实施的效能、质量，必须综合考量。

主持人心中一定要明了自己想使培养对象成长为什么样的教师，开设什么样的课程才能使他们高效、快速达成预期目标。在"学情"方面，需要了解每个人需要什么、缺什么，有什么教育教学优势或特色，教育教学水平和能力达到了什么样的层级，学员自己的"所需""所缺"。了解"学情"的基本途径有三条：设计问卷进行问卷调查，这是最准确、最有效的方式；座谈（微信群）调查，通过座谈或微信群聊天的方式观察、了解、判断培养对象的亮点或不足；闲聊调查，可以是一对一，也可以集体闲聊。

（四）必须立足本土和周边地市

华南师范大学王红教授在《教育国际化——用本土课程培养能参与国际竞争的人》一文中说："教育国际化的着力点绝对不应该放在引进什么样的国际课程上，而应该放在如何优化本土课程，让本土课程与国际人才标准相衔接，用本土课程培养人才参与国际竞争的能力上。"这段话给名师工作室的课程设计与开发利用提了个醒：名师工作室课程开发与利用须立足本土和周边地市，以国家标准精选本土顶尖或一流师资，发挥本土名师或骨干教师的作用，设计、优化具有本土特色的课程。梅州及其周边地区几乎都是客家民系，客家民系历来尊师重教、人才辈出，人才资源丰富多样，我们邀请他们来讲课评课、与学员面对面座谈，三年来，邀请人数超过 15 位。这样，既

能拓展学员的视界，直接提升他们的教育教学水平和能力，也能很好地锤炼、宣传、推介本土名师（骨干教师），并促进区域名师互动，形成强大团队合力。

二、课程设计内容和策略上，关注五大路径

（一）突出问题导向和主题设计

工作室必须正视学员存在的教育教学素养和能力缺陷，即"所缺"；必须把握学员需要什么以及必须达成的目标，即"所需"。这两者不仅是上级的要求，更是精准设计课程的根本和出发点。事实上，围绕所需、所缺设计出来的课程更受学员的青睐，他们会觉得自己获益良多，不仅自己困扰多年的难题得以解决，而且自己的知识视野、思维视野得以扩展，审美意识和能力也得以大幅提升。

精准课程设计同时必须突出主题。无论是集中跟岗研修，还是网络研修活动，都要依据培训需要、拟解决的问题确定培训的主题，并据此制订、实施研修规划。三年来，我们规划实施的主题是：主持人教育教学思想发展研究、语文思维与语文教学之美研究、语文各类文本课堂教学系列研讨、科研课题选取与实施研究、跨界学习与研讨、传统（本土）文化挖掘与传承、学生生涯发展研究、整本书阅读与研讨、深度学习与群文阅读研究、语文专业与非专业书籍阅读与研讨系列、学员教育教学主张（思想）与教师专业素养发展交流与研讨、信息技术与教学应用研究与实践、高考备考与命题研究、新课标与高考评价体系下的教学设计研究，共14个主题。如今，这14个主题形成了相对完整的系列，为打造工作室特色和品牌提供了有效、有力的保障。

（二）力求做出特色，力争极致

创造特色品牌是工作室非常重要的任务。每个工作室面对的实际情况都不相同，因此，它注定带有个人的印记。我觉得创新培养模式、做出特色、力求极致是每一个主持人必须努力追求的目标。本工作室经过三年多的实践摸索，形成了如下四大培养培训特色模式：

1. 读写融合。我们认为，没有大量的阅读和写作，就没有语文名师。因

此，我们以"同读一本书，分享新理念"为主题构建三年系列阅读研讨活动，每年向学员推荐 20 本必读书目，每年举行四次专业或非专业著作阅读与写作研讨活动，迄今已经开展了 12 次活动，学员不仅要积极参与网络研讨活动，而且必须写读后感或书评。这个系列活动使学员不仅初步形成了阅读的氛围和习惯，而且通过创作，他们在教育思想上得到更高、更深、更广的发展——在 CN 报刊发表或正式出版的论文超过 10 篇，出版专著 3 部，工作室研修成果和活动的图文报道被省名师工作室联盟微信公众号转载 21 次，居全省前茅。

2. 本土为先，智造本土品牌。梅州为什么不如珠三角那样名师辈出？就是因为梅州教师太缺乏成为名师的平台和机会。所以，让梅州教师拥有尽可能多地展示自我的平台和机会是工作室的主要任务之一。三年来，我们根据学员的实际，先后确定以"如何度过高中生涯"和"梅州经典诗文选读"的研究作为全体学员的课题开展集体研究工作，不仅开发出了系列微课作品，而且还编撰出两部具有浓厚梅州色彩的著作——《怎样度过你的高中生涯》《文学梅州经典诗文选读》。同时，工作室还采取全面培养、重点扶持的办法，使得 1 名入室学员（另有 1 名网络学员）成为市级名师工作室主持人，主持人也因此登上杂志《少男少女·教育管理》（2019.09C 期）封面。

3. 跨界学习。了解、学习不同职业的领军人物、拔尖人才的思想，是打开学员知识视野和思维视野、拓展视界的重要途径。基于这个认识，我们先后组织了七次跨界研修活动，主动走进企业、律师事务所，主动踏入小学、幼儿园，向不同行业、不同学段领军人物、拔尖人才学习。实践证明，跨界学习符合学员的实际，也切中了他们存在的不足。

4. 按需送教。即乡镇中学需要什么，我们就准备什么，这是精准送教下乡的行动准则。对乡镇中学教师，我们认为，他们和城市学校教师一样，也有自己的特色、优势和长处，因此，我们将"同成长，共发展"作为送教送培下乡活动的主题。这种相互尊重、相互学习的态度得到了乡镇中学领导老师的高度认可，取得的成效比较显著，工作室影响力也得以扩大。

（三）在实施课程中动态生成精准课程

由于工作室的课程没有现成的指导意见或方案，因此在动态中生成精准课程是常态。一般而言，下一阶段的课程要取决于前一阶段课程实施后达到的效能程度、学员的得与失情况以及教育情势的发展。这一方面需要主持人先于学员精准把握教育领域的脉动，比如，2020年教育部出台了《中国高考评价体系》及其"说明"，又对课程标准做了修订，那么，如果要生成一个新课程，主持人就要先于学员研读这两个文件，然后才可能精准设计课程。另一方面要求主持人在每次课程结束后，认真反思、总结取得的成绩和存在的不足，并以此为依据设计下一阶段的课程。比如，2020年我们研讨了整本书阅读教学的基本策略，2021年，为了适应统编教材的需要，我们就进行群文阅读教学策略的研讨，重点开展了统编教材的教学设计编撰活动，最终生成了必修"文学阅读与写作"系列五个单元的教学设计。该系列教学设计发布在工作室微信号后，仅半个月点击量就超过3000人，获得了较好的效益。

（四）多样化

为避免课程设置的单调性，适应不同需求，课程设计还应该围绕培训主题设计、开发形式尽可能多样的课程。比如，就写作教学这个主题，我们就采用了"专题讲座""同课异构""专题交流""45分钟微论坛"等四种活动形式安排7天课程，7天下来，学员表示这样主题集中、方式繁多的研讨震撼到了自己的灵魂。

（五）讲究梯度和顺序

培养、培训课程注定会有主与次、难与易、共同与不同之分。因此，课程设计和实施必须讲究梯度和顺序，即课程设计宜遵循有主次则先主后次、有难易则先易后难、有同与不同则先同后不同的原则。

三、课程设计价值上，突出两大作用

（一）名师引领作用

成立工作室并通过师带徒的方式来培训、培养教师，其中一个重要目的就在于发挥名师的引领作用——以名师成就优秀教师，以名师成就名师。因此，主持人必须有这样的认识：工作室课程不在于给学员多少教育教学的智慧，也不在于给他们多少教育教学的方法，而在于能不能给他们最优质或一流的专业思想和高水准的行动的引领，在于能不能以自己的思想和专业化的行动给他们最大效能的思维与思想的启迪。我相信工作室学员的智商一定不低，问题在于他们是否能将获得的专业引领落实到他们个人的教育教学行动中；我也相信他们的潜能无限，关键在于他们能不能最大限度地主动挖掘自己的潜能，为他们的教育教学服务。

（二）同伴互助作用

工作室虽人数不多，但大家来自不同地区和学校，能力和水平参差不齐，每个人的发展需求也不一样，这就使建立优势互补、抱团取暖、相互促进的团队成为可能。简单地说，如果能设计一些合作、交流、分享活动的课程，以此发现、挖掘、展示他们各自的长处或优势，让他们发现自己是有特长、特色的，那么，一定能坚定他们的职业信念和追求，使他们建立起从教的信心，进而提升团队的凝聚力和战斗力。比如，我们开辟了"45分钟微论坛"，让每个学员每年一次登上这个微论坛，希望通过三年活动，能逐步凝练出每个人的教育教学思想。如今学员们的"激动语文""慢、漫学语文""温馨语文""有生命力的语文课堂"等教学主张或思想正在生成并走向成熟。

四、课程实施时间安排上，讲求"科学、合理"

课程实施时间安排包括集中跟岗培训、网络研讨活动的时间安排。一方面，需根据工作室和学员的目标要求安排课程，另一方面，也必须听听入室学员的声音。前者是规定，不能更改，后者是具体行为和想法，可以商量。我认为，较为科学的集中跟岗时间安排以4—6天为宜，它可以确保学员对一个问题有比较深入的探讨、思考、交流和分享的时间，有利于学员反思自己的教学思想。而网络研讨课程完全可以充分听取学员对研讨主题（话题）、时间等的意见，使他们能够身心愉悦地参与研讨活动。快捷、方便的网络研修已经成为工作室培训的重要方式。

套用王红教授的一句话：当我们主持人真正成为课程设计师、学员导师、教育教学先行者和研究者时，当我们用带有本土特色的课程培养出不输于任何工作室的教师并且能够成为其他工作室的样本时，当有一天工作室的精准课程设计做出特色并且做到了极致时，那么，主持人就不只是主持人，而是"名师"主持人；工作室的课程就不只是"进口课程"，而是"出口课程"了。

如是，工作室的课程就是有特色的，工作室的成果和品牌就是极致的！

又及"同心圆研修模式"或者叫"'848'同心圆研修模式"。

第一个"8"指的是工作室研修的核心是提升入室学员的"八力"——思想道德修为力、信息技术融合力、教育教学力、学习力、研究力、阅读力、引领力和课程开发力等专业素养。

"4"指的是研修的四大方向——读、写、做、学、秀融合，凝创本土品牌，名师引领、抱团取暖，任务驱动、竞赛促成。

第二个"8"指的是研修的八大特色策略——"同读一本书，分享新理念"读写融合活动；"45'微论坛"分享活动；创凝本土品牌活动；跨界研修学习活动；按需送教送培下乡活动；原创高考模拟卷活动；教育教学素养竞赛比拼活动；头脑风暴活动。

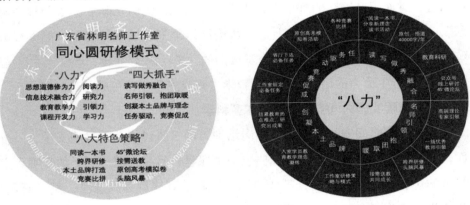

（注：本文作为典型材料入选广东省教师发展中心征文比赛奖）

◉ 教学共生，心智同成

回首 2018 年，对于我本人而言，最有纪念意义的事情有两件：通过正高级教师评审；担任省名师工作室主持人。前一件事其实主要在于多年的积累，后一件事则完全是开创性的工作。尤其是设计研修课程，我要考虑的核心问题是我设计的课程能不能给培养对象带来全新的思考，哪怕是另类的思考和批判，在他们面前开启心智的大门，使他们的思维视野得以发展。

只是今天看来，这个工作是值得的。一位已经是副高级职称的培养对象说，周围很多人说他"变态"了。从他的话语中，我听出来他所说的"变态"是指改变了他惯常的工作和生活状态，之前没日没夜完全把时间交给了学校管理和教学，一有空就喝茶聊天，现在，除了完成学校管理、教学任务外，总是拿上一张纸记录自己看到的、想到的问题和解决问题的思路或办法，别人问："在哪喝茶？"答曰："在想问题。"于是就有了"变态"论。

这样的教师不止一个，更多教师的教育"初心"被唤醒，教育教学的视界得到不断扩展，职业发展方向变得明确、清晰。实话实说，这很符合我的预期，真正达到了教学共生、心智同成的境地。

我最提倡的工作室活动之一就是读书。在 2018 年半年的时间里，工作室成员完成了一年的精读量（我给他们提的最低要求是每年阅读 20 本书，精读 5 本书）。我觉得阅读可以打开教师的思维视野，使教师逐步形成大视界、大胸怀，如此，教育教学才能跨学科而纵横千里、游刃有余。窃以为，当下很多教师会产生职业倦怠，除了收入不高和固定之外，就在于教师不再阅读。不再阅读的教师看不到自己从事的职业的乐趣和高尚，不再阅读的教师只顾及眼前的苟且却忘却了健康积极的追求，不再阅读的教师思维固化在他当时的状态而忘却了这是个变化极快的世界。

不仅如此，我很幸运能够找到这十位培养对象、两位助手，他们每一个人在学习、思考的同时也促使我不断思考，启迪并充实着年过半百的我的头脑，使我一直保持着年轻的心态。

比如，一位助手不太赞成我的"课堂教学不要过多预设"说，她认为反而要预设得多一点。这种敢于和前辈争论的精神，是如今教育领域非常缺失的精神，我觉得这才是应该有的教研"常态"。关于"预设"，后来我回应说，所谓的"预设"是指课前设定了授课的内容和程序，课堂完全按照课前设定的程序组织教学，而不是指上课前思考尽可能多的教学问题，思考尽可能多的教学程序——这不叫"预设"而叫"全面思考"，这种多角度思考模式恰恰是我们很多教师欠缺的。现如今，很多教师热衷于将课堂内容和程序制作成大量 PPT，结果是一节课下来，只见教师在翻 PPT。容量看上去很大，

但这是学生所需要的吗？我向来反对大量使用PPT，尤其是语文教师，课堂上教师必须凭自己的语言表达和板书来唤醒学生的想象和联想，让学生从中感受语言文字之美，获得形象之美的陶冶。

比如，就一堂寓意型材料作文审题指导课，我发现了语文教师常有的不足：没有语文味——只讲寓意，却没有点明寓意和要确立的论点的关系，偏向于哲学的表述。课后我问学生："就这些寓意，你觉得如果要写成文章，你将确定的论点是什么？"结果，好些学生一脸茫然，只有少部分学生能够清晰地表达自己的观点。在"收"与"放"之间往往把握不好，尤其是"放"，往往放得太广，因而收不回来，即使勉强收回来了，问题也会讲得不透彻、不全面。这些不足其实在我的教学中也常会出现，只是当时并没有及时发现和思考，现在听这些优秀教师的课，才观照到自身的不足。

再比如，关于高效课堂的讨论，一位老师说，"高效"即是高效率——让学生在有限的时间内获得知识，完成学习任务；另一位老师说是高效益——让学生在有限的时间内完成学习任务和得到益处。对于这两种说法我都不太赞成。我认为"高效"应该是高效能——在有限的时间内调动起学生主动学习的欲望并引领学生主动学习，进而使学生的潜能得以发挥和发展。总之，高效课堂必须让学生课内愉悦，课外期待。

如果说，第一次集中研修大家还所有保留，或者只停留在观望、观察工作室及其主持人能够给我带来什么上，那么，第二次集中研修，我们就基本形成了一个自由开放、求真务实的学习共同体。在这个共同体中，大家都是正在成长和发展的个体，也是相互学习、共同进步的团队。

"丹凤低吟炼智慧，丽文高歌为芳华"。在新的一年到来之际，我很乐意带领这个共同体，胸怀每个人的中国梦一起开疆辟土，做出达到极致的教育教学成果，闯出一条特色鲜明的教育教学之路！

◉ 求真务实创特色，脚踏实地求极致

——从原创命题活动说起

各位学员：

大家上午好！第一次给大家写信，言语如有不当、不妥之中，还请多多包涵。

这封信，我想从原创命题说起。

本次工作室组织的第一次高考模拟试卷原创命题活动已告一段落。给主持人的感觉是：革命尚未成功，同志仍需努力。阅读完所有材料，我觉得各位在选材上是比较符合近两年高考命题要求的，在落实"立德树人"方面很好，也很有地方特色。但命题水平参差不齐。有的教师在反复打磨、权衡之下，能够基本按高考试卷的命题要求去做，质量比较高，但也有的教师缺乏研究精神，没有注意参考、研究近三年全国卷命题的要求和依据，甚至题干的表述都出现不符合高考命题格式的现象，有些题目的答案经不起推敲。这反映出我们中有些教师的思想意识里不重视这次活动，以为只不过是一次命制高考模拟题的活动而已，并不能提高自己的教学能力，敷衍一下就可以了——这也是我们梅州这样经济欠发达地区的大多数教师的心态和思想。只是我想提醒你们的是：你们是广东省林明名师工作室的培养对象！

事实上，命制高考模拟题是一项非常能见教师教学和研究功底的活动。我把高考模拟卷命制工作看成是对提升各位教学能力和研究能力的极为重要的工作。一个高中教师，如果能够命制出一套或某几个部分符合高考要求的试题，一定是一个教学实力强大的教师！一个教师如果能把高考试卷如何选材、依据什么命题、题目怎样表述、答案怎样组织、这样命题的意图是什么等等搞懂、弄通了，他在日常教学中就将心中常有一面明镜，能让他高屋建瓴、高效地指导学生做好复习备考工作。更为重要的是，一旦你连续三年做同一件事情，你就会形成一种优秀的习惯："会"跟踪高考试卷及其分析，"会"准确判断一份试卷的意义和价值，"会"从一份高考卷中看出教学的价值和方

向，"会"说"假如我来命题，我会……"，如此多的"会"，当然令人羡慕，就像工作室助手饶碧玉和丘杏林两位老师一样，他们的确比各位更有自己的思想——前提条件是得认真推敲高考真题的内涵及专家对高考试卷的分析，认真对待每一次原创命题！

我曾在第一次集中研修时和大家说过，我们的教育教学必须做出特色，做到极致。时至今日，我们中有些教师可能还是不太关注这一点。大概率的原因是认为自己达不到这个标准。只是我得说，既然加入了我们这个团队，至少我们必须有这样追求，我们可以达不到这个境界，但我们必须有这样的追求。这是我作为主持人在学习和工作上向各位提出的要求和希望。

我们工作室的风格第一条是求真务实，我向来奉行做人、做事必须求真的原则，所以，工作室的每一项工作我们都必须认真完成，敷衍不得。你们也没法在我的眼前敷衍。你们要是敷衍一下，我就会看到：请不要怀疑大林的眼力。这里我再谈两个实例：各位学员一年来至少共同阅读了五本书，第四本书没有要求各位学员写读后感，只要求参与网上讨论。但是，有些教师仍然写了读后感，有的尽管没有写，却做了不少笔记。我当然很高兴，因为这样的教师其实已经或开始让阅读和写作成为教学生活的常态，我曾经和各位学员说过，读过不如做过，做过不如写过（总结反思），写过不如发表过，那样思维就会由零散变为严密，想法就会变成思想，思想就会由个别变成系统（理论）。这也是我之所以成为今天的我的"秘诀"。第二个实例是寒假我们举办了学生读书作文比赛活动，其中东中和蕉中发过来的学生作品加起来就超过一百篇，丰顺华侨中学的一批学生不惧众多重点中学学生而提交了不少作品，且不说文章质量如何，单是拟写的标题就让我觉得学生训练有素，这让我看到了他们的老师的治教的态度是多么严谨！有时候，我想，看一个教师，不用看别的，就看他给自己的文章（课题）拟写的标题，大致就可以看出来这是一个怎样的教师。

语文教育教学素养的提升需要我们本着求真务实的原则，脚踏实地地创出一条自己的路来，它将本能地拒绝虚假，你对它非要虚情假意，它也定会让你变成一个金玉其外、败絮其中的大草包!

各位学员,写这封信,无意增加你们的压力或负担,但希望各位学员能够珍惜三年在一起学习的日子,认真完成每一项、每一次任务,通过比较系统的各种形式的学习、研究、实践,真正学习到一点东西来,并且为我所用,在培养周期内在语文专业素养、教学理念、专业荣誉等方面有较大幅度的提升和进步,并逐步成长为不同层次的骨干教师、名教师、卓越教师(学者型、专家型教师)。

顺致

教祺!

大林

2019 年 3 月 2 日

◉ 读书的意义

以前,对高尔基"书籍是人类进步的阶梯"论断的理解并不深刻,认为这太过高大上了,与咱老百姓还是有较大距离的。但是,最近隐隐感觉一个人的涵养、能力与这个人读书多少、读什么书正相关。人类就必须一辈子读书(我这里的书指的是纸质书),因为人类是在读书的过程中发展自己的文明的。

读多少书决定了一个人所能达到的广度。朱光潜先生曾一针见血地指出:"倘若基础树得不宽广,你就是'专',也决不能'专'到多远路。……学问这件东西,先要博大而后能精深。"今天,我们有太多的任务或工作等待着我们保质保量地去完成,所以一旦谈到读书,现代人最常说的一句话:"我没有时间。"读书似乎成了可有可无的事情,而且很多人还拿网上消遣式阅读搪塞说:"你看,我其实也很重视阅读的。"毋庸置疑,一个人的时间和精力是有限的,人生的确有太多的事情等待着每一个人,但我要告诉你们的是,无论多么忙碌,都不能让阅读远离我们,而且,应当让广博的阅读成为我们生活的习惯!物理学家李政道就是一个典型例子。他曾说:"在年轻的时候,杂七杂八的书多看一些,头脑就能比较活跃。"此语乃箴言!

怎样读书决定了一个人所能达到的深度。明确知道自己的阅读取向和目标是最重要的。要常常问自己：我需要什么书？我为什么需要读这本书？通过阅读这本书我要（我能）达到什么目标？我将采用什么样的读书方法达到这一目标？是否达到了预期的目标？培根说过："书有浅尝者，有可吞食者，少数则须咀嚼消化。"换言之，有只须读其部分者，有只须大体涉猎者，少数则须全读，读时须全神贯注，孜孜不倦。"所以，读书还得分清楚哪些书该精读，哪些书该略读。

读什么书则决定了一个人所能达到的高度。要学会选择适合自己并必须阅读的书籍，这就是鉴赏力。"阅读一本不适合自己阅读的书，比不阅读还要坏。"优秀图书当然最值得阅读。优秀图书应首推经典作品、专家学者推荐的阅读书目；其次是精品报纸杂志，这些图书往往是人类知识的积淀，具有丰富的文化底蕴。而现实的情况是很多人偏爱阅读网络作品，不爱阅读纸质经典图书。我想，读书兴趣固然重要，但对自己不感兴趣的纸质经典作品更有必要通过强迫自己去阅读来培养自己的阅读兴趣，凡是经典，其作用的显现基本不如网络作品那么快、那么直接，但它一定是永恒而深远的，甚至是灵魂和思想的解放。当一个人意识到这样的意义时，他就自然能更深刻地理解为什么要阅读纸质经典作品了。

当然，读书其实就是生活，和吃饭、睡觉并无二致。一个爱书之人，他所表现出来的气质就与众不同，这是所谓的"腹有诗书气自华"；一个爱书之人，会觉得生活是如此美好和值得留恋；一个爱书之人，往往更明事理，更懂美丑。总之，让读书成为一种生活习惯，应该是阳光教师、阳光学生追求的目标！

卓越教师发展路径

◉ 弯道超越：从普通教师到卓越教师

我本是一个再普通不过的教师了。说"普通"，真的"普通"：第一，论学历，第一学历专科，本科也只是函授的，所以，智商不高，甚至有点愚钝——本来应该是"智慧的脑袋不长毛"；第二，论工作，起点不高，只是一个初中教师，所以进步很困难；第三，论工作地点，农村中学，学生素质不高，因而也影响自身发展；第四，论经历，前前后后在农村中学待过近12年，时间占从事教师这个行业以来的三分之一，但入职30年之际，本一门心思评正高级的我却评上了"特级教师"；2018年，还有幸遴选为省级名教师工作室主持人；2019年，本不再想评正高级的我竟然拿下了中小学正高级职称，在职业生涯的路上，算是达到了我的"极致"，在很多人看来，实现了从普通教师到卓越教师的跨越；尽管我个人并不认为如此，而是认为运气的成分更大一些。

有人可能要问："凭什么？"我翻来覆去找了半天，渐渐悟出一点：我与很多人的差别就在于：你只想未做（或半想半做），我又想又做；你光说不做，我只做不说；你只做不总结，我不仅做还写总结；你做得粗糙、大众化，我做得精致有特色；你做得漫无目的，我做得目标清晰；你中途变得懈怠，我却孜孜以求。

各位如今已经成为入室学员，我想，你们已经是自己学校里的骨干教师了，时代、自我需求和教师成长规律告诉我们：我们得向卓越教师迈进！中共中央、国务院在2018年1月就下发了《关于全面深化新时代教师队伍建设改革的意见》，在"目标任务"中明确提出："到2035年，教师综合素质、专业化水平和创新能力大幅提升，培养造就数以百万计的骨干教师、数以十万

计的卓越教师、数以万计的教育家型教师。"我希望在座的9位先生，你们都能成长为其中的一员！

而想要实现从普通教师到卓越教师的跨越，其实也没有想象的很艰难的路要走——只是要耐得住一点寂寞而已，它如科学家、文学家、经济学家、医学家等一样，需要长时间才能出成果。下面以我的人生路为例，从四个方面——职业追求、日常教育教学实践、阅读与创作、教育科研谈谈如何实现跨越发展。

一、教师必须有且坚定自己的职业追求

巴金在《灯》里曾说："人不能只靠吃米活着。"我认为，一个人民教师可以不成为名师，但不可以没有追求，因此，必须引导教师想清楚三个问题：

1. 何为"卓越"

我的卓越教师观是：坚定的理想与信念、爱与坦荡的胸怀、博大精深的视界、求真求美求自由、深厚的学识与素养。

2. 我卓越吗

现在看起来，虽然在名利范畴我既是特级教师，又是正高级教师，但我仍然认为自己不属于"卓越教师"。为什么？因为我觉得我的学识不够深厚（还不如我的夫人），自信心不够强大（常常需要别人推着我：特级教师要有特级教师的样子），所以，我只能鼓起勇气勇敢地往前走，至今还走在教育的路上。这不，目前我在做的工作，除了日常教育教学外，还在加工润色一本书——阳光教师，并且不停地写文章，包括今天的讲稿。虽然之前我做过类似的讲座，但面对各位精英、骨干，我基本是重新创作了这次的讲稿，因为我觉得不能含糊和敷衍大家。

3. 我将怎样成为"卓越"

以我的经历而言，教师专业成长和发展大致可以分为以下几个阶段：初出茅庐—合格—优秀—骨干—名师—卓越。从初出茅庐算起到合格，1—3年；从合格到优秀教师，3—6年；从优秀到骨干教师，6—10年；从骨干到卓越教师，10—20年（市级及以上名教师、特级教师）；从卓越教师到教育家型教师，15—25 年（特级教师、国家级优秀教师、正高级教师）。

这个历程牵涉的东西很多，但我觉得想要成长为卓越教师，首要的就是你得有而且坚定自己的职业追求。

（一）有职业追求的教师更坚忍执着地追求成功

先请看一个调查：美国哈佛大学对它的毕业生关于人生目标的调查：

27%的人没有目标；

60%的人目标模糊；

10%的人有清晰但较短期的目标；

3%的人有清晰而长远的目标。

25 年后，他再对这群毕业生进行调查，结果是：

3%的人是各界成功人士，其中不乏行业领袖、社会精英（这就是卓越教师）；

10%的人短期目标不断实现，成为各个领域中的专业人士、生活好；

60%的人安稳地生活与工作，没有特别成绩，几乎生活在中下层；

27%的人过得不如意且常抱怨社会"不肯给自己机会"。

他们之间的区别仅仅在：25 年前，他们中的一些人知道什么叫生活，而另一些人则不清楚或不很清楚。

（二）有职业追求的教师更有成就感和幸福感

这里我列举两个人的事例来说明。一个是我的上届工作室入室学员罗文欢老师，他是一个高级教师、学校政教处主任，当得知我要招收入室学员的时候，他的想法是想改变一下自己躺平的生存状态。加入进来以后，因为工作室的基本培训要求是"读、写、做、秀"，在第一年里，我邀请他编写《怎样度过你的高中生涯》这本生涯教育的作品，他用三个月的时间创作了纯字数超过 3 万字的作品。今年夏天，我再次邀请他合作撰写《阳光教师》，一个暑假又创作了超过 3.5 万字的作品，这两部作品使他很有成就感，也在入室学员之间树立起了榜样，上个月他又高升做了一所学校的副校长。另一个是本届入室学员余雪芬。她是研究生学历，进入工作室之前也是高级教师，还是市级名师工作室入室学员，今年 5 月份，她看了我的短视频宣传之后，

说:"我心里再也无法平静了。"强烈要求加入我的工作室,这半年多来,她参加了工作室组织的各项活动,结果,她的一个精品课被遴选为省级优课、一篇文章在 CN 杂志上发表了,还被推选为梅江区党代表。今天谈起这些成就,她是满满的成就感和幸福感!庆幸自己加入了工作室。

(三)如何达成自己的职业追求

这里介绍一点小窍门。

1. 确定一个短目标

大目标是必须分阶段的,每个阶段都必须有一个小目标。前面我们说过,教师自身的发展阶段应该是这样的:初出茅庐—合格—优秀—骨干—名师—卓越。对于每一个阶段,我把它们叫作阶段小目标,对应年龄则 27 岁前是"合格",30 岁前是"优秀",34 岁前是"骨干",45 岁前可能是"卓越教师",50 岁可能是"教育家型教师"。这取决于你能不能抓住关键的从"骨干"到"名师"的 6—10 年——这是一个厚积薄发的过程,重在积累、梳理、整合,不断为实现小目标而做必要的准备。

2. 明了达成目标的要件

每一阶段的目标都有其要件,也就是条件。一个有理想的教师,心中必须时时明了要达到的目标需具备哪些必备条件。对教师而言,职称是职业标识、是饭钱,更是达成卓越教师的先决条件。要早日评上职称,实现梦想,什么最重要?就目前看,论文(论著)、课题、班主任年限是达成目标的"硬件"。

举一例,比如正高级教师的评审,其中有一个必备项叫教育科研"四选二"(即四个条件中必须符合最少两个:(1)近 5 年主持一项市级以上本专业课题并结题;(2)主持或排名前三的教研科研成果获省级教学成果奖二等奖及以上;(3)出版学术著作个人撰写部分不少于 10 万字——小学、初中的少一些;(4)发表 4 篇论文,其中 1 篇德育论文,1 篇核心期刊,2 篇近三年发表)。你若不具备,即使让你申报了,你也一定会被刷下来——至于其他诸如荣誉称号之类的,我建议一个层级争取一个即可,不要贪多,学会让给别的人,尽管可能别的人没有你那么优秀。

3.满足要件，做到极致

在这一点上，我主要提三点建议供大家参考。

（1）"柿子捡软的捏"。从最容易达成目标的条件入手。通过获得感、成就感，增强自身信心和勇气。

（2）做出特色来。让自己的专长发挥到极致。教师必须在教育教学实践中逐渐形成自己的特色，这要根据自身的专长，并在长期的摸索中将专长做出特色，做到极致。深圳第二实验学校的林伟老师，先后主持国家级、省级、市级课题 12 项，在《数学通报》等刊物发表论文 200 多篇，出版《数学教学论》等专著 9 部，2 项科研成果获得省级一、二等奖，其中 1 项获得教育部第一届国家级教学成果二等奖，凝练了"适合学生的教育才是好教育"的教育理念，凭借这些成果，林伟老师被评为国家"万人计划"教学名师，享受政府特殊津贴。他在总结成功经验时说：自己最大的爱好也是最重要的一件事就是及时反思、整理和总结，通过提炼、升华，记录下来，形成文字。于是才有了如此丰厚的作品，而这些作品又助力他成为国家级名教师！

（3）在一个点上（一个要件上）做到极致。毕竟一个人的精力和时间都是有限的，不可能什么事情都做到极致，但在某一方面是可以达到极致的。

二、让读书与创作成为生活的习惯

朱永新先生创导的"新教育"认为："专业阅读，站在大师的肩膀上前行；专业写作，站在自己肩膀上攀升；专业交往，站在集体肩膀上飞翔！"

这里主要和大家谈谈专业阅读，创作问题待后再谈。

个人认为，作为教师，必须有这样的理念：让读书成为生活的习惯。书读得多了，你的视野和视界才会变得开阔起来，你的联想和想象能力才会变得丰富起来，你的思维时空才能变得纵横起来。

（一）教师要读什么书

我认为，阅读是一个教师作为社会人和教师双重角色都必备的基本素养。但教师有自己的特殊性，他承担的责任和社会人不一样——培养下一代人，使之成长为合格的国家建设者。所以，教师是一个最必须阅读的职业，罗曼·罗兰说："要播撒阳光到别人心里，先得自己心里有阳光。"怎样才能"有"？最好的途径就是阅读！但有些教师很奇怪，自己不读书，却要求学生读书；自己不读书，也不准学生读书。个人认为，阅读本身也是很实用、很有效的"研究"工作，而且，不读书尤其是不读整本书是一个教师产生职业倦怠最为重要的原因。

很多教师认为，阅读是语文教师的事情，进而认为写作也是语文教师的事情！有这样观点的教师我认为是不合格的，因为这些人没有搞懂教师这一职业，以及"学科（专业）阅读和写作"这个概念！我曾经在和李国玉名师工作室学员谈阅读的时候，开列了一个书单：

> 达尔文《物种起源》
>
> 摩尔根《基因论》
>
> 薛定谔《生命是什么》
>
> 饶毅、张大庆等《呦呦有蒿：屠呦呦与青蒿素》
>
> 克里克《狂热的追求》
>
> 理查德·道金斯《自私的基因》
>
> 布莱森《万物简史》
>
> 帕迪利亚《科学探索者》
>
> 亨利·法布尔《昆虫记》。

结果除了几本常见的书外，其他书很多教师就没有阅读过了。恕我直言，有的教师可能除了教科书和教参外，就没有阅读过别的书了！我曾经在不同场合说过，梅州的教学质量为什么不如珠三角？就是因为我们的校长、我们的教师不阅读、不写作，即使做科研也是假的！有的教师的课题（还是省级课题）连题目都不通顺，甚至语文教师的课题题目也如此！

再如，数学教师，阅读过罗素的《数理哲学导论》、张奠宙的《数学教育经纬》、波利亚的《怎样解题》《数学的发现》《数学与猜想》吗？

化学教师，阅读过哈佛大学 Evans 的讲义、西奥多·格雷的《视觉之旅：

神奇的化学元素》、戴树桂的《环境化学》、道尔顿的《化学哲学新体系》吗?

物理教师,阅读过曹天元的《上帝掷骰子吗?——量子物理史话》、施奈德的《疯狂实验史》、费曼的《物理定律的本性》、格林的《宇宙的琴弦》、霍金的《时间简史》吗?

政治教师,阅读过希尔贝克的《西方哲学史:从古希腊到二十世纪》、叔本华的《哲学》、迈克尔·曼的《民主的阴暗面:解释种族清洗》,梁小民的《寓言中的经济学》、让－雅克·卢梭的《社会契约论》、马克思的《关于费尔巴哈的提纲》吗?

地理教师,阅读过中国传统经典《山海经》《水经注》《徐霞客游记》《方舆胜览》《大唐西域记》、保罗·克拉瓦尔的《地理学思想史》、阿瑟·格蒂斯的《地理学与生活》、约翰斯顿的《哲学与人文地理学》、哈尔福德·麦金德的《历史的地理枢纽》以及《中国国家地理》吗?

历史教师,你阅读过张荫麟《中国史纲》,依迪丝·汉密尔顿的《希腊精神:西方文明的源泉》,德尼兹·加亚尔的《欧洲史》,陈衡哲的《西洋史》,夏中义的《人与世界》,斯塔夫里阿诺斯的《全球通史:从史前史到21世纪》吗?

这些学科书籍如果你都没有阅读过几本,你敢说自己是一个优秀、骨干或卓越教师吗?

教师和学生一样,也有必读书目和选读书目。

我认为以下四类书应该是必读书目:(1)古今中外经典教育作品(如《论语》《陶行知教育文集》《给教师的建议》等);(2)国家教育文献或与教育有关的政策文献如课程标准、《中国高考评价体系》等;(3)最新出版的名家或走在时代前列的书;(4)要求学生阅读的书。

以下书目可以归到选读书目:(1)一线优秀教师(包括特级教师、省级以上名教师、全国优秀教师)、从事教育研究的大学教授或专家写的书;(2)自己特别感兴趣的书;(3)自己不感兴趣但又有必要阅读的书;(4)学生感兴趣或流传的书。

无论是必读书目还是选读书目的阅读都需要拿出勇气、毅力和信心。因为阅读毕竟需要时间,而做了教师以后,普通教师最常见的现象就是觉得没

有时间阅读。如果不阅读这些书，教师将很难驾驭学生，甚至跟不上学生成长和发展的脚步。

（二）教师读书要求广、求快，只有更广、更快，才能更高、更深

有人问："在今天这个智能时代，学习什么最重要？"答曰："宽广的知识，灵活的思维。"我觉得这个论断基本是对的。因为现在我感觉，塑造每个人美的灵魂更重要。读书首先尽量求广，力求获取宽广的知识，过去说"语心社，政史哲"，现在可能需要更杂些，教师首先是"杂家"，才会显得高深和渊博。其次，是快，读书是必须求快的，快了，就会有厚度和深度！如今，就是小小的快递也在追求速度，更不用说"神威·太湖之光"超级计算机、5G正式商用了，总之，这个世界变化太快了！

在信息时代，传统的纸质阅读是必须坚持的方向，但我认为也要紧跟时代的发展，学会应用信息手段、智能工具进行阅读，这是任何一个人都无法阻挡的时代潮流！面对这一趋势，我们只能理解它、接纳它，使之成为我们教师生活、学习的一个重要组成部分。今年暑假期间，省级名师工作室主持人培训的时候，发现珠三角一代的教师纷纷使用科大讯飞笔记本，不仅让我大开眼界，而且真的惊到我了！

向大家推荐几个很实用的微信公众号和网站，公众号：广东教育，新校长传媒，新高考，统编新教材，守望新教育，占豪，樊登读书会，人民日报，微言教育。网站：省、市教育资源公共服务平台。

最后，我想向大家提一个小小的要求：能不能给自己一个年度目标：每年阅读20—30本书（其中精读5本书）？坚持3年就是至少60本（精读至少15本书），坚持6年就是至少120本（精读至少30本书），9年就是接近200本书（精读至少45本）！到那时，你不想成为骨干教师都不可能了。至少我工作室的很多教师，如罗文欢老师就是这样，阅读助力他在短短的三年之内成长为市级名师工作室主持人。我本人虽然似乎也没有更高的奢望了，但我还是坚持每年阅读20本书。

（三）教师要能用好书

对一个教师而言，用好书更重要。什么是"用好书"？我认为就是要善

于从书中汲取对自己教学有用的部分，借鉴他人经验和成果灵活应用在自己的教育教学中，即必须学会让公共知识内化为自己的个人知识，才算真正算得上"用好书"。

在教学中，"用好书"并不意味着照搬他人，也不仅指对教材、课程标准、相关资料和学生的实际学习情况研究透彻，更包括对教材和学习产生的困惑、矛盾、空白、难点等等的把握，并能通过预设或生成（这个词《普通高中语文课程标准（2017 年版 2020 年修订）》是不断强调的）教学问题，引导学生在对问题的思考、探究中获得新知识、掌握新方法、发现新未知、练习新能力。达到这个目标，也就意味着你已经是一个"名师"，至少是一个骨干教师了。

三、坚定不移地做好教育科研

先说一匹马和一头驴的故事。它们是好朋友，马在外面拉东西，驴在屋里推磨。但这匹马和玄奘大师一起前往印度取经，多年后取回真经，修成了正果。马和驴再相见，驴目瞪口呆，羡慕万分。马说："其实我和你跨过的距离是相等的，所不同的是，我抓住了机会，始终抱着一个目标，朝着一个方向前进，才修得正果，而你则正好相反。"

对照教师的专业成长历程，故事颇耐人寻味。我们每天都没有停下脚步，差别在于有人选择做"西行取经的马"，有人选择做"原地打转的驴"。

显然，我们会想做"西行取经的马"。事实上，我从方观生先生主编的《岭南教育之光》一书所列的我省入选"特级教师"、"万人计划"、正高级教师、全国优秀教师或模范教师中一项荣誉或职称的45 位教师看，他们都是"西行取经的马"，而且是积极投身于科研、积极撰写文章的奋进之马，统计如下：

学科	语文	数学	英语	物理	化学	生物	心理
数量	16	7	2	6	3	0	0
学科	历史	地理	政治	美音体	信息	特教	总数
数量	5	0	2	1	2	1	45

那么，什么是"教育科研"呢？其实，教育科研包括教研和科研两大部分。下面分别阐述。

（一）教研

就教研对个人成就的贡献而言，我比较推崇下列四种形式的教研活动：

1. 基于课题实验产生的问题而开展的教研活动

这种活动不仅有利于课题的深入开展，而且能像现在高考语文的任务驱动型作文一样助推你写作论文或文章。实话说，要不是课题研究成果的需要，大多数人不会有动力撰写论文！至少我的论文或文章基本是在课题研究的过程中写成的。比如从2018年5月到2019年12月，我连续写了4篇文章、1部论著，结果都发表了，这些论文论著全部都出自我的课题"以自媒体为媒介，开展专题读写活动教学"。详见下表：

论文标题或书名	所载刊物或出版社	刊号或书号、时间
1. "秀"出语美，"悟"出文道	新作文·教育教学研究	CN14-1274/G 2018.05
2. 你会做读书笔记吗？	中国教育报	CN11-0035 2018.09.03
3. 试析学生审美情趣和审美能力的培养	读写算·教学研究与管理	CN42-1078/G4 2019.02
4. "互联网+"教育背景下省级名师工作室课程设计策略	读写算·教学研究与管理	CN42-1078/G4 2019.09
5. 融合：自媒体与专题读写活动教学	广东高等教育出版社	ISBN978-7-5361-6525-0 2019.12

2. 读书交流活动

这种活动特别有利于你打开自己的阅读视野和思维视野，使你的教育教学能够纵横驰骋、生动有趣。但我觉得我们梅州的教师读书读得真的太少了。我曾经问过一位省级骨干教师一年能够精读多少本书，他想了想说："顶多5本。"这还是一位喜爱读书的教师！我不知道你是不是喜欢阅读，是不是喜欢阅读交流，萧伯纳说："你有一个苹果，我有一个苹果，我们交换一下，一人还是一个苹果；你有一个思想，我有一个思想，我们交换一下，一人就有两个思想。"读书交流不仅有助于打开你的知识视野，更有助于打开你的阅读视野和思维视野，当一个教师的视界足够宽广和精深时，他一定是一个深受学生欢迎的教师，也一定是个学识渊博、品德高尚的学者型教师（卓越教师）！我比较推崇的研修方式是"同读一本书，分享新理念"，即组织教师们在某一个时间段内阅读同一本书，大家各写作一篇读后感，然后开展读书研讨活动，畅谈自己的阅读感悟。

3. 主题备课分享活动

关键是要乐于分享，孟子说过："独乐乐，与人乐乐，孰乐？""与少乐乐，与众乐乐，孰乐？"个人认为，分享对自身教学能力的提高特别有益处。我校刘芳子老师的成长就很能说明问题，去年她成为我工作室的培养对象后，我请她命制一道高考模拟题，发现命制得比较有质量，对高考要求把握得比较精准，因此，她就成为工作室高考模拟题原创命题组的核心成员。究其原因，她所在的年级备课组的每个人都很愿意分享各自对高考备考研究的经验，她也成为《文学梅州经典诗文选读》的副主编！

4. 争取一切机会外出学习或进修

这很重要，所谓的"读万卷书，行万里路"，在教师这个职业看来，指的就是外出学习或进修。外面的世界很大，值得你去看看！我本人在十年时间里，通过努力争取，争得了两次参加"国培计划"的骨干教师培训班学习的机会。还有一次是有一位老师临时生病走不了，市教育局领导情急之下打电话问我想不想去，我几乎毫不犹疑地告诉他："想！"于是，十年时间，参加三次这样高级别的培训，我今天能站在这个舞台上，实事求是地说，要感谢这三次培训机会。因为这三次机会不仅让我在学识上长见识，而且在教育教学的理念、视界上和人际合作关系上让我有了质的飞跃，因而成就了我！如何争取呢？向大家提供四点参考建议：

（1）关注官方网站和微信公众号，了解官方最新教育、教学、教研工作动态。官方网站是发号施令的地方，现在讲究信息公开，因此，几乎所有信息都可以从此看到。这里尤其要提及的是：凡是国家教育政策或与教育有关的政策一定要认真阅读并力图了然于胸！只有这样，你才能走在别人的前头！

（2）营造人和环境，尤其要处理好和领导的关系。这里的"领导"包括本单位和上级单位的领导，有时候是很有用的。

（3）不要什么都想要。比如，同一级别的荣誉，能争取到一个就可以了，但是你得注意争取什么样的荣誉，尽量要与你的目标一致。当然，一般综合性荣誉最好，它评什么都用得上。

（4）学习后就要趁热打铁，尽快去尝试、去检验、去实践，有温度的东西永远比没有温度的要好，尤其是在教育教学上，一旦"凉"了，你就会没有热情，更没有激情去尝试、去实践了，那样对自己的成长是很不利的。

（二）科研

笼统地说，我们可以叫作"课题研究"。下面围绕"科研"简略阐述。

1. 紧扣教育教学的时代脉动

我们都知道做课题要有"问题就是课题，问题就是选题"的意识。要研究的"问题"如何才更有价值和作用呢？我觉得必须立足于两点：一是要契合两个基本点：时代和课程标准（高中还有《中国高考评价体系》及其"说明"）；二是必须有一定的前瞻性，即别人虽有涉足但尚未找到切实可行的方法，需要自己找到一条路。我把它叫作"教育教学的时代脉动"。这让我想起我在多个场合说过的一句话："机遇属于早做准备之人！你占据了时代的脉动，你就占据了先机，成功就离你很近，你将是那个领头人而不是羊群里的一员！"

"教育教学的时代脉动"主要表现为如下五个方面：

（1）课程标准与教育教学变革。需要实践研究的问题很多，这里只提醒大家关注一点：学科教学要打破学科界限，实现跨学科教学（也叫融合教学）问题，尤其是信息技术如何对接学科教学、如何整合多学科教育教学、培养学生的创造性思维和创新能力问题。现在的课堂已经开始在讲智慧课堂、创客教育、STEAM 教育了。举一个直观的例子，我曾组织学生阅读《寂静的春天》，不仅要求学生阅读完整本书，还要求做系列创作，包括创作一篇评论或读后感、创作一个立足梅州本土的反映环保方面的微视频，这样就牵涉到本学科的素养培养，如阅读能力、创作能力等，而且还涉及信息技术工具的选择使用、电影的剪辑技术、解说词的编拟、拍摄技术、团队的组建等等。

（2）中高考改革与教育教学变革。如何应对中高考的改革？国家取消了"考纲"，但高考出台了《中国高考评价体系》及其"说明"，中考会出台什么？这就要求我们思考一个问题：我们的教育教学的方向在哪里？最近一个刷屏校长——全国政协委员、江苏省锡山高级中学校长唐江澎的话引起了社会的广泛关注："学生没有分数，就过不了今天的高考，但孩子只有分数，恐怕也赢不了未来的大考。一个学校没有升学率，就没有高考竞争力，但教育只关注升学率，国家恐怕也没有核心竞争力。"我认为好的教育应该是培养终生运动者、责任担当者、问题解决者和优雅生活者，给学生健全而优秀的人格以赢得未来的幸福，造福国家社会。我教了四十多年高中了，在我看来，让幼儿园的孩子养成整理东西的习惯，远比早识字重要；让孩子多读书，远比做那些阅读理解题重要。因此，在此背景下，我觉得这个课题是必须认真去研究的。通过研究提升自己的研究力，自己更能准确地把握高考备考复习的方向，采用更有效的方式方法，让自己有一点话语权——如果你说出来的东西别人认为你有两把刷子，别人就会愿意听你。

（3）教材变革与教育教学变革。不仅是部编教材如何教、如何学的问题，还有如何将教材校本化、个人化和校本教材的开发、应用问题。比如我现在的工作室，就准备组织两届入室学员打造属于梅州自己的品牌作品——编写统编教材的"学习任务设计"，目前这项工作正在推进之中。之前我们工作室还编写了两本有较大影响力的作品《怎样度过你的高中生涯》《文学梅州经典诗文选读》，这两本书在梅州很多学校反响很好，尤其是后一本书，我们还联合市教师发展中心在全市范围内组织了一次读写大赛，我们的目的很明确，就是要让梅州的莘莘学子能够增强自信心和自豪感，能够记得起梅州曾经的文学大家和璀璨作品！可惜这两本书我手头上都没有了，无法送给大家。

（4）双融双创（信息技术与教育教学的双向融合，教师、学生的创新与创造）与教育教学变革。这是个非常值得研究的新命题，举个很简单的实例，珠三角的名师已经跑在了我们的前面，当我们还在苦苦听讲座记笔记的时

候，他们却用更多的时间来边听边思考，因为他们在使用讯飞笔记本；当他们的创客课程已经硕果累累的时候，我们大多数学校连场地都还没有解决！因此，我们的教师必须做些什么？能够做些什么？我们要做到什么？都是不可回避的问题。

（5）立德树人、生涯规划与教育教学变革。这是新时期课程改革非常突出的亮点。习近平总书记明确指出："人无德不立，育人的根本在于立德。"可见立德树人有多么重要！现在有人认为，未来世界人类最需要的是宽广的知识、灵活的思维，但我觉得，最重要的是健康的审美情趣和创造美的意识与能力。信息技术已经发展到人工智能深度开发的地步，其带来的人类的变革很难预测，但有一点可以肯定：掌握人工智能等高端科技的人脑一定要正常、灵魂一定要健康，否则将给人类自己带来意想不到的灾难！

2. 关注实效性

必须坚持这一点：科研是为了更好地开展教育教学实践活动。也就是说，开展课题研究不仅仅是你有成果展示给大家，更重要的是看你是否真的开展了研究工作，看你是否出了相应的成果，这个成果是否可推广和借鉴，如果同行"看"后，感到值得借鉴或有所启发，那你的课题研究就是有效的。这一点无关乎重点中学还是一般中学，城市中学还是农村中学，事实上，出名师、出重大成果的，一般中学和重点中学还真的没有太大区别。如前几年我省教学成果奖评选中，梅州市有一位来自非重点中学的高中生物老师——大埔县田家炳实验中学刘开湘承担的课题成果被评为省级优秀成果一等奖。他确定的课题是生物教学如何加强学生医学素养的培养，假设的途径是生活化教学，这个假设正好符合当下教学发展潮流，而且高考也是这样提倡的，这位教师通过实践研究，不仅编写了一本校本教材，对学生防范疾病很实用，而且在核心期刊上发表了五篇论文——这是迄今为止我看到的最牛的一位中学教师！一位生物教师都能写出如此高水平的论文，难道我们语文教师会比生物教师更差？若真的不能，只有一点：你没有用心实践、验证！

3. 及时总结、提炼

什么叫"总结、提炼"？我的理解是能使用简明、准确、符合逻辑的语言表达本研究的成果，使具体的想法、做法变成理论或思想，使零碎的思考变成系统的理念。具体做法只有一条：不间断地重复去做一件事——当你总结多了，你就会有自己的研究成果，如论文、研究报告、案例、校本教材等，你的做法和想法就可能上升为理论或思想（理念），那时，你就可能是"名师""教育家"了。

给大家举一个例子：范宝承老师。不知道哪些老师认识他，他是大埔县湖山中学的普通老师，从 2014 年开始，用三年时间，依托省级（省教院）重点课题"客家山区家庭教育现状及问题对策研究"，针对客家山区家庭教育现状提出了相关的对策，构建了客家山区家庭教育"四层 6334"模式，再用三年时间进行打磨、提炼，其成果今年也被评为省教育教学成果二等奖。他2018 年被评为梅州市名教师工作室主持人，2019 年被评为正高级教师，一位荣誉等身的教师还有如此雄心壮志，我觉得这是值得大力弘扬的事情和人物，因为这是梅州教育的希望所在！

4. 积极申报课题

我的体会是可以悄悄地自己先搞一些校级小课题，尝试一番，待条件成熟了，再申报市级最好是省级"强师工程"课题，因为省级"强师工程"课题有财政资助，在财力有一定的保障下，课题研究是比较容易出成果的——至少发表论文不用自己掏钱，也不用求校长报销。

这里特别提醒一点：做研究课题，一定要规范并努力出成果（包括研究报告、论文、案例、教学设计等）。因为这是另一个话题，我就不再赘述了。

四、立足日常教育教学实践

想问大家一个小问题：

教师最基本也是最重要的工作是什么？日常教育教学工作。

广东实验中学特级教师、正高级教师罗易："教育是我的宗教，课堂是我的教堂"

北京特级教师、正高级教师程翔："课比天大。"

一个不立足日常教育教学实践活动的教师，不是真正的名师、不是真正的卓越教师！想要成为卓越教师，最重要的事情是做好日常教育教学工作。

（一）用心做好日常教育教学工作

向大家提三点建议：

1. 用爱心与专心去做

这是教书育人的根本要求和出发点。一个名师会以他全部的爱心和专注心将日常教育教学工作做出特色，做到极致，进而形成自己的品牌。如厦门一中的钟斌老师，就是对高考议论文写作中出现的问题进行研究，写了一本书——《说理的境界》，里面全是自己多年教学实例的剖析，让人一看就懂，成为福建地区的畅销书；深圳二中的何泗忠老师，在日常教学中逐渐形成了自己的"悬念语文"教学观。我虽然了解得不多，但去年他的整本书阅读《红楼梦》和今年公开发表的《庖丁解牛》等教学案例和教学设计，那种精妙，那种精心，让人叹为观止，其影响力的确像一个正高级教师的样子！

关于极致和特色前面我们阐述过，这里就不再谈了。

2. 善于发现小问题

什么叫"善于发现"？就是必须对教育和生活保持敏锐感。没有这样的素养，你就无法占据教育的先机！因此，我强调一个骨干教师是必须有一定的敏锐感的，尤其对国家和教育主管部门出台的法律、法规性文件或规定，要第一时间认真阅读、仔细领会，吃透精神和内涵，不仅可以精准指导我们的教育教学，而且可以占据先机。2021年3月18日，教育部、中共中央组织部等六部门就初中教育问题颁布了《义务教育质量评价指南》，各位初中教师关注了吗？同样的道理，高中教师有没有留意分析课程标准2017版和2020年修改版在哪些地方有所不同？2020年已经颁布了《中国高考评价体系》及其"说明"，吃透了吗？2020年，国家其实还颁布了关于劳动、体育、美育等一系列教育法规，这些东西看似和我们语文没有关系，但其实都有关系，因为没有任何一门学科可以独立存在！

此外，这里简略介绍在日常教育教学中发现问题的八大路径：

抓住典型事例：在反思成败得失背后的原因中确定研究的问题；

观察日常事件：将事务性的工作问题转化为教育性的研究问题；

关注各种争论：从不同观点的对比中确定具有创新价值的研究问题；

留心众口议论：在关注的焦点、热点、难点中确定研究的问题；

分析他人经验：从他人的成功理论和实践中确定研究的问题；

探究问题背后：从似有定论（不一定完善）看似正确（或有片面之处）的观点中确定研究的问题；

根据自身特点：从自己的业余兴趣爱好与教学生活的结合点上确定研究的问题；

结合学科融合：从学科之间相融点上确定研究的课题。

3. 养成分门别类、及时记录、整理素材的习惯

关键词是"分门别类""及时"。现在智能设备已经广泛应用，老师们不妨按教学中需要的类型分门别类地建立文件夹，尤其要记录、整理在教育教学中生成的第一手素材。这样，以后真的要动笔创作，找素材就很容易，剪切即可成文。

我的近四年四部专著（大部分与他人合著）——《融合：自媒体与专题读写》《怎样度过你的高中生涯》《文学梅州经典诗文选读》《阳光教师》就是明证。这里我可以展示一下我的笔记本：自媒体与专题读写活动教学。最终就写成了一本书：《融合：自媒体与专题读写活动教学》

（二）拜一个（多个）优秀的老师为师

我的经历告诉我，这是成本最低、路径最简便、效能最高的成就自我的方法。我当年初出茅庐时，非常幸运的是遇上了一群优秀教师，里面有我的初中语文老师、有慧眼识英雄的领导、有特立独行的老教师。我拜他们为师，尊重而不冒犯尊严，争论而不强压，放低身段而不高高在上。这样他们就很愿意有所帮衬和维护。所以，我毕业才满 3 年的时候，就已经成为全县语文教学的一面旗帜，整个学校都以我为荣，毕业第四年，我已经被评为福建省"优秀教师"了，从不合格到合格、再到优秀、再到骨干教师，我用了 4 年时间。

（三）注重反思、创作

落脚点是创作，即在日常教育教学实践中不断以创作的方式总结反思。建议从撰写教学反思开始，如果每天写上 300—500 字（我的写作量平均每

天 600—700 字）的教学反思，一年至少可以写 60000 字（按每周 5 天，一学期 20 周计算），坚持 6 年，就是 36 万字，那时你不想成为骨干都不可能！举一个例子，我校教师刘崎最初和大多数理科教师一样，认为理科教师不用多写作，注重实践实验就可以了。但是，他被推荐为省新一轮"百千万人才培养工程"培养对象之后发现，自己与发达地区教师最大的区别不是教学能力问题，而是创作能力问题！所以，他就开始写！这几年，他在核心期刊上就已经发表了好几篇论文了，2020 年 5 月他的论著《生活物理，体验穷理》已在东北师范大学出版社正式出版了，如今他已经是我校副校长了。

无独有偶，我工作室的学员罗文欢、林建威老师和助手饶碧玉老师也是因为不停地反思、创作，前两位最终在市级名师工作室主持人遴选中脱颖而出，后一位成长为省"新一轮百千万人才培养工程"名师培养对象。

另一个建议是，你也可以这样做：每个月或每两个月写成一篇文章（再不济，一个学期写一篇），写完沉淀一段日子就尝试着向专业刊物投投稿。万一发表了呢？这样，积累、反思、感悟多了，零散就成了整体，个别就成了系统，想法就成了思想，离成为卓越教师的距离又近了一步。

可以肯定地说：名师都是"写出来的"——无论是文科教师还是理科教师！今天的讲学中提及的教师可以证明这个观点。

今天，我们处在两个一百年的历史节点，"十四五"的开端之年，每一位教育工作者都必须思考：我们作为一个教育工作者，如何努力追求"卓越"、如何努力成长为习近平总书记所说的"大先生"，承担起为党育人、为国育才的重任？

各位同人，让我们做一匹"不待扬鞭自奋蹄"的西行的马，驰骋在中国教育这片大有可为的田地里吧！

（注：本文是为嘉应学院卓越教师培养班，梅州市首届名师、名校园长工作室主持人论坛，梅州市温佛君名教师工作室，李国玉名教师工作室等学员做的讲学报告，有删改。）

◉ 世间的每朵花都是璀璨的

——如何立足本土打造个人品牌

苏轼有一首关于庐山的诗《题西林壁》，是这样写的：

横看成岭侧成峰，远近高低各不同。

不识庐山真面目，只缘身在此山中。

这既是写景诗，其实也是哲理诗。前两句写景，后两句揭示了一个道理：我之所以认不清庐山本来的面目，是因为我自己身在庐山之中。它所揭示的哲理是：要认识事物的真相与全貌，就要跳出自我的圈圈，超越狭小的范围，摆脱主观成见，站在更高、更广、更深的视角看问题。这一点有点类似于现在所提倡的全球视野。

回到教育的本题，最近几年，我也接触了不少中小学、幼儿园教师申报的课题，评阅了不少教师的教育教学论文，听了很多教师的课，发现一个有趣的现象：很多教师开口闭口说得最多的词是——"欠发达地区""我们山区"。那种口气、语气和语调，给我的感觉是自己的东西拿不上台面、不值一提！这种自我矮化的定位，似乎是一切自卑、失败的代名词。什么原因造成的？"只缘身在此山中"啊！大家都是这样说的，这样认为的——先入为主地就对自己做了低人一等的定位。

2020 年，我组织工作室的小伙伴们做了两件具有本土教育创新意义的事情：完成我们之前就确定了的《文学梅州经典诗文选读》的研究、编撰任务，结果，在我的"威逼利诱"下，本应 8 月完成的，提前到了 3 月，现在已经交付出版社即将出版；将《文学梅州经典诗文选读》中的部分作家作品用微讲坛（微课）的方式（每次大约 10 分钟）介绍给学生，工作室包括主持人共 12 位教师，主持人带头，每人承担一次微讲坛，共录制了 12 集。我们希望梅州的孩子们能够记得起乡愁，记得起璀璨的文学大家及其成果，也好趁机宣传梅州文学和文化。结果点击量也超过预期，受到学生的欢迎。

由此更坚定了我的一个思考：世间的每朵花无论开在何处、何时，它都是璀璨的；同样，每个人都是有特色的人，无论他身处何方、何时！教育界同样如此，有大上海的于漪、首都北京的窦桂梅，也有一生致力乡村教育的陶行知、宁夏银川的孙瑞雪！有四川的李镇西，也有"我手写我口"的本土教育家黄遵宪，他们能成名成家，靠什么？个人觉得就是立足本土，创造个人特色品牌。他们能成就自我，我们能不能？回答是肯定的：能！

那么如何立足本土，打造个人特色品牌呢？下面我就以编撰《文学梅州经典诗文选读》为例和大家分享我的思考。

一、善于本土发掘

一讲到"土"，过去很不值钱，可是三十年河东，三十年河西，时代不同了，"土"的东西，甚至"土"得掉渣的东西似乎更值钱了，没有别的，就因为它似乎更环保、更安全。同样道理，教师们一定要树立一个理念：梅州地处山区不假，但好酒往往藏在深巷中，别人不认识我们的"好酒"，错不在"好酒"，更不在"别人"而在于我们自身。在今天这样的人工智能时代，即使你有"好酒"，也需要我们本土的教师主动去发现、去挖掘、去宣传、去弘扬！从教育的角度而言，就是要利用好这些"好酒"——优秀的本土资源，为我所用，并传承给下一代。

梅州客家人也有一句祖训："宁卖祖宗田，不卖祖宗言。"客家文化、客家文学就是"祖宗言"，也是我们进行幼儿教育的最佳题材——没有之一！有一句名言："要摧毁一个民族，就要摧毁它的文化。"我把这两句话放在一起，就是要告诉各位园长（老师）：作为园长（老师），必须认识到，对孩子的教育，就是要从培养孩子的本土意识、根植本土文化（文学）开始！

这里我再讲一个大家熟悉不过的故事，看看幼儿教育对人的一生的重要性。

1978年，多名诺贝尔奖获得者齐聚巴黎。有人采访这些"成功者"成功的秘籍："你们是在哪里学到了认为最重要的东西？"

"在幼儿园。"

"在幼儿园里你们学到了什么？"

"好的习惯。比如把自己的东西分一半给小伙伴，不是自己的东西不要拿，东西要放整齐，饭前要洗手，午饭后要休息，做了错事要表示歉意，自己的事情自己做，学习要思考，观察要仔细，等等。"

这群享誉世界的顶级学者、科学家一致认为自己小时候养成的良好习惯，让他们终身受益。我认为，幼儿教育是一个人一生的奠基工程，基石用料精良，则一生精良。

北大中文系教授陈平原说："当今中国，生活在大城市里的年轻人，很可能对纽约的股市、巴黎的时装、西班牙的斗牛、里约热内卢的狂欢了如指掌；反而漠视自己身边的风土人情、礼仪习俗以及各种有趣的生活细节。如此看来，单讲'世界大势'或'与国际接轨'还不够；还必须学会理解并欣赏各种本土风光——尤其是自己脚下的这一方水土。在大与小、远与近、内与外的参照阅读中，开拓心胸与视野，反省自己身上可能存在的盲信与偏执。可以说，这是现代人精神成长的重要途径。"这段话，准确地诠释了本土文化（文学）教育的意义和内涵。

那么，什么是"本土发掘"呢？我的理解是：

"发"，发现，开发；"掘"，挖掘、梳理、归纳、整合。从幼儿教育的角度看，就是要善于发现本土文化（文学）资源，挖掘、归纳其中优秀的部分，让"优秀的"文化（文学）浸润幼儿的心田，种下爱人、爱家、爱乡、爱国的种子。具体而言包括如下三个方面。

（一）发现本土丰富的文化（文学）资源

《客家与中国革命》一书中说："没有客家便没有中国革命，换言之，客家精神是中国的革命精神。"梅州是广东乃至全国客家人的主要聚居地，素有"世界客都"之称，1994 年被国务院确定为国家"历史文化名城"（第三批）。

梅州文化起源很早，而且一以贯之，从来没有断代！据考证，梅州文教的兴盛，是从北宋初年谏官刘元城谪居梅州创办第一间书院开始的，自此，"兴学育才""耕读传家"就成为梅州客家人的传统美德，也从此开启了文学之门。

郭真义、曾令存教授主编的《梅水诗丛》这部作品，单单古诗就编了约

1230 人共 30470000 字！而罗可群教授（客家知名教授）编撰的《广东客家文学史》和《现代广东客家文学史》两部作品则提及了多达 80 位知名作家及其作品。大家看看，单纯文学资源就如此丰富多彩，要是扩展到文化领域，很难想象会是一个怎样的规模！可见，梅州这张"历史文化名城"的名片不是徒有虚名的。

（二）发现本土文化（文学）教育的短板

刚才我们谈到梅州是一个文学大家荟萃云集、文学底蕴丰富深厚的城市，但在教育领域却存在不少短板：

其一，文学应该是文化的重要组成部分，但坐落在梅州的"中国客家博物馆"里并没有专设一个"梅州馆"，更没有"梅州文学馆"，所介绍的文学作家、收藏的作品也寥寥无几。忍不住说一句：虽然冠名为"中国客家博物馆"，但作为"世界客都"，应该在此馆中专设一个"梅州馆"。

其二，在全市中小学校和幼儿园中，几乎既没有相应的校本普及读物介绍梅州本土的文学作家作品，更没有开设此类校本课程。虽然近几年嘉应学院中的部分有识之士也编撰了一些关于梅州文学的作品，但偏于专业或为了抢救性发掘，似乎并不太适合中小学生、幼儿阅读。

其三，我在教学实践中多次问学生："知不知道或知道多少梅州文学大家及其作品？"学生的回答几乎都令人失望，不知道几位作家，更不知道其作品。虽然人教版高中语文选编了黄遵宪的诗文，但只是杯水车薪，梅州文学的杰出先贤多数不为人知，连生于斯长于斯的中小学生也如此。

（三）挖掘优秀文化（文学）资源

正是这些现象引发了我深深的思考：是否可以挖掘、研究其中优秀的文化（文学）资源，通过梳理、整合、归纳，编写一本适合梅州中学生阅读的文学作家作品读本？让孩子们从小就了解到，梅州之所以被称为"历史文化名城"不是浪得虚名；让孩子们熟知在文学领域，梅州其实也是百花争艳，群星璀璨；让孩子们认识到身为梅州人，虽然地处山区，但梅州先贤文学成就其实一点也不输其他地区，因此是值得自豪和骄傲的。

我这样说是有根据的。从国家层面看，习近平总书记在党的十九大报告中强调，"全党要更加自觉地增强道路自信、理论自信、制度自信、文化自信。""四个自信"是中国特色社会主义的重大理论创新，也是实现中华民族伟大复兴中国梦的精神动力。梅州客家人奉行的"宁卖祖宗田，不卖祖宗言"祖训，告诉我们文化的传承有多么重要！增强文化自信，必须增强对本地域内的文化认同，而认同的前提就是了解、记忆。文学是文化的重要组成部分，一个地域的民众竟然不了解本地域内的文学大家及其作品，那么，这个地域内民众的文化自信有多强大？文化自豪感有多高？令人怀疑！从客家文化（文学）的传承上看，幼儿教育需要承担最重的任务。幼儿时期如果能够接受比较系统的客家语言、客家文化（文学）教育，有助于孩子们记住客家之根、客家之乡愁，影响力将是一辈子的。如果能做到这一点，那我想，各位一定是功德无量啊！

在这个方面，我们梅州的很多园长如刘媚园长、黄映梅园长就很有眼光，对这个问题不仅重视起来，而且行动起来了，做了大量的教学实践工作，如发动老师们、家长们甚至小朋友们唱客家童谣、儿歌等等，触角甚至还涉及民谚、山歌。前几天我在南口镇车陂村慎轩楼还看到"客家典故"，这样的思考是比较全面、完整、系统的。黄映梅园长的大作已经出版了，刘媚园长带领小伙伴们正准备出版《让客家文化浸润幼儿的心田》，我期待这本书的顺利问世！更期待园长们能够开梅州幼儿教育之先河，联合开发旨在传承本土优秀文化（文学）的系统幼儿教育特色案例或课程，做到百花齐放。各位园长应该有这样的胸怀和情怀，这一点我深信不疑。

徐莉老师在《未来课程想象力》中说，作为专业工作者，始终需要考量的是其独有的价值格序，我认为包括以下几点：是否愿意重新审视自己的经验，站在他人的角度理解他人；是否致力于建立一个多方合作共赢的体系；是否能够容纳多元的价值取向；是否基于对孩子、对教师的充分信任；是否给予孩子和教师自主判断和自主选择的机会；是否能够解释学校／机构课程与国家课程的关系。我认为，作为园长，也必须注意考量上述价值格序。

发掘本土资源，打造特色品牌，概括地说必须要：有以本土优秀文化（文学）为傲的意识；大量阅读本土文化（文学）作品；善于从现实生活中发现短

板；善于从教学实践中挖掘资源为我所用。

二、打造出自己的特色品牌

如果说，"发掘"是基础性工作，那么，"打造特色品牌"就既考验我们的胆识，又考验我们的智慧。我向来提倡做事必须尽量做出特色，力求极致（是自己认为的那一个目标或水平）。那么，怎样打造出自己的特色品牌呢？下面就围绕这个问题和大家分享我的四点思考。

（一）先开枪再瞄准

什么是"先开枪再瞄准"？它的意思是：当我们看见敌人的大致的方向，看见了目标，最好的方式是立即开枪，在开枪的移动过程当中，再逐渐瞄准，这样才最容易消灭敌人。日常教育教学中，待解决的问题往往都非常复杂，难以一步看清。不确定性、模糊性，已经是常态，所以，对一个优秀教师而言，"先开枪再瞄准"，一旦确定方向或目标，就立即行动，以扎实行动达成目标。

我以自己的经历为例谈谈怎样"先开枪再瞄准"。

前面我谈过我们梅州在文学上的成就和教育上的短板，近几年，我接触到较多有关梅州文学的作家作品，于是，我就从这两个方面入手，思考我应该做什么，可以做什么，能做成什么。思考是否可以利用今天这个时代重视弘扬传统文化（文学）的潮流和趋势，从讲述梅州文学好故事，传递梅州文学好声音、传承梅州本土文学好精神出发，将这个短板补齐、将优秀客家文化（文学）发扬光大呢？

有了这个想法我就行动了。我把这个想法和嘉应学院何尚武教授交流，他一听我想做一点弘扬梅州文化的事情，就两眼放光，希望我能够做出成果来（结交一些比自己成就高的人对自身的成长真的太重要了）。得到鼓舞，我开始买了不少关于梅州文学的书籍，第一次感受到了梅州深厚的文学文化的魅力。心里有点底后，就和我校青年骨干教师饶碧玉、刘芳子敞开交流，她们都觉得编撰一本适合中学生阅读的、关于梅州文学作家作品的普及读物是很有意义的事情，虽然困难一定很多，但作为一名教师，有责任、有义务去做这件事。

得到她们的支持，我决定发挥省名师工作室的人才团队资源优势，邀请工作室全体培养对象和两位助手一起就"梅州文学"开展课题研究工作，并参与读物的编撰。于是我一个一个打电话沟通、交流，结果令人欣慰：所有的老师认为这件事应该做、可以做、想做。

在研究和编撰过程中，每一个人都感到了前所未有的艰难：要在紧张的教育教学工作中挤出一点时间搞研究和编撰，很难；更难的是由于这些大家及其作品大多数藏在深山人不识，不仅作品难找，赏析评价的资料更是难于上青天！我的培养对象丘丹老师曾感慨："不写不知道，一写发现'书到用时方恨少'，举步维艰呐！"

由上，不是我们梅州本土文化的土壤不肥，而是我们没有充分利用好丰富的文化资源；肥沃的土壤里不是没有水分和养料，而是我们不善于或没有发现深藏不露的文学美，进而创造出自己的特色品牌。因此，解决问题的关键是：有想法了就立即行动！

（二）善于归纳和重组，发现与众不同

华南师范大学王红教授在《教育国际化——用本土课程培养能参与国际竞争的人》说："教育国际化的着力点绝对不应该放在引进什么样的国际课程上，而应该放在如何优化本土课程，让本土课程与国际人才标准相衔接，用本土课程培养人才参与国际竞争的能力上。"我很赞同她的论断，在利用本土资源打造特色品牌上的行动，我认为最有效的是善于归纳和重组，这样才能发现与众不同之处。

还是拿我们的例子说事吧。

为了编撰《文学梅州经典诗文选读》，我们先组成了一个核心组，大家就上网购买了很多与梅州文学相关的图书，对梅州文学史和文学大家有了一个初步的了解。三个月下来，核心组成员先编拟了一个准备编撰的文学大家名单，然后，经过核心组成员和全体成员的多轮研讨，并征询嘉应学院文学院几位这方面造诣、学识高的教授的意见和建议，最终敲定了包括拟编写的文学大家名单、内容、范式、格式等等诸多事宜；统一了编撰的体例和表达风格，并定位为面向中学生的普及型读物。

在正式编撰前，我们组织全体成员展开了两次集中研讨活动，进一步明确了研究和编撰的基本要求和各人负责的任务，同时决定按照年代顺序，列举并选择38位梅州籍作家的若干经典作品（仅限于历史人物，还健在的不列入）展开研究和编撰，最后确定分为三个时期：宋元明时期、清代—民国初、民国初到新中国。

对各县市区作家、作品数量我们也做了统计，分列如下：

		梅县	梅江	兴宁	平远	蕉岭	大埔	丰顺	五华	合计
作家数		15	4	5	1	3	6	2	2	38
作品数	诗歌	44	12	12	2	7	22	6	6	111
	散文	6	4	1		1	1			13

原来我的设想是力争2020年8月份编撰完成并付梓出版的，不承想，2020年春天，教师们有时间待在家里编写这本书。很快第一稿就拿出来了，随后，在第一稿的基础上，连续进行了五次不同形式的修改，终于于4月初拿出了纯字数达16万字的定稿。我们希望这个文稿能够作为梅州全市高中学校的校本教材，让梅州高中生认识、了解、记得梅州文学，明白梅州文化其实一点也不输于其他地区，只是缺乏宣传、推介，被锁在深山，而导致"人不识"。

通过归纳、梳理、整理、分析，我们发现梅州文学大家作品呈现四个特点，下面我选择部分作家的作品做些展示。

1.酷爱读书，渴望通过读书改变人生和命运

（1）蓝奎（开创梅州文学之风之人，是"首纪科名录者"）

读书东岩

飞瀑悬帘动清响，依岩结屋称幽居。

懒思身外无穷事，愿读人间未见书。

蓝奎是梅州人读书风尚形成的标志。本书选编的最后一个作品是叶剑英的《攻关》，仍然是谈刻苦读书、谈科学攻关，这是梅州文学的一大特色！

（2）李象元（有"公孙三翰院，叔侄四翰林"美誉）

四时读书歌

春

我所爱兮东风和，韶华直上桃李柯。啼禽宛转上林晓，游鳞出没扬清波。庭前绿草何其碧，浅白深红间挟蝶。大块文章意思多，肯把光阴虚过隙？呜呼，我歌兮歌且歇，坐对东风读周易。

夏

我所爱兮南薰弦，榴花照眼笑嫣然。数朵红莲开碧沼，绿槐阴里鸣新蝉。涟漪百尺飞寒玉，更有清风动修竹。北窗一枕冰簟凉，助我幽思开卷轴。呜呼，我歌兮歌且续，遥听书声振林谷。

秋

我所爱兮金风清，桂影扶疏月色明。梧桐一叶银床坠，萧然满耳皆秋声。南楼新雁芦汀落，更有寒蛩杂画角，霜叶争红篱菊花，对之读书宁寂寞。呜呼，我歌兮歌且乐，万籁虚声入寥廓。

冬

我所爱兮寒风惊，卷尽彤云散晚晴。几阵昏鸦栖不定，萧萧古木挂疏星。川崖水落白石出，峨嵋凝积千峰雪。松柏似有故人请，相对书空复咄咄。呜呼，我歌兮歌且接，梅花开满罗浮月。

（3）叶剑英

攻关

攻城不怕坚，攻书莫畏难。

科学有险阻，苦战能过关。

此诗是叶剑英几十年战斗和学习实践经验的结晶。1977年9月5—15日，中共中央召开全国科学大会预备会。9月18日，中央政治局会议通过了《关于召开全国科学大会的通知》，指出"四个现代化"的关键是科学技术现代

化，能不能把科学技术搞上去，是关系到我们国家命运和前途的大问题。

2. 紧跟时代的脚步，反映时代和人民的心声

虽然梅州地处偏远山区，但梅州人的诗文却与国家、与世界、与现实紧紧相连。当然，梅州文学从来都是如此的，这是梅州文学的第二大特色。

（1）黄遵宪

黄遵宪（1848—1905），字公度，广东嘉应州（治今梅州）人，中国近代杰出的爱国者。有"近代中国走向世界第一人""近世诗界三杰"之称。清朝著名爱国诗人，外交家、改革家、教育家、文学家、史学家、民俗学家、维新志士、中日友好的先驱使者。

赠梁任父同年

寸寸山河寸寸金，侉离分裂力谁任。

杜鹃再拜忧天泪，精卫无穷填海心。

这首诗是 1896 年黄遵宪邀请梁启超到上海办《时务报》时写给梁的一首诗。诗中表现了作者为国献身、变法图存的坚强决心和对梁启超的热切期望。诗题中梁任父即指梁启超，梁启超号任公，父是作者对梁的尊称，旧时"父"字是通假字，通"甫"，是一种加在男子名号后面的美称。"同年"，旧时科举制度中，同一榜考中的人叫同年。

（2）楼栖

楼栖（1912—1997），原名邹冠群、又名灌芹，曾用笔名有楼西、香菲、寒光、黄芦、白茉等。梅县区石坑镇人。著名作家、诗人、教授、文艺理论家。客方言长诗《鸳鸯子》是其代表作。

3. 表达挽救国家和民族于危亡而甘洒热血、挺身而出、催人奋进

近现代以来，梅州更是人才辈出，文学形式和内容在传承的基础上，紧跟时代的发展而发展，紧扣时代和国家前途命运的新诗、现代散文等革命诗文闪亮登场。这个时期的梅州文学以表达挽救国家和民族于危亡而甘洒热血、挺身而出、催人奋进为主基调，这是梅州文学的第三大特色。

（1）丘逢甲

丘逢甲（1864—1912），字仙根，号蛰仙，又号仲阏，别号南武山人、仓海君。民国后以仓海为名。晚清爱国诗人、教育家、抗日保台志士。祖籍广东镇平（今蕉岭县）。其入粤的十八世祖丘仕俊，在清乾嘉年间迁到台湾彰化县，到丘逢甲已经是迁台后的第四代。丘逢甲念念不忘自己的祖籍梅州。1895年内渡后，回梅州蕉岭定居。辛亥革命胜利，组织临时政府，丘逢甲作为广东代表赴南京，参加筹组临时政府。

春愁

春愁难遣强看山，往事惊心泪欲潸。

四百万人同一哭，去年今日割台湾。

《春愁》写于《马关条约》签订、割让台湾一周年之际。诗仅四句，却将忧国怀乡之情表现得深沉强烈、动人心魄，是传诵一时的名篇。

（2）任钧

任钧（1909—2003），原名卢奇新，后改为卢嘉文，笔名有卢森堡、叶荫等，梅县区隆文镇普村人。现代著名诗人、左联成员、九三学社成员、上海师范大学教授。

祖国，我要永远为你歌唱！

祖国，我要为你歌唱！

但我不是一只画眉，

更不是一只夜莺，

我的粗糙的歌喉

唱不出婉啭的柔腔。

祖国，我要为你歌唱！

但我不要歌唱那万里长城，

也不要歌唱那浩荡的长江，
因为长城已挡不住敌骑的南侵，
长江已经变成了别人的"军港"。

祖国，我要为你歌唱！
但我不要歌唱你逝去的光荣，
也不要歌唱你往夕的威望，
因为那只是一种自我陶醉，
那只是一副可怜的阿Q像。

祖国，我要为你歌唱！
我是一只杜鹃，
我的嘴边有血在淌。
我是一只乌鸦，
我的声音常被认作不祥。

祖国，我要为你歌唱！
我要唱出你现在的情况，
也要唱出你未来的希望，
我要唱出那漆黑的暗夜，
和那暗夜中曝露着的曙光。
……

（3）李坚真

李坚真（1907—1992），女，原名李见珍，丰顺县小胜镇人，中国妇女运动的先驱，无产阶级革命家。山歌也是她其中一件"轻武器"。

革命豪情

打猎不怕虎狼狠，革命那顾死和生。

杀头好比风吹帽，坐牢当过翻花园。

4. 以家乡风土人情为创作对象，抒发对家乡的热爱之情

梅州文学还有一个重要特点就是，自古至今，文学大家们深深热爱着生养他们的这片热土！所以，很多诗文名家都将家乡的风土人情作为创作的对象，尽情抒发着自己对家乡、对家乡人民的热爱。

（1）蔡蒙吉

蔡蒙吉（1245—1276），字梅庵，梅县区松源镇人。南宋爱国诗人，著名社会活动家。广东古八贤（东晋程旼、唐代韩愈、张九龄，北宋刘元城、狄青，南宋文天祥及明末抗清名将陈子壮）之一。在他 32 年短暂而不朽的生命中，创造了五个"梅州第一"（即神童第一、三代进士第一、忠义第一、乡贤第一、诗古第一）的历史辉煌，谱写了惊天动地抗击元军的历史篇章。

游王寿山

王寿山头石径斜，不知何处有仙家？

烟霞踏遍芒鞋破，一路春鸠啼落花。

这首诗意境极佳，在清代曾被塾师选作启蒙教材，衍生出黄遵宪十岁学诗的佳话。塾师以"一路春鸠啼落花"命题，黄遵宪以"春从何处去，鸠亦尽情啼"对答，塾师对他将蔡诗发挥得淋漓尽致的表现大为吃惊。

（2）李二何

李二何（1585—1665），本名士淳，字仲垒，号二何，谥号"文贞"。梅县区松口洋坑人。通过寒窗苦读而金榜题名，实现了从平民子弟到任地方官再擢升为京城官员的飞跃，成为科举时代梅州人的一个典范。

小歇石

铁桥过去便桃源，石上桃花不记年。

寄语中原车马客，风尘暂此一停鞭。

（3）杨应彬

杨应彬（1921—2015），笔名杨石，大埔县百侯镇人。中国共产党党员、革命家、作家，与欧阳山、杜埃、吴有恒被誉为广东"四大才子"。

咏红棉

南海苍茫南岭娇，东风怒卷穹江潮。

百年多少英雄血，溅上红棉照碧霄。

这是杨应彬写于20世纪80年代的作品，短短二十几字，读后仿佛有一腔热血涌动，体现了作者的故土情怀、革命气概与念念不忘弘扬的革命传统。

我在这里不遗余力地推介11位名家及其作品，其实不在于推介本身，而在于给大家一个启示：作为幼儿园园长和教师是不是也可以去搜集、梳理、整合梅州各地的客家民谣、民谚、儿歌、典故、文学大家的诗作等等这些幼儿喜闻乐学、爱唱、愿说的东西，尽量将它们变成系列，这样你就可能是这方面的"专家"——至少是行家里手了。

（三）以"写"的方式提炼个人特色

有人对名师做过研究，结果发现，名师都是写出来（说出来、做出来）的——无论他身在何处、身处何时——虽然幼儿园园长和教师恐怕应更倾向于说唱和表演，但还是得通过"写"的方式提升自我。下面试举几个我和我身边本土人士成功的例子加以阐述。

1. 本人

我本是一个非常普通的教师，但我喜欢写作，2015年4月出版一部论著《语有趣，文有味》，为评选为广东省"特级教师"奠定了坚实的基础，事实上也评上了。

评上特级教师后，我觉得我已经拿到了我能拿到的最高荣誉——我也非常珍视这个荣誉。但我爱人说："特级教师要有特级教师的样子"，我自己也觉得，教育是一个永远行走在路上的职业。所以，我不敢有所懈怠，一边认真教学，一边认真写作，一边在教育中尝试课题研究。2017 年我又主持了一个省级重点课题，在课题研究期间我连续写了四篇文章（其中三篇是论文），结果都发表了，这些论文、论著全部都出自我的课题"以自媒体为媒介，开展专题读写活动教学"。（很自豪地说一句：在 2014 年，这个课题是有一定的超前性，那时新课程标准还没有出来，但我已经自觉将学科教学与信息技术融合在一起了）

2018 年结识了一位杂志总编，我们互加了微信。有一天，他很惊奇地告诉我："林老师，您的'二自语文'的提法很好，应该是一条很有效的教学途径。"我当时愣了一下，没有反应过来，因为在此之前，我自己都没有"二自语文"的概念。之后，他又向我约稿，说想特别策划宣传我的"二自语文"，原本我想，我都快 55 岁，到了即将退休的年龄了，就算了，但又觉得这可能是我跃上新台阶的契机。不过，真要梳理、整合、提炼，可不是一件容易的事情——花了我两个月的时间！写好后，就上了《少男少女·教育管理》杂志，"二自语文"的教学理念第一次公开在世人面前。顺便说一句题外话：在教育的路上，多结识一些相关的"高手"，可以让自己少走弯路、走得更高！

2. 刘崎（梅州市曾宪梓中学）

原先他觉得，一个理科老师，不用擅长写作，擅长实践、实验就可以了。但是，他被推荐为广东省新一轮"百千万人才培养工程"培养对象之后，他发现，自己与发达地区教师最大的区别不是教学能力问题，而是创作能力问题！所以，他回来后跟我说，我说得很对：必须写！这几年，他在核心期刊上就已经发表了好几篇论文了。而且，在组织这些试验活动的同时，他也在不断思考，如何使实验上升为理论，至少是"理论＋案例"。

刘崎老师近几年承担了一个省级重点课题，主题是"生活物理"。主张物理学习要接地气，让学生能够随时随地随处都可以做物理实验而不是只停

留在纸上，并能在实践中得出结论或规律，以此调动起学生学习物理的兴趣和积极性。在短短的一年里，他带领学生完成了近百个有趣的动手实验，举几个例子看看：

穿过牙签还能不漏水的盖子

使筷子立起来

隔物灭火

悬浮在空中跳舞的野果子

听话的吸管

日光灯不用启辉器可以点燃吗？

不会掉的小球

鸡蛋自己跑到瓶子里去

瓶盖上跳舞的陀螺

高架桥垮塌怪车？怪桥？

神奇的手帕

……

不仅如此，他还将自己平时的实践通过写作，转变为作品，慢慢就构成了一个系列。

努力的结果是：他成长为特级教师、省级名师工作室主持人；他的论著《生活物理，体验穷理》已由东北师范大学出版社正式出版了，另一本论著正在出版中。

3. 罗文欢（丰顺县龙山中学）

按他自己的话说，他由一个"常态"（天天喝茶、聊天过日子）之人成为了"变态"（天天埋头写作、阅读）之人。他有过两段日子让自己刻骨铭心：一段是我邀请他一起编撰一本高中学生生涯指导图书《怎样度过你的高中生涯》，在三个月时间里，他完成了30000字的原创任务；另一段是他创作的一篇论文。因为多年没有写作，这篇论文拿出初稿后，他很谦虚，希望我给他点评修改一下，我一看，问题太多了，结果是，反反复复花了将近一个月的时间，才感觉有点像论文的样子，最后，这篇论文也发表了。在申报市名师工作室的时候，他就是用这些最新研究成果来申报的。罗老师用短短两年时间实现了人生的飞跃发展，由一位普通得不能再普通的教师成长为市级名教师工作室主持人，他靠的是什么？一个字：写。两个字：多写。三个字：不停写。

（四）以积极的态度推介个人品牌

过去更推崇"酒香不怕巷子深"，但在今天这个信息或者说人工智能时代，可能更需要"王婆卖瓜"不仅要去"卖"，而且要讲究"卖"的艺术，讲究"卖"的途径和方法。

梅州的教师往往都比较谦卑，明显的标志是：好不容易有一次在大庭广众之下发言的机会，一走上台，眼向下、脸发红、腰弯弯、腿哆嗦，说话语无伦次。其实，我们往往都忘记了"家是最小国，国是千万家"，换句话说，"梅州本土的，就是广东的，广东的，就是中国的"。因此，我们梅州的教师，一定要站直啰，别趴着！直起腰，敢于展示分享自己的特色品牌。

这里我介绍几种展示分享的方式方法，供大家参考。

1. 微信公众号以及其他形式的自媒体。本工作室的特色工作至今已在省名师工作室联盟微信公众号转载 19 次，在全省 300 多个省级名师工作室中可以排进前 10 名。

2. 各种形式的教学研讨会。包括各种外出培训活动，只要可能，就拼命争取出去学习的机会，并且在学习的过程中，主动寻找机会表现自己、和专家做朋友。我从 2010 年到 2016 年，连续参加了三期"国培计划"的研修学习。有人说："你怎么会有这么多人脉资源？"其实这都是多次参加培训，认识了不少省内外顶尖水平的一线名师。

3. 各种形式的教学比赛（论文、案例、课堂教学等等）。现在比赛很多，我觉得，无论是否是官方组织的，每年至少参加一次教学或教育方面的赛事，既是对自己的考验，也是归纳自我、提升自我的一个途径。我还参加了省教育学会的"教学成果创新奖"评奖活动，可能有人认为："你都是正高级教师了，还需要评奖吗？"我觉得需要，虽然我不太在乎是否获得什么等级的奖，但我在乎自己必须保持一个"做"的常态——教师必须一直走在路上

才行！

4.CN刊物发表论文或文章。因为这个问题不是一句话、两句话可以说清楚的，因此，我只能提醒大家一句关键的话："投其所好。"一定要注意刊物需要什么样的论文或文章。

5.著书立说：立功、立德、立言。"立言"，即著书立说，就可以成名成家了！

6.接受采访，参与综合书稿的编撰。

最后两项比较高端，对于一般学员而言，可能有点难度，但对于园长而言，是必须往这方面努力的。我认为，园长们必须努力锻造自己，使自己成长为有个性、有情怀、善思考的幼儿教育专家。

结语：

世间的每朵花都是璀璨的——无论它生长在何时、何处！

你也是一朵花，只是等待开放！

（注：本文是为广东省刘媚名教师工作室、梅州市徐苑玲名教师工作室、广东省温利英名教师工作室学员做的讲学报告，有删改。）

链接：师友看名师工作室研修

◉ 入室学员的追求

一、一切，从"新"开始

2021 年 8 月 14 日，我有幸以入室学员的身份参加了广东省林明名教师工作室第一次集中研修活动。林明老师在"认识和明确'家'：我和我们的工作室"讲座中提道：广东省林明名教师工作室的培养目标之一是"培养有自我印记的有情怀、高素质、专业化的创新型或专业型教师"。显然，这与习近平总书记提出的"四有"好教师标准（有理想信念、有扎实学识、有仁爱之心、有道德情操）是一脉相承的。

我是谁？我将往哪里去？我怎样往那里去？一直以来，这些问题如同一条条麻绳萦绕在我的心中，令我生疑，让我纠结。作为站在教育一线的我，经过 15 年的努力，已经成为一名高中语文高级教师。从一定意义上来说，这很可能是绝大多数教师从教的终点。扪心自问：在今后长达 20 多年的教学生活中，我将何去何从呢？是捧着这个"人见人羡"的职称一直到退休吗？现在高中年级已陆续使用统编版教材了，难道我还这样一成不变地保持自己的教学风格吗？这对得起党员教师"坚守教育初心"这个使命吗？在认真听了特级教师、正高级教师、广东省林明名教师工作室主持人林明老师的讲座后，我豁然开朗，心中似乎有一盏明灯在告诉我：是的，一切，从"心"开始，从"新"开始。

一切，从"心"开始；"心"之所向，素履以往。新的目标，新的起点，新的征程。放下职称，放下职务，放下学历，放下年龄，放下过去的种种荣耀，一切重新开始。他山之石，可以攻玉；他山之玉，可以剖金；学习，可以使我们更容易汲取前人的先进经验——站在巨人的肩膀上去观瞻世界，更

快获得更多新的生成。作为踏上新征程的教育工作者，在"求真务实、张弛有度、做出特色、力求极致"的工作室理念的指引下，在林明导师和工作室同人的指导、帮助下，坚定自己的职业追求，不断读书（读好书、多读书），敢于创作，认真做好教育教学科研工作，学会反思昨天，在反思中扬长；学会审视今天，在审视中甄别；学会前瞻明天，在前瞻中创新，不断提升自己的教学力、学习力、研究力、阅读力、引领力和课程开发力等专业素养，初步形成自己的教育教学理念，实现自己的"二次成长"。

路漫漫其修远兮，吾将上下而求索。既然选择了远方，便只顾风雨兼程，全力以赴做自己想做的事情——运气，就是机会碰巧遇到了早做准备的你。我坚信我是幸运的，我相信自己的选择是对的！三年后的今天，待回望研修烂漫之路时，我会由衷地生发出这样一种感触：此生无悔入广东省林明名教师工作室！

一切，从"新"开始；规划与行动，从现在开始！

（作者：梅江区嘉应中学　余雪芬）

二、乡村教育振兴背景下教师专业成长的思考

今天下午，林老师的讲座"弯道超越：从普通教师到卓越教师"中讲述道："我与很多人的差别就在于——你只想未做（或半想半做），我又想又做；你光说不做，我只做不说。你只做不总结，我不仅做还写总结；你做得粗糙、大众化，我做得精致有特色；你做得漫无目的，我做得目标清晰；你中途变得懈怠，我却孜孜以求。"联系自己所在乡村高中实际，只要坚定自己的职业追求，乡村普通教师也一定能成长为卓越教师。我的具体体会如下：

（一）坚定目标，执着追求

习近平总书记 2014 年 9 月 9 日在北京师范大学发表重要讲话，就新时期加强教师队伍建设提出明确要求，指出教育短板在西部地区、农村地区，在老少边穷岛地区，要制定切实可行的政策措施，鼓励有志青年到农村、到边远地区为国家教育事业建功立业。《关于全面深化新时代教师队伍建设改革的意见》指出：到 2035 年，教师综合素质、专业化水平和创新能力大幅提升，培养造就数以百万计的骨干教师、数以十万计的卓越教师、数以万计的教育家型教师。

林老师分享了他个人从"学历""工作起点""工作地点""经历",怎样从一名普通教师成长为特级教师、正高级教师、省名师工作室主持人的心路历程。作为乡村高中教师的我,坚定了要成长为卓越教师的信念,确定目标并将坚忍执着地追求。

（二）达成要件,做到极致

目标是方向,计划是路径,行动是成果。达成卓越教师的目标,首要具备的是个人的专业成长,让读书与创作成为生活的习惯。近期,我深读了高中语文课程标准和《中国高考评价体系》及"说明",使自己的高三一轮复习课教学设计的思路更加清晰。如上周四,我讲授完"文言文句式"后,我反思自己教学设计中的"学习任务"和"学习活动"的依据是什么?必备知识和关键能力是什么?我们备课组深入进行研讨,并修改了"倒装句"的教学设计,突出学生的合作探究,有利于学生的能力提升。

作为一名乡村高中教师,要坚持阅读古今中外经典教育作品,如《论语》《陶行知教育文集》;坚持阅读国家教育文献或与教育有关的政策文献,《中国高考评价体系》和高中语文课程标准,常读常新;坚持阅读一线优秀教师(包括特级教师、省级以上名教师、全国优秀教师)、从事教育研究的大学教授或专家写的书;坚持读学生必读的书。同时,关注最新出版的名家或走在时代前列的书,常读自己特别感兴趣的某个领域的书、读自己不感兴趣但又有必要阅读的书,读学生感兴趣或流传的书以及青年人写的书。阅读量的保证,如源头活水,是乡村教师成长的根基。

立足教育教学实践,坚定不移做好教科研,教好书、育好人,机遇一定是属于早做准备的人,坚守信念,乡村普通教师定能成长为卓越教师。

（作者:五华安流中学　陈广宏）

三、梦想起航,未来可期

在这个明媚阳光和暴风骤雨随意切换的日子里,我们迎来了广东省林明名师工作室第一次集中研修。

说实话,我是怀揣惶恐来参加大林老师的工作室的。让我惶恐的是,在

语文教师这条道路上，我渐渐迷茫。回想刚入职，第一个三年循环，很多时候也是在惶恐中度过，担心自己上不好课，担心自己不能给学生正确的引导，担心自己的课堂落后于当下的要求。但这种惶恐，在不断地阅读，不断地向前辈们请教，不断地借鉴优秀教育思想、课程理念、教学设计中，慢慢消失。第二次三年循环教学，则是一次次大胆的尝试。但凡看到有新意的教学设计，总想尝试一番；遇到稍有挑战的教学任务，总想从中琢磨出新意来……而第三个三年循环时惶恐重新袭来，不同于第一轮的从无到有，这一次我迷茫的是：成长之路，要往哪里前行？

在今天下午的讲座中，大林老师将教师的成长之路划分为合格（1—3年）—优秀（3—6年）—骨干（6—10年）—卓越（10—20年）—教育家（15—25年），这让我对自己的从教之路有了全新的认识，现在回想起来，竟是一一对照。最开始的三年循环，我所追求的，就是成为一名合格的语文教师，不要误人子弟，起码给学生合格的课堂。带着这种惶恐不断学习，慢慢形成了自己的课堂模式。第二次三年循环开始不满足现状，希望自己的语文课可以更有趣、更高效、更充实，也依靠着参加比赛、公开课等方式得到一些成长，但始终是不够系统，不够高度。在第三次三年循环中，随着一次次的教学反思，我开始意识到，成长之路不仅任重道远，而且还需要有正确的方向和方法，而这种欠缺，正是我惶恐的来源。感谢大林老师今天的讲座，让我比较清晰地看清前路，也给我们提供了切实可行的方法。在大林老师提到的方法中我觉得有两个特别实用，一是从容易的地方入手。尤其是我现在这种状态，感觉自己各方面都有待提高，从自己擅长的、容易入手的地方切入，可以给自己开个好头，更容易往下坚持，比如阅读是自己一直都坚持的习惯，从工作室定制的书单中开始着手，开启自己下一个成长阶段。二是在一个点上做到极致，每个教师的成长之路各不相同，但做到面面俱到是非常稀少的，如果可以选择一个点做到极致，反而可以成就卓越。可能我需要重新审视自己：作为一个语文老师，我有没有什么优势？我可否将优势的地方作为方向，让自己做到更好，做到极致？

前路还很漫长，幸运的是我开始渐渐看清方向。未来，期望它通向卓越；现在，我开始前行的脚步。

（作者：梅州市曾宪梓中学 丘杏林）

四、不忘初心，努力前行

今天，我有幸参加了林明名师工作室的第一次现场研修活动，也听了林明老师讲工作室的一些工作理念，以及他个人的很多很好的教学理念，让我有了"柳暗花明又一村"的感觉。以前，我的很多教学感悟和想法都是比较零散的，因为缺乏正确的理论指导，我会经常对自己的想法产生怀疑，很多很好的东西没有坚持下来，最终半途而废。现在，我对自己的一些做法有了更坚定的信念，信心也更足了。林老师介绍巴金的名言："人不能只靠吃米活着。"我觉得这句话很有道理，我们每个人不能只是为了物质上的享受，而是要有一定的思想，要有更高的精神追求。我们工作室的理念是：求真务实，张弛有度，做出特色，力求极致。这个理念与我的想法是不谋而合的。只有"真"和"实"，才能让理想走得更长远。

林老师讲的内容非常精彩，让我感受最深的是他所说的那句话："作为教师，最根本的就是教好书、育好人。"一直以来，我都要想成为一名学生喜爱的优秀的教师，林老师说："我们就应该要有自己的一个奋斗目标，要有一个行为准则，也就是刚才说到的教好书育好人。"这一点我的体会是比较深刻的。"教师是太阳底下最崇高的职业。"这句话我一直记在心里，我知道，教师作为人类灵魂的工程师，不仅仅要教好书，还要育好人，各个方面都要为人师表。身为教师要做好学生的灵魂工程师，首先自己要有高尚的道德情操，才能以德育人，才能成为一名合格的教育工作者。

如何教好书，育好人呢？我认为，教好书就是要上好每一节课，而衡量一节课上得好不好，教师的自身准备是十分重要的。以对教材的充分理解为基础，备好每一节课，上课前教具教案的准备，对知识点的熟悉与理解，都是必不可少的。备课这一个环节，是上好一节课的前提，学校集体备课的这个环节，可以让我们集思广益，互相交流，取长补短，采取最好的方式来上好一节课。

当然，还需根据实际情况而定，对教学的实际情况，还要进行有效的"预设"，预设要能真正关注学生的发展，关注学生的个体差异，能为师生在教学过程中发挥创造性带来条件。这就需要教师深入钻研教材，改变传统的备课模式，让"提前预设"真正服务于实际的课堂教学。

撇开教师这头，学生的配合也是有效教学的一个保证。所以育好人方面也要同时进行，备课要备学生，学生的配合与课堂管理是并行的，也是影响教学进展的重要因素。两者都将影响上课的效率。只要学生的思想意识提高了，何愁学生学不好呢？只有师生配合好，课堂效率跟上了才能保证上课的质量。

前路漫漫，越是深入了解学生，越是发现学生的多样性和潜在能力，每个学生都像是一个巨大宝库等待着我们去挖掘和雕琢。师者，传道授业解惑也。不仅仅要授之以鱼，更要教授学生捕鱼的方法。在成为一名优秀教师路上，我还有很多路要走，但是我相信，我会尽全力成为一个让学生喜爱的好老师！不忘初心，努力前行！

（作者：梅县区华侨中学　叶翠玲）

五、"人不能只靠吃米活着"

期待已久的集体研修果然不同凡响，第一天的讲座，大林老师毫无保留地分享了自己的成长经历，一天下来，干货满满！而让我触动最大的一句话却是一句看似与语文、与教学无关的一句："人不能只靠吃米活着"！真是一语惊醒梦中人，人不只有生活的苟且，还要有诗和远方。"职业追求"什么时候被自己抛诸脑后了？

大林老师向学员们介绍了"职业追求"的各个阶段："工作1—3年成长为合格教师，3—6年成长为优秀教师，6—10成长为骨干教师，10—20成长为卓越教师，15—25年成长为教育家型教师"。回顾自己二十多年的工作经历，认真对照了一下，可以说自己真是浪费了"半场好球"：1997年走上讲台，2004年担任教研组长，2005年参加首届省级骨干教师培训并结业，2010年成为"年轻"的高级教师。职业生涯的这个起点还是相当不错的。然而，由于没有更长远的职业规划，没有更高的职业追求，自己前进的脚步停下来了，接着就很自然地进入了"职业倦怠期"，于是浑浑噩噩，十年一晃就过去了。虽然工作业绩也不会太差，但本来应该是可以成长为"卓越教师"的啊！

今天，大林老师的这句话点醒了我，原来这十年来，我就是那个"暂时吃上米并感觉吃饱了的人"。其实，一直以来，我对自己目前的状态也不大满意，一眼能就望到头，坐等退休的感觉真不好！

"悟已往之不谏，知来者之可追。"好在现在醒悟过来也不晚，职业生涯还未过半，我也很喜欢大林老师常说的那句话："一切皆有可能。"接下来，从零开始，自己努努力，争取最后成长为一个稍微年长点的"卓越教师"，也不是不可能的。

很庆幸，自己在大林老师的鼓励下，勇敢迈出了那关键的一步，从"舒适区"走了出来。

很庆幸，能够加入大林老师的名师工作室，有了良师的引导，相信自己可以少走许多弯路。

很庆幸，在工作室能碰到其他 8 位年轻有活力的小伙伴，"与高水平和优秀的人为伴不吃亏"，最重要的是大家都是有追求的人，一群有追求的人一起成长，未来真是可期的！

（作者：梅州市曾宪梓中学　钟新松）

◉ 不忘初心，梦想倒逼格局

——广东省林明名师工作室三年跟岗研修总结

时光荏苒，三年的跟岗学习即将结束。回首在广东省林明名师工作室的研修历程，我心中有无限感慨。三年来，在主持人林明老师和各路"大咖"的引领下，工作室的 10 位学员积极参与各项活动，勤于钻研、敢于突破，注重自我提升，并结合教学实践，凝练教学主张，展示了不同的教学个性：李勇为老师的阳光开朗、郭凤君老师的知性典雅、刘芳子老师的爽朗乐观、周

小莉老师的谦虚内敛、罗丹老师的灵动自信、李慧老师的和谐真诚，以及专注品咏语文之味的周芬芳老师的勤奋、为"心有所向，念念不忘"而执着的丘丹老师的睿智、资深卓越仍笔耕不辍的张炼煌老师的低调，还有疲倦初醒为寻赏语文之美而充满激情的我，每个人都在珍惜学习机会中幸福成长着；并且怀揣理想，谨记工作室的风格与主持人的理念，继续大步地行走在教育路上……

一、追求极致特色，我们不断成长

犹记林老师在开班仪式上，提出了"致力于建设一个面向未来、脚踏实地、精益求精、合作分享的温馨而有内涵的研修团队"的奋斗目标，对每个培养对象三年的教学素养、教学理念的提升和传播计划给予了殷切期望；鼓励每位培养对象要有抱团取暖、一起学习的态度，力争将每项工作做到极致，做出自己的特色。为了帮助我们打开思维视野，追求充满生机的课堂，两年多的研修过程中，林老师利用工作室的平台优势，打破学科边界，精心预设，突破常规，以实践研修为主，通过专家漫谈式讲座、学员45分钟微讲座、跨界取经、跨学段交流、听课评课、主题研讨、同课异构等方式，让我们在轻松的氛围中分享着互动交流的精彩。

如今，我们在参与工作室的学习过程中，不断关注前沿教育思想，将研修所学的经验与平时的教学结合起来，化感触为行动——多尝试、多反思、多总结，拓展自己在某个方面的研究，凸显各自的特长：我的"有温度的语文课堂"、郭凤君老师的"诵思创情"、刘芳子老师的"漫慢读语文"、李勇为老师的"有生命力的语文课堂"、丘丹老师的"激动语文"、罗丹老师的"活动语文"、张炼煌老师的"楹联语文"，每个老师都能够注重教学经验的积累、反思、实践，用独具特色的教学理念引领课堂教学，以关键能力的培养为抓手，综合运用各种教学手段，注重舒展学生的灵性，探寻创新课堂模式，做教育的研究者、反思者、践行者。

二、更新教育理念，践行课堂创新

（一）让阅读写作成为习惯

为贯彻落实新版课标的要求，林老师认为，"整本书阅读不是想不想、有没有、能不能的问题，而是如何实施的问题。"基于这个理念，工作室明确提出，培养对象每年必须参加五次网络读书讨论活动、每年的阅读量不少于 20 本、至少精读 5 本书并及时撰写读书心得。明确了阅读写作在教学实践中的定位，强调了阅读的意义，分享了指导学生阅读的方法，提出阅读教学的实施方案：一要靠学校的制度保障，保障阅读时间、阅读书目、阅读任务；二要有实实在在的课程安排；三是语文教师必须带头阅读，带领学生大张旗鼓地阅读！写作训练方面，林老师在"让想法变成思想——教学论文创作摭谈"专题讲座中结合自身从教和科研经验，从选题、构思、写作和修改四个方面做出指导，辅以课题研究和论文写作的实例，分享了很多实用的技巧，鼓励我们要孜孜以求，潜心教学，坚持阅读、研究与写作，大胆投稿。兴宁一中廖振雄校长在"教师写作与教师专业成长"讲座中强调教师要养成及时记录和思考的好习惯，龙岩一中教科室石文美主任也在"闽派语文之作文教学研究"中介绍了闽派语文名师成长之路，强调认准一个方向，坚持数年甚至数十年，才会有所成就。名师都是写出来的！所以，身处二次成长期的我们，必须谨记：将写作进行到底！

（二）让深度学习成为常态

教育就是一场对话，而要实现高效对话，则需要我们转变教学理念，重构教学目标。林老师在"引领学生深度学习的实践与反思——以整本书和群文阅读教学为例"专题讲座中提出：备课一定要自己去解读文本，不能依赖别人的成果；要根据学情，确定最近发展区，寻找理论点和实践点的契合点、联结点；树立逆向设计问题的意识，提出具体问题，设计具体情境，激发学生品味和探究文本的兴趣。古晓君教授的"指向深度学习的阅读教学新样态"讲座清晰地展示了语文课程思想的时代变迁，指出深度学习一是"深"在目标追求的素养化，追求真实情境中解决复杂问题的能力；二是"深"在知识学习的结构化；三是"深"在知识运用的情景化。通过深度学习，学生的思维由低阶走向高阶，思维层次由"点"一步步转向"系统"；引导学生积极参与语文教学的动态实践，参与语文课程的深度学习；逐步培养学生的关键能力和高阶思维，全面提升学生的语文学科素养。

（三）让课堂灵动起来

"一个优秀的语文老师的课堂应该是丰富的"。教师要立足真实情境，解决实际问题；以主题为引领，使课程内容情境化，促进学科核心素养的落实；娴熟地运用综合的教学技巧，按照教学规律和美学规律，进行有情怀、灵活高效的教学实践活动；根据课标去设计教学、精准教学，围绕"以形引人、以情感人、以美育人、以行导人、以新立人"的新理念，怀着乐观的心态、高昂的激情、幽默的语言，引导学生交流探讨，营造和谐的课堂氛围。力求形成个人风格，修炼自己、提升自己；努力追求有理想、有灵魂的课堂，多给学生自由发挥的时间和方式，要以自由平等的态度与学生探讨，落实学科核心素养、促进深度学习的发生；激发学生对课堂的向往，带领学生怀着积极、热情和期待的信念参与课堂教学的情感体验，让课堂灵动起来。

三、专注个人成长，蜕变成蝶可期

在创新教育的路上，我们每个人都怀揣理想，奋楫扬帆，逐梦前行。三年跟岗研修，有幸跟着林老师一起感悟"语之趣、文之味"，一直以来都安于现状的我终于脱离日常思维的惯性和懒怠，重新点燃教学激情，在职业倦怠中寻找爆发点，借助"名师工作室"这个交流平台，实现二次成长。感谢缘分，让我们的生活多了一份美好；感恩遇见，让我们的奋斗多了一份激情！

（一）不忘初心，梦想倒逼格局

世界变化太快，我们很多人之所以平庸，就是因为缺少挑战未知的勇气，缺少逃离舒适区的魄力、缺少坚定不移的信念和不忘初心的情怀。我们总是习惯安于现状，总是喜欢给自己不想努力找借口。所以我认为，当我们出现职业倦怠期的时候，不妨试着倒逼自己一下，选择正确的奋斗方向，逃离舒适区，培养面对未知的挑战勇气，树立终身学习的观念。不要让前进的路上留下遗憾，要学会说服自己，用心去做，注重执行力的培养，而且让努力执行成为一种良好的习惯，不给自己寻找太多不努力的借口。因为过去的习惯，决定了今天的你，而今天你的改变，将成就明天的你。只要我们做到坚毅、勤奋、好学，守住孤单、寂寞与清贫，相信最终会获得回报。

（二）遇见最美团队，成就精彩人生

教学科研是教师教学成长、教学思想与风格形成的最佳平台。三年跟岗学习，借力众多名师的无私分享，我在迷茫的"高原区"反思实践、寻找出路、专注成长。参加工作室研修以来，我重新审视了自己的教学理念，在开展教育教学工作中，注重教育教学实践的积累，立足文本解读，认真探索课堂教学创新模式，积极参与各层次的教学交流，凝练教学思想，积极撰写教育教学论文、参与课题立项，不断提升自己的业务能力，并取得了一些成绩：

2018 年 12 月 18 日我代表工作室为各培养对象和丰顺县黄金中学全体班主任做了题为"班主任在班级网格管理中的角色定位"的讲座；2019 年 6 月27 日在曾宪梓中学上了一节题为"画里话外，师生情长"的高考作文评讲课；2019 年 10 月 29 日做了题为"如何做好写作素材积累的指导"的讲座；2020年 8 月 3 日，在广东省林明名师工作室、梅州市林建威名师工作室、张新清名师工作室、罗文欢名师工作室联合研修活动中，为工作室培养对象和专家上了一节"苏轼词之群文阅读"公开课；2020 年 9 月 30 日，为嘉应学院文学院 2017 级学生进行了"引领学生走进有温度的语文课堂的实践与思考"的专题讲座。另外，本人撰写的《以己为镜，前路可达》获 2020 年全市高中语文教师高考作文下水作文评比二等奖、第二届"南方传媒杯"粤港澳大湾区高考语文"下水作文"大赛三等奖；《探究德育语文之美，渗透生涯规划指导》获 2020 年全市高中语文教学论文评比一等奖。这些尝试，对于我来说，也许是二次成长期的新的突破。

教学主张的凝练，既是教育初心的升华，也是个人教学个性的展示。在林老师的带领指导下，我结合教学实践，凝练出"有温度的语文课堂"的教学主张，引领学生走进文本，感受作者情感，走进作品人物的情感世界。与此同时，我及时在校内提倡并进行"打造德育语文之美"的教学实践，积累了大量的德育语文教学素材。通过在语文教学中渗透德育教育，引导学生在潜移默化中受到感染，接受德育渗透，树立信心，发展自主学习的能力和合作精神，为他们的终身学习和发展打下良好的基础，达到德育、智育的双重

教育目的。基于这个认识，我于 2019 年 1 月参与广东省林明名师工作室的论著《如何度过你的高中生涯》的撰稿，对高中生职业生涯规划进行细致的研究；2019 年 11 月撰写的教学论文《语文教学如何培养学生应对职业生涯挑战的素养》在国家级刊物《教学研究与管理》发表（国内统一刊号：CN42-1078/G4）。

为了把这种教育理念凝练为研究成果，我于 2019 年 3 月申报了梅州市教育教学研究课题"在语文教学中渗透高中生职业生涯规划教育的探索"（立项编号：MZ1002-FSX202）（已于 2021 年 5 月结题）；申报的课题"新形势下高中学生职业生涯规划指导策略研究"被确定为"2020 年度广东省中小学（中职学校）德育科研课题"（课题批准号：GDDYYJ20026），邀请了郑美琼、梁就莲、刘淑情等青年教师加入我的课题组，带领她们积极开展课题研究，在校内营造了良好的教研氛围。除了在实际行动中注重专业成长，努力提升教育教学理念，我仍期待有更多的机会可以汲取名师工作室的创新智慧，为此，2019 年 11 月，我大胆地填写了"梅州市名师工作室主持人"的申报表，2020 年 3 月很荣幸被梅州市教育局遴选为"梅州市首届名师、名校（园）长工作室"主持人。

未来已来，在创新教育的路上，我将以不断出发的姿势，常怀谦虚谨慎之心，专注自我成长，凝练教学智慧，保持"苔花如米小，也学牡丹开"的自信，胸怀远方，坚守教育初心，饱含创新激情，淬炼出独具特色的教学艺术，探求语文教育之美，做踏实认真的"读者"，做专注成长的"教者"，做实践创新的"行者"，以阳光的心态，过好最充实的今天，迎接最美好的明天！

（作者：梅州市丰顺县龙山中学　罗文欢）

◎ 磨剑路，学习情

三年学习不等闲，读作舟来写做桨。

若问此中苦与乐，教学花开在眼前。

（作者：梅州市梅县区高级中学　郭凤君）

◉ 藏名诗（外一首）之一

林中响箭聚英豪，明灯引路奋攀高。

名至实归堪欣慰，师出黄埔当弄潮。

——贺广东省林明名师工作室全体学员圆满结业

三年一剑苦乐半，春蚕吐丝又破茧。

智者当效蒲公英，借力好风播璀璨。

（作者：广东省梅州市教师发展中心 黎红明）

◉ 藏名诗之二

林特儒雅好风度，明灯照亮阅读路。

快意语文自媒体，乐耕梅州享幸福。

（作者：惠州市仲恺中学 曾瑞奇）

◉ 无题

秋风送爽夏不再，诗画梅江出元帅。

名师林明做靓菜，嘉应师生都喜爱。

（作者：兴宁市罗岗中学 陈灼星）

◉ 致大林

昨忆当年下梅州，送君赴任时正秋。

今汝美誉粤地满，吾侪再思梅城游。

常拘樊笼盼自然，酒温天寒解千愁。

重逢期待梅江畔，不晓有时方便无？

（作者：福建省武平县十方中学 钟良柱）

◉ 梅州行

抖音赶海不离手，停即目迷头低土。一地长围心倦怠，时不挪窝慵懒久。今日决然离故旧，便下宁洋越广福。满眼青山绿一路，岩前蕉岭就梅

州。出笼山人无拘束，望远阳光水悠悠：客家美景客天下，人间仙境为麓湖。城市公园名剑英，萍水奇遇客妇曲。客属人文观宪梓，领雁大林展啸舒。善托圣地客性情，擘画教研美蓝图。碧玉课堂呈温度，激动硬核是丘丹。待到来年春来到，粤北新象遍地书。

（作者：福建省武平县十方中学　钟良柱）

后　记

　　这部作品叫"阳光教师"似乎不是很恰当，或者说这是一个噱头，因为大量篇幅并没有讲述这个方面的问题，但是，阳光教师也要育人、教学、研修呀，因此，其内涵大着了哩。从这个方面说，似乎又是对的。

　　不仅如此，我也不是一个全能型的人，比如，育人方面我就没有很好地进行总结，文章写得不多，尤其是站在教师这个角度的系统阐述几乎没有——除曾经构建过高中三年主题班会系列外，但这如果编入本书似乎无法形成整体感。所幸因为主持广东省名师工作室，结识了丰顺县龙山中学的罗文欢老师，这十几年来，他都和学生打交道，积累了丰富的育人经验。今年暑假前和他谈及我的设想，邀请他做搭档，并且对"育人"做一个较为系统的论述，他欣然应允，所以，"'论阳光育人'这一节"都是他的心血和结晶，因为有他的加入，"阳光育人"才避免了说教式叙述的毛病。

　　我的教师与教育观其实也不太有高度——尽管"阳光教师"这个概念似乎没有多少人提及。我也不知道什么时候开始就非常坚定地认为教师就应该而且必须是阳光的，正因如此，我主张语文教学必须是自由、自主的，这就是我的"二自语文"，我主张教师研修必须"张弛有度"，这表述可能也是全省独一无二的表述。这三个理念支撑我和罗文欢老师在教育领域里取得了独特的成功——我成了特级教师、正高级教师，他成为了市级名教师工作室主持人。

　　我一直认为自己的每一步都是被别人推着往前走的。我和罗文欢老师能够出版这本作品，也全赖各位朋友的支持和帮助，比如，杜德栎、古晓君、陈红旗、曾令存、黎红明、黄昆鹏、李文贞、钟斌、石修银、钟良柱等，尤其是名师工作室两届学员和助手，他们直接推动了我，他们中的饶碧玉、郭凤君、丘丹、刘芳子更是贡献了自己的教学智慧。此外就是我的妻了，本书

的第一校对者就是她！

当然，能够出版这部作品，主要还是因为有嘉应学院卓越指导教师工作室的经费支持。我们要做的、可做的事情很多，但没有经费支撑，很多事情永远无法成为现实。更何况嘉应学院教育科学学院范远波院长吸纳我参与学院嘉应学院卓越教师人才培养班的导师工作，并给了我最大限度的帮助。

由衷地感谢上述提及的、未提及的、曾经给我支持、帮助的家人、师友们！

林明

2021 年 9 月 10 日第 37 个教师节